CATALOGUE

MÉTHODIQUE

DE LA

BIBLIOTHÈQUE COMMUNALE

DE LA

VILLE D'ARRAS

SCIENCES ET ARTS

ARRAS

IMPRIMERIE SUEUR-CHARRUEY

Libraire-Editeur

Petite-Place, 20 et 22.

1888

CATALOGUE

MÉTHODIQUE

DE LA

BIBLIOTHÈQUE COMMUNALE

DE LA

VILLE D'ARRAS

SCIENCES ET ARTS

CATALOGUE

MÉTHODIQUE

DE LA

BIBLIOTHÈQUE COMMUNALE

DE LA

VILLE D'ARRAS

SCIENCES ET ARTS

ARRAS

IMPRIMERIE SUEUR-CHARRUEY

Libraire-Editeur

Petite-Place, 20 et 22.

—

1888

SCIENCES ET ARTS

PREMIÈRE CLASSE

PHILOSOPHIE

I. — INTRODUCTION, DICTIONNAIRES, HISTOIRE.

1. Tabula compendiosa de origine, successione et doctrina veterum philosophorum, a Morellio TILIANO collecta. *Basileæ*, 1580, in-12, 1 vol.

2. Henrici Cornelii AGRIPPÆ de incertitudine et vanitate omnium scientiarum et artium liber. *Coloniæ Agrippinæ*, 1598, in-18, 1 vol.

3. Otthonis HEURNII barbaricæ philosophiæ antiquitatum libri duo. *Lugd. Bat.*, 1600, in-32, 1 vol.

4. L'Academie des philosophes, contenant leur vie, mœurs, gestes, etc., par Pierre DUBOYS. *Lyon*, 1608, in-12, 1 vol.

5. Georgii HORNII historiæ philosophicæ libri septem, quibus de origine, successione, sectis et vita philosophorum ab orbe condito ad nostram ætatem agitur. *Lugduni Batavorum*, 1655, in-4°, 1 vol.

6. Joannis VOSSII de philosophia et philosophorum sectis libri II. *Hagæ-Comitis*, 1657, in-4°, 1 vol.

7. Le caractère de la sagesse payenne dans les vies des sept sages grecs, par GUÉRET. *Paris*, 1662, in-18, 1 vol.

8. L'histoire de l'esprit humain. Imitation du tableau de CÉBÈS. *Paris*, 1670, in-8°, 1 vol.

9. Uranie, ou les tableaux des philosophes, par M. LE NOBLE, baron de S. GEORGE. *Paris*, 1697, in-12, 3 vol.

10. Historia. mulierum philosopharum, scriptore Ægidio MENAGIO. *Lugduni*, 1690, in-12, 1 vol.

11. Historia philosophiæ, autore Thoma STANLEIO. *Lipsiæ*, 1711, in-4°, 2 vol.

12. Plan théologique du Pythagorisme et des autres sectes sçavantes de la Grèce, par Michel MOURGUES. *Amsterdam*, 1714, in-8°, 2 vol.

13. Histoire de la philosophie payenne, par LEVESQUE DE BURIGNY. *La Haye*, 1724, in-12, 2 vol.

14. Eloges et caractères des philosophes les plus célèbres, par DELAPLACE. *Paris*, 1726, in-12. 1 vol.

15. Histoire de la philosophie hermétique. *Paris*, 1742, in-12, 3 vol.

16. Jacobi BRUCKERI historia critica philosophiæ a mundi incunabulis ad nostram usque ætatem deducta. *Lipsiæ*, 1742, in-4°, 6 vol.

17. Même ouvrage.

18. Histoire critique de la philosophie, par DESLANDES. *Amsterdam*, 1756, in-12, 3 vol.

19. Dictionnaire philosophique portatif, ou introduction à la connaissance de l'homme. *Lyon*, 1756, in-12, 1 vol.

20. Histoire comparée des systèmes de philosophie, par DE GÉRANDO. *Paris*, 1804, in-8°, 3 vol.

21. J. A. BUCHON, histoire abrégée des sciences métaphysiques, morales et politiques, traduit de DUGALD STEWART. *Paris*, 1820, in-8°, 3 vol.

22. Essai historique sur l'école d'Alexandrie, par Jacques MATTER. *Paris*, 1820, in-8°, 2 vol.

23. Histoire de la philosophie morale au XVIII° siècle, par Vict. COUSIN (1re partie), Ecole sensualiste. *Paris*, 1839, in-8°, 1 vol.

24. Histoire de la philosophie morale au XVIII° siècle, par Vict. COUSIN, 2° partie, Ecole Ecossaise. *Paris*, 1840, in-8°, 1 vol.

25. Introduction à l'histoire de la philosophie, par Vict. COUSIN. *Paris*, 1841, in-8°, 1 vol.

26. Histoire de la philosophie au XVIII° siècle, par V. COUSIN. *Paris*, 1841, in-8°, 2 vol.

27. Essai sur les écoles philosophiques chez les Arabes, et notamment sur la doctrine d'Algazzali, par Auguste SCHMOLDERS. *Paris*, 1842, in-8°, 1 vol.

28. Histoire de la philosophie morale et politique, dans l'antiquité et les temps modernes, par Paul JANET. *Paris*, 1858, in-8°, 2 vol.

29. Histoire de la philosophie moderne, par DE GERANDO. *Paris*, 1858, in-8°, 4 vol.

30. Dictionnaire des sciences philosophiques, Ad. FRANCK. *Paris*, 1875, in-8°, 1 vol.

31. Histoire de la philosophie moderne, dans ses rapports avec le développement des sciences de la nature, ouvrage posthume de F. PAPILLON, publié par Ch. LÉVÊQUE. *Paris*, 1876, in-8°, 2 vol.

32. La philosophie des Grecs, considérée dans son développement historique, par Edouard ZELLER. *Paris*, 1877, in-8°, 3 vol.

II. — TRAITÉS GÉNÉRAUX ET MÉLANGES

a. — Philosophes anciens, Grecs

33. MERCURII TRISMEGISTI, Pymander, seu de potestate ac sapientia divina (græce), *Parisiis*, 1554, in-4°, 1 vol.

34. Même ouvrage.

35. Même ouvrage.

36. Même ouvrage.

37. PYTHAGORÆ carmina aurea, *Basileæ*, 1559, in-4°, 1 vol.

38. HIEROCLIS philosophi commentarius in aurea Pythagoreorum carmina, *Parisiis*, 1583, in-12, 1 vol.

39. HIEROCLIS philosophi Alexandrini in aurea carmina commentarius (græce et latine). *Londini*, 1742, in-8°, 1 vol.

40. PLATONIS opera omnia, cum PROCLI commentario. *Basileæ*, 1534, in-f°, 1 vol.

41. PLATONIS opera per Janum CORNARIUM latina lingua conscripta. *Basileæ*, 1561, in-f°, 1 vol.

42. Même ouvrage.

43. PLATONIS opera omnia, MARSILIO FICINO interprete. *Lugduni*, 1570, in-f°, 1 vol.

44. PLATONIS opera quæ exstant omnia, ex J. SERRANI interpretatione. *Parisiis*, 1578, in-f°, 2 vol.

45. Les œuvres de PLATON, traduites en français. *Paris*, 1699, in-12, 2 vol.

46. Le sympose de PLATON, ou de l'amour et de beauté, traduit de grec en françois... mis en vers par J. DU BELLAY. *Paris*, 1559, in-4°, 1 vol.

47. PLATONIS Timæus, *Basileæ*, in-8°, 1 vol.

48. Le Timée de PLATON, par Loys LE ROY, dit Regius. *Paris*, 1582, in-4°, 1 vol.

49. Sebastiani FOXII in Timœum PLATONIS commentarii. *Basileæ*, 1556, in-f°, 1 vol.

50. Pauli BENII in PLATONIS Timœum decades tres. *Romæ*, 1594, in-4°, 1 vol.

51. PLATONIS dialogi quatuor. Frider. FISCHERUS. *Lipsiæ*, 1770, in-8°, 1 vol.

52. PLATONIS Euthyphro, Apologia Socratis, Crito, Phædo. (græce).*Lipsiæ*, 1783. in-8°, 1 vol.

53. Même ouvrage.

54. Divini PLATONIS gemmæ, sive illustriores sententiæ. *Parisiis*, 1537, in-18, 1 vol.

55. Sebastiani FOXII Morzilli de Naturæ philosophia,seu de PLATONIS et ARISTOTELIS consensione libri v. *Lovanii*, 1554, in-12, 1 vol.

56. Præcipuarum controversiarum ARISTOTELIS et PLATONIS conciliatio, aut. Gabriele BURATELLO. *Veneliis*, 1573, in-8°, 1 vol.

57. La comparaison de PLATON et d'ARISTOTE, avec les sentimens des Pères sur leurs doctrines. *Paris*, 1671, in-12, 1 vol.

58. Le platonisme dévoilé, ou essai touchant le verbe platonicien, par SOUVERAIN. *Cologne*, 1700, in-12, 1 vol.

59. Aristotelis opera omnia. *Basileæ,* 1531, in-f°, 2 vol.

60. Aristotelis tripartitæ philosophiæ opera omnia. *Basileæ,* 1563, in-fol., 2 vol.

61. Aristotelis opera omnia. *Parisiis,* 1654, in-fol., 4 vol.

62. Aristotelis Stagiritæ opera, a Jacobo Martino. *Lugduni,* 1581, in-fol., 1 vol.

63. Aristotelis opera (græce). *Venetiis,* in-8°, 5 vol. (manque le 2e vol.)

64. Commentariorum in universam Aristotelis philosophiam tomi duo, auctore Didaco Masio. *Urselis,* 1618, in-4°, 1 vol.

65. In universam Aristotelis philosophiam notæ ac disputationes, a Bartholomæo Amico. *Neapoli,* 1623, in-fol., 3 vol.

66. Axiomata philosophica quæ passim ex Aristotele circumferri solent, opera Gratiani Monfortii. *Antuerpio,* 1626, in-8°, 1 vol.

67. Jac. Cheynei analysis in xiiii libros Aristotelis de prima seu divina philosophia. *Duaci,* 1577, in-12, 1 vol.

68. Joannis Launoii de varia Aristotelis in Academia fortuna. *Lutetiæ Parisiorum,* 1662, in-8°, 1 vol.

69. In universam Aristotelis philosophiam introductio, autore Magistro Petro Barbay. *Parisiis,* 1700, in-12, 1 vol.

70. Recherches critiques sur l'âge et l'origine des traductions latines d'Aristote, par Jourdain. *Paris,* 1819, in-8°, 1 vol.

71. Procli philosophi platonici opera. Illustravit Victor Cousin. *Parisiis,* 1820, in-8°, 6 vol.

72. Maximi Tyrii philosophi platonici sermones, sive disputationes xl, (græce). *Parisiis,* 1557, in-12, 1 vol.

73. Maximi Tyrii philosophi platonici dissertationes xli (græce). *Lugd. Batavorum,* 1607, in-8°, 1 vol.

74. Maximi Tyrii dissertationes philosophicæ, ex recensione Joannis Davisii. *Lipsæ,* 1774, in-8°, 2 vol.

75. Porphyrii de non necandis ad epulandum animantibus libri quatuor. *Florentiæ,* 1548, in-fol., 1 vol.

76. Porhyrii philosophi pytagorici de non necandis ad epulandum animantibus libri iv. *Lugduni,* 1620, in-8°, 1 vol.

77. Traité de Porphyre, touchant l'abstinence de la chair des animaux, par de Burigny. *Paris,* 1747, in-12, 1 vol.

78. Plotini Enneades, a Marsilio Ficino apud *Salingiacum,* 1540, in-fol., 1 vol.

79. Sexti Empirici opera, interprete H. Stephano. *Parisiis,* 1569, in-fol., 1 vol.

80. Sexti Empirici opera quæ exstant. *Aurelianæ,* 1621, in-fol., 1 vol.

81. Sexti Empirici opera quæ exstant (grec-latin). *Parisiis,* 1621, in-fol., 1 vol.

82. Jamblichi Chalcidensis ex Cœle-Syria, de mysteriis Egyptiorum, Chaldeorum, Assyriorum liber. Thomas Gale edidit. *Oxonii,* 1678, in-fol., 1 vol.

83. Themistii omnia opera. *Venetiis,* 1534, in-fol., 1 vol.

84. Théodorite Evesque Cyrien, de la nature de l'homme, translaté de grec en français, par Roland Piètre. *Paris,* 1555, in-4°, 1 vol.

b. — *Philosophes anciens, Latins*

85. M. T. Ciceronis de philosophia pars prima. *Lugduni, 1562, in-8°, 1 vol.*

86. M. T. Ciceronis de philosophia pars secunda. *Lugduni, 1562, in-8°, 1 vol.*

87. Tusculanes de Ciceron, traduites par Bouhier et d'Olivet. *Paris, 1737, in-12, 2 vol.*

88. Même ouvrage.

89. Remarques sur les Tusculanes de Ciceron. *Paris, 1737, in-12, 1 vol.*

90. Entretiens de Ciceron sur la nature des Dieux, traduits par d'Olivet. *Paris, 1732, in-12, 2 vol.*

91. Entretiens de Ciceron sur la nature des Dieux, par l'abbé d'Olivet. *Paris, 1766, in-12, 2 vol.*

92. M. T. Ciceronis academicarum questionum liber i. *Parisiis, 1553, in-4°, 1 vol.*

93. Audomari Taloei Academia. Ejusdem in Academicum Ciceronis fragmentum explicatio. *Lutetiæ, 1547, in-12, 1 vol.*

94. Annæi Senecæ opera. Erasmi scholia. *Basileæ, 1529, in f° 1 vol.*

95. Annæi Senecæ opera. *Parisiis, 1607, in-f°.*

96. L. Annæi Senecæ opera a Justo Lipsio emendata et scholiis illustrata. *Antuerpiæ, 1632, in-f°, 1 vol.*

97. L. Annæi Senecæ opera quæ exstant. *Amstelodami, 1672, in-8° 3 vol.*

98. Les œuvres de L. Annæus Seneca, mises en français par Mathieu de Chalvet. *Paris, 1609, in-f°, 1 vol.*

99. OEuvres de Sénèque le philosophe, traduites en français par La Grange. *Paris, An 3., in-8°, 6 vol.*

100. Sénèque, de la Providence de Dieu, par le P. Du Ryer. *Paris, 1651, in-18, 1 vol.*

101. Les épîtres de Sénèque, traduites par François de Malherbe. *Paris, 1698, in-18, 1 vol.*

102. Flores de L. Annæo Seneca, traduzidas de latin en romance Castellano, por J. Martin Cordero Valenciano. *En Anvers, 1555, in-12, 1 vol.*

103. L'esprit de Sénèque, ou les plus belles pensées de ce philosophe. *Bruxelles, 1713, in-18, 1 vol.*

c. — *Philosophes modernes*

104. Margarita philosophica nova (autore Gregorio Reisch). *Argentorati, 1512, in-4°, 1 vol.*

105. Marsilius Ficinus de triplici vita. *1551, in-4°, 1 vol.*

106. Marsilii Ficini insignis philosophi platonici, medici, atque theologi opera. *Basileæ, 1561, in-f°, 2 vol.*

107. Ant. Bernardi Miranduli disputationes. *Basileæ, 1562, in-f°, 1 vol.*

108. Universæ philosophiæ synopsis a Jacobo Fournene. *Parisiis, 1555, in-4°, 1 vol.*

109. Petri Costallii pegma cum narrationibus philosophicis. *Lugduni, 1555, in-8°, 1 vol.*

110. Petri Pomponatii philosophi opera. *Basileæ, 1567, in-8°, 1 vol.*

111. Philippi Mocenici institutiones ad hominum perfectionem. *Venetiis, 1581, in-f°, 1 vol.*

112. L'Académie des philosophes, par Pierre Dubois. *Lyon*, 1587, in-12, 1 vol.

113. Les discours philosophiques de Pontus de TYARD. *Paris*, 1587, in-4°, 1 vol.

114. Typus omnium scientiarum et præsertim theologiæ scholasticæ, aut. Ægidio MONCURTIO. *Lugduni*, 1591, in-8°, 1 vol.

115. Synopsis locorum communium in quâ sapientiæ humanæ imago repræsentatur, et totus philosophiæ ortus, auct. DONALDSOXO. *Francofurti*, 1612, in-8°, 1 vol.

116. Barth. KECKERMANNI opera omnia quæ exstant. *Genevæ*, 1614, in-f°, 2 vol.

117. Examen philosophiæ novæ, studio Andreæ LIBAVII. *Francofurti*, 1615, in-f°, 1 vol.

118. Secretioris philosophiæ consideratio brevis a PHILIPPO a GABELLA. *Cassellis*, 1615, in-4°, 1 vol.

119. Axiomata philosophica venerabilis BEDÆ, ex Aristotele et aliis præstantibus philosophis diligenter collecta. *Mussiponti*, 1662, in-12, 1 vol.

120. JOANNIS SALESBERIENSIS Policraticus, sive de nugis curialium et vestigiis philosophorum libri octo. *Lugd. Batav.* 1639, in-12, 1 vol.

121. Francisci BACONIS de dignitate et augmentis scientiarum libri IX. *Parisiis*, 1624, in-4°, 1 vol.

122. Neuf livres de la dignité et de l'accroissement des sciences, par Fr. BACON, traduits par de GOLEFER. *Paris*, 1634, in-4°, 1 vol.

123. Francisci BACONIS operum moralium et civilium tomus. *Londini*, 1638, in-f°, 1 vol.

124. Francisci BACONI scripta in naturali et universali philosophia. *Amsterodami*, 1653, in-18. 1 vol.

125. Analyse de la philosophie du chancelier BACON. *Leyde*, 1756, in-12, 2 vol. en un seul.

126. Fragments extraits des œuvres du chancelier BACON, édition anglaise de SCHAW, traduits par MARY DU MOULIN. *Amterdam*, 1765, in-12, 1 vol.

127. BACON. *Paris*, 1870, in-12, 1 vol.

128. De ortu animæ humanæ libri tres Fortunii LICETI. *Genuæ*, 1602, in-4°, 1 vol.

129. De spontaneo viventium ortu libri quatuor; autor Fortunius LICETUS. *Vicentiæ*, 1618, in-f°, 1 vol.

130. De feriis altricis animæ Nemeseticæ disputationes, auct. Fortunio LICETO. *Patavii*, 1611, in-4°, 1 vol.

131. Renati DES CARTES principia philosophiæ. *Amstelodami*, 1650, in-4°, 1 vol.

132. Les principes de la philosophie écrits en latin, par Réné DESCARTES, et traduits en français par un de ses amis. *Paris*, 1659, in-4°, 1 vol.

133. Les méditations métaphysiques de René DESCARTES. *Paris*, 1661, in-4°, 1 vol.

134. Renati DES CARTES opera philosophica. *Amstelodami*, 1664, in-4°, 1 vol.

135. Exercitationes ad principiorum philosophiæ Renati DES CARTES primam partem. auct. Johanne SCHULERO. *Ultrajecti*. 1667, in-4°, 1 vol.

136. Discours de la méthode par René DESCARTES. *Paris*, 1668, in-4°, 1 vol.

137. Même ouvrage.

138. Lettres de Mr DESCARTES. *Paris*, 1663, in-4°, 1 vol.

139. Les méditations métaphysiques de René DESCARTES. *Paris*, 1673, in-4°, 1 vol.

140. L'homme de René DESCARTES et la formation du fœtus. *Paris*, 1677, in-4°, 1 vol.

141. Renati Des Cartes meditationes de prima philosophia. *Amstelodami,* 1678, in-4°, 1 vol.

142. Les principes de la philosophie escrits en latin, par René Des-Cartes, et traduits en françois par un de ses amis. *Paris,* 1681, in-4°, 1 vol.

143. Même ouvrage.

144. Renati Descartes epistolæ. *Amstelodami,* 1682, in-4°, 2 vol.

145. Voyage du monde de Descartes, par le P. G. Daniel. *Paris,* 1690, in-12, 1 vol.

146. Voyage du monde de Descartes. *Paris,* 1691, in-12, 1 vol.

147. Renati Descartes principia philosophiæ. *Amstelodami,* 1692, in-4°, 1 vol.

148. Suite du voyage du monde de Descartes. *Amsterdam,* 1696, in-12, 1 vol.

149. Traité de l'esprit de l'homme, suivant les principes de René Descartes, par Louis De la Forge. *Amsterdam....* in-18, 1 vol.

150. Voyage du monde de Descartes. *Amsterdam,* 1700, in-12, 2 vol.

151. La Philosophie morale de Descartes. *Bruxelles,* 1707, in-12, 1 vol.

152. Les principes de la philosophie écrits en latin, par Réné Descartes, et traduits en français par un de ses amis. *Paris,* 1724, in-12, 1 vol.

153. Discours de la méthode par Descartes. *Paris,* 1824, in-18, 1 vol.

154. Petri Gassendi opera omnia. *Lugduni,* 1658, in-f°, 6 vol.

155. Ocellus Lucanus de universi natura. *Amstelœdami.* 1661, in-4°, 1 vol.

156. La science universelle de Sorel. *Paris,* 1668, in-12, 2 vol.

157. De mente humana libri quatuor, auct. J. R. du Hamel. *Parisiis,* 1672, in-12, 1 vol.

158. Les principes de la philosophie du Pythagore chrétien, par De l'Espinasse. ....., 1677, in-12. 1 vol.

159. Réflexions critiques sur le système cartésien de la philosophie de M. Régis, par Jean Du Hamel. *Paris,* 1692, in-12, 1 vol.

160. Petri Danielis Huetii censura philosophiæ cartesianæ. *Parisiis,* 1694, in-12, 1 vol.

161. Même ouvrage.

162. Réponse au livre qui a pour titre : P. Danielis Huetii censura philosophiæ cartesianæ, par Pierre-Sylvain Régis. *Paris,* 1691, in-12, 1 vol.

163. Dissertations sur différents sujets composées par Huet, recueillies par De Tilladet. *La Haye,* 1720, in-12, 2 vol.

164. Spinosæ opera posthuma. 1677, in-4°, 1 vol.

165. OEuvres de Spinosa. traduites par Emile Saisset. *Paris,* 1841, in-12, 2 vol.

166. Lettres sur divers sujets concernant la religion et la métaphysique, par feu Messire François de Salignac de la Mothe-Fénelon. *Paris,* 1718, in-8°, 1 vol.

167. OEuvres philosophiques, par de Salignac de la Mothe-Fénelon. *Paris,* 1726, in-12, 1 vol.

168. Recueil de divers ouvrages philosophiques et théologiques, par le P. Daniel. *Paris,* 1724, in-4°, 2 vol.

169. OEuvres diverses de Monsieur Locke. *Amsterdam,* 1732, in-12, 2 vol.

170. Lettres philosophiques, par M. de Voltaire, *Amsterdam,* 1734, in-12, 1 vol.

171. Eléments de la philosophie de Newton, mis à la portée de tout le monde, par de Voltaire. *Amsterdam,* 1738, in-8° 1 vol.

172. La philosophie du bon sens, ou réflexions philosophiques, par l'abbé d'OLIVET. *La Haye*, 1747, in-12, 2 vol.

173. Lettres morales et critiques sur les différents états et diverses occupations des hommes, par le marquis d'ARGENS. *Amsterdam*, 1747, in-12, 1 vol.

174. Le monde, son origine et son antiquité. *Londres*, 1751, in-12, 1 vol.

175. Œuvres philosophiques de DE LA METTRIE. *Amsterdam*, 1753, in-18, 2 vol.

176. Lettres de Monsieur de MAUPERTUIS. *Berlin*, 1753, in-18, 1 vol.

177. Mélanges philosophiques, par FORMEY. *Leyde*, 1754, in-12, 2 vol.

178. Recueil de dissertations sur quelques principes de philosophie et de religion, par le P. GERDIL. *Paris*, 1760, in-12, 1 vol.

179. Œuvres du philosophe bienfaisant, (Stanislas LECZINSKI, roi de Pologne). *Paris*, 1764, in-12, 2 vol.

180. Œuvres philosophiques latines et françaises de LEIBNITZ. *Amsterdam*, 1765, in-4°, 1 vol.

181. Le génie de M. HUME, ou analyse de ses ouvrages. *Londres*, 1770, in-12, 1 vol.

182. Radulphi CUDWORTHI systema intellectuale hujus universi, seu de veris naturæ rerum originibus commentarii. *Lugduni Batavorum*, 1773, in-4°, 2 vol.

183. Le bon sens, ou idées naturelles opposées aux idées surnaturelles. *Londres*, 1772, in-8°, 1 vol.

184. Le bon sens, ou idées naturelles opposées aux idées surnaturelles. *Londres*, 1774, in-8°, 1 vol.

185. Les Helviennes, ou lettres provinciales philosophiques, par l'abbé BARRUEL. *Amsterdam*, 1781, in-12, 1 vol.

186. Traité de l'esprit de l'homme, de ses facultés et fonctions, et de son union avec le corps, par Louis DE LA FORGE. *Amsterdam*, in-12, 1 vol.

187. Eléments de la philosophie de l'esprit humain, par DUGALD STEWART, traduit de l'anglais, par Pierre PRUVOST. *Genève*, 1808, in-8°, 2 vol.

188. Œuvres complètes de VAUVENARGUES. *Paris*, 1820, in-8°, 1 vol.

189. Fragments philosophiques par Vict. COUSIN. *Paris*, 1826, in-8°, 1 vol.

190. Nouveaux fragmens philosophiques, par Victor COUSIN. *Paris*, 1828, in-8°, 1 vol.

191. Cours de philosophie par Vict. COUSIN. Du vrai, du beau et du bien. *Paris*, 1836, in-8°, 1 vol.

192. Leçons sur la philosophie de KANT, par Vict. COUSIN. *Paris*, 1842-46, in-8°, 5 vol.

193. De l'Esprit philosophique, par PORTALIS, *Paris*, 1827, in-8°, 2 vol.

194. Œuvres complètes de Thomas REID, publiées par Th. JOUFFROY. *Paris*, 1836, in-8°, 6 vol.

195. Œuvres philosophiques de MAINE DE BIRAN, publiées par V. COUSIN. *Paris*, 1841, in-8°, 3 vol.

196. De la création. Essai sur l'origine et la progression des êtres, par BOUCHER DE PERTHES. *Paris*, 1841, in-12, 5 vol.

197. Essais de philosophie, par Ch. DE RÉMUSAT. *Paris*, 1842, in-8°, 2 vol.

198. Œuvres philosophiques du Père BUFFIER, avec notes et introduction par Francisque BOUILLIER. *Paris*, 1843, in-12, 1 vol.

199. Œuvres philosophiques de François HEMSTERHUIS, éditées par L. MEYBOOM. *Leuwarde*, 1846, in-8°, 3 vol.

200. Essais de philosophie critique par VACHEROT. *Paris*, 1864, in-8°, 1 vol.

201. Auguste COMTE, et la philosophie positive par E. LITTRÉ. *Paris*, 1864, in-8°, 1 vol.

202. La crise philosophique, MM. Taine, Renan, Littré, Vacherot, par Paul JANET, *Paris*, 1865, in-12, 1 vol.

203. Mélanges philosophiques, par Th. JOUFFROY. *Paris*, 1866, in-12, 1 vol.

204. Nouveaux mélanges philosophiques, par Th. JOUFFROY. *Paris*, in-12, 1 vol.

205. H. T. INE. Le positivisme Anglais. Etude sur Stuart Mill. *Paris*. 1864, in-18, 1 vol.

206. H. TAINE. L'idéalisme anglais. Etude sur Carlyle. *Paris*, 1864, in-18,1 vol.

207. Herbert SPENCER. Les premiers principes, traduit de l'anglais par CAZELLES. *Paris*, in-8°, 1 vol.

208. Science et nature, essais de philosophie et de science naturelle, par Louis BUCHNER. *Paris*. in-12, 2 vol.

209. La philosophie de HAMILTON, par John STUART MILL, traduit de l'anglais par E. CASELLES. *Paris*, 1869, in-8°, 1 vol.

210. Thèses de philosophie, par B. JULIEN. *Paris*, 1873, in-8°, 1 vol.

211. La philosophie, par M. André LEFEBVRE. *Paris*, 1879, in 12, 1 vol.

212. X. DANGUIN. Le dernier mot de la philosophie. *Paris*, 1879, in-8°, 1 vol.

213. De la solidarité morale, essai de psychologie appliquée, par Henri MARION. *Paris*, 1880, in-8°, 1 vol.

214. Luz en la tierra, demonstratio de que entre la religion catholica y la ciencia non puedem existir conflictos par Abdon DE PAZ. *Madrid*, in-8°, 1 vol.

215. L'idée de la personnalité dans la psychologie moderne, par Charles JEANMAIRE. *Paris*, 1882, in-8°, 1 vol.

d. — *Cours de philosophie*

216. Totius philosophiæ humanæ in tres partes digestio, ab Hieronymo WILDENBERGIO. *Basileæ*, 1558, in-12, 1 vol.

217. Francisci TITELMANNI naturalis philosophiæ compendium, sive de consideratione rerum naturalium libri XII. *Antuerpiæ*, 1570, in-8°, 1 vol.

218. Nova de universis philosophia, auctore Francisco PATRITIO. *Venetiis*, 1593, in-fol., 1 vol.

219. Sommaire des quatre parties de la philosophie : logique, éthique, physique et métaphysique, par DE CHAMPAIGNAC. *Paris*, 1606, in-12, 1 vol.

220. Cours de toute la philosophie, par Théophraste BOUJU. *Paris*, 1614, in-fol., 1 vol.

221. Disputationes de universa philosophia, authore Petro HURTADO DE MENDOZA. *Lugduni*, 1617, in-4°, 1 vol.

222. Philosophia naturalis J. DUNS SCOTI, ex quatuor libris sententiarum, et quodlibetis collecta ; auct. Ph. FABRO. *Parisiis*, 1622, in-4°, 1 vol.

223. Cours de la philosophie, contenant la logique, la physique, la métaphysique et l'éthique, par Scipion DUPLEIX. *Paris*, 1626, in-12, 1 vol.

224. Philosophia collegii Tolosani, studio Petri JULIANI. *Tolosæ*, 1633, in-8°, 1 vol.

225. Summa philosophiæ quadripartita, auth. EUSTACHIO A SANCTO PAULO. *Genevæ*, 1638, in-8°. 1 vol.

226. Jacobi Pierri scholæ philosophicæ Rothomagi in schola Archiepiscopali enarratæ. *Rhotomagi*, 1647, in-8°, 1 vol.

227. Summa philosophica, ex mira principis philosophorum Aristotelis et doctoris angelici D. Thomæ doctrina, per Philippum a Sanctissima Trinitate, *Lugduni*, 1648, in-fol., 1 vol.

228. La philosophie divisée en toutes ses parties, par Jacques Du Rouzé. *Paris*, 1654, in-12, 1 vol.

229. Abrégé curieux et familier de toute la philosophie, par De Marandé. *Paris*, 1656, in-12. 1 vol.

230. Abrégé curieux et familier de toute la philosophie, logique, morale, etc., par de Marandé. *Paris*, 1658, in-12, 1 vol.

231. Petri Galtruchii philosophiæ ac mathematicæ totius institutio. *Cadomi*, 1665, in-18, 4 vol.

232. Même ouvrage.

233. Bernaldi de Quiros cursus philosophicus. *Lugduni*, 1666, in-fol., 1 vol.

234. De corpore animato libri quatuor, seu promotæ per experimenta philosophiæ specimen, aut. J. B. du Hamel. *Parisiis*, 1673, in-12, 1 vol.

235. P. Godartii lexicon philosophicum. Item accuratissima totius philosophiæ summa. *Parisiis*, 1675, in-8°, 1 vol.

236. Philosophia vetus et nova ad usum scholæ accommodata, in regia Burgundia olim pertractata. auct. J. B. Duhamel. *Parisiis*, 1681, in-12, 6 vol.

237. La philosophie des gens de cour par l'Abbé de Gérard. *Paris*, 1683, in-12, 2 vol.

238. Système de philosophie, contenant la logique, la métaphysique, la physique et la morale, par Pierre Sylvain Régis. *Lyon*, 1691, in-2, 6 vol.

239. Cours entier de philosophie, par Sylvain Régis. *Amsterdam*, 1691, in-4°, 3 vol.

240. Suppellex philosophica continens nonnulla philosophorum vocabula, ad usum philosophorum collegii Anglorum Duaceni. *Duaci*, 1696. in-12, 1 vol.

241. Philosophus in utramque partem, etc., ad usum scholæ. *Lutetiæ Parisiorum*, 1699, in-12, 1 vol.

242. Burcardi Gotthelffi Struvii bibliotheca philosophica, iu duas classes distributa. *Ienæ*, 1707, in-12, 1 vol.

243. Philosophus in utramque partem, sive selectæ et limatæ difficultates in utramque partem, auth. Laurentio Duhan. *Parisiis*, 1708, in-12, 1 vol.

244. Joannis Clerici opera philosophica in quatuor volumina digesta. *Amstelodami*. 1722, in-12, 4 vol.

245. Institutiones philosophicæ, studio Edmundi Purchotii. *Lugduni*, 1733, in-12, 5 vol.

246. Alciphron, ou le petit philosophe, en sept dialogues. *La Haye*, 1734, in-12, 2 vol.

247. Cours abrégé de la philosophie Wolfienne, par Jean Des Champs. *Amsterdam*. 1743, in-12, 3 vol.

248. Institutiones philosophicæ, scholasticæ, faciles et breves. Elementa philosophiæ. *Parisiis*, 1744. in-12, 1 vol.

249. Philosophia ad usum scholæ accommodata, auctore Guillelmo Dagoumer. *Lugduni*, 1746, in-12, 4 vol.

250. Grammaire des sciences philosophiques, ou analyse abrégée de la philosophie moderne, traduite de l'anglais de Benjamin Martin. *Paris*, 1749, in-8°, 1 vol.

251. Même ouvrage.

252. Cursus philosophicus ad scholarum usum accommodatus. authore Petro Lemonnier. *Parisiis*, 1750, in-12, 6 vol.

253. Essais sur différents sujets de philosophie, par Duval. *Paris*, 1767, in-12, 5 vol.

254. Principes philosophiques pour servir d'introduction à la connaissance de l'esprit et du cœur humain. *Amsterdam,* 1769, in-12, 1 vol.

255. La philosophie naturelle civile et morale, traduit de l'anglais. *Lyon,* 1770, in-12, 2 vol.

256. La vraie philosophie, par le P. Elie HAREL. *Strasbourg,* 1783, in-8°, 1 vol.

257. Essais d'un apprenti philosophe, par HOURCASTREMÉ. *Paris,* 1804, in-8°, 1 vol.

258. Notions de philosophie, par Charles JOURDAIN. *Paris,* 1863, in-12, 1 vol.

259. Cours de philosophie positive, par Auguste COMTE. *Paris,* 1869, in-8°, 6 vol.

260. Traité élémentaire de philosophie à l'usage des classes, par Paul JANET. *Paris,* in-8°, 2 vol.

III. — LOGIQUE

261. De la logique d'ARISTOTE, par J. BARTHÉLÉMY SAINT-HILAIRE. *Paris,* 1838, in-8°, 2 vol.

262. Joannis GRAMMATICI in posteriora resolutoria ARISTOTELIS commentarium. *Venetiis,* 1534, in-fol., 1 vol.

263. Joannis GRAMMATICI commentaria in priora analytica ARISTOTELIS. *Venetiis,* 1536, in-fol., 1 vol.

264. SIMPLICII in ARISTOTELIS categorias commentaria. *Basileæ,* 1551, in-fol., 1 vol.

265. Organum ARISTOTELIS universum, Joachimo PERIONIO interprete. *Basileæ* 1554, in-8°, 2 vol.

266. Chrysostomi JAVELLI commentarii in logicam ARISTOTELIS. *Lugduni,* 1555, in-8°, 1 vol.

267. ARISTOTELIS logica ab eruditissimis hominibus conversa. *Parisiis,* 1564, in-4°, 1 vol.

268. A. P. Joannis SANCHIEZ SEDEGNO quæstiones ad universam ARISTOTELIS logicam. *Moguntiæ,* 1616, in-4°, 1 vol.

269. Logica, sive organum ARISTOTELIS, cum Matthæi WEISS commentariis. *Salisburgi,* 1617, in-4°, 1 vol.

270. Commentarius in ARISTOTELIS logicam, aut. Petro BARBAY. *Parisiis,* 1675, in-16, 1 vol.

271. Julii PACII doctrinæ peripateticæ tomi tres. *Aureliæ Allobrogum,* 1606, in-4°, 1 vol.

272. Commentaria in isagogen Porphyrii. Auctor Joannes STANNIFEX. *Lovanii,* 1568, in-4°, 1 vol.

273. Problemata logicalia Magistri Hieronymi DE HANGEST. *Parrhisiis,* 1517, in-4°, 1 vol.

274. Libri sex de consideratione dialectica, per Fratrem Franciscum TITELMANNUM. *Antuerpiæ,* 1537, in-12, 1 vol.

275. Dialecticæ considerationis libri sex, aut. Francisco TITELMANO. *Lovanii,* 1539, in-8°, 1 vol.

276. Georgii TRAPEZUNTII de re dialectica libellus. *Parisiis,* 1540, in-8°, 1 vol.

277. Joachimi PERIONII de dialectica libri III. *Parisiis,* 1544, in-12, 1 vol.

278. Antonii Bernardi MIRANDULANI institutio in universam logicam. *Basileæ*, 1545, in-fol., 1 vol.

279. Tractatus consequentarius MAGISTRI MARTINI. In-4°, 1 vol.

280. Petri RAMI institutionum dialecticarum libri tres. *Basileæ*, 1554, in-8°, 1 vol.

281. P. RAMI dialecticæ libri duo, Audomari TALÆI prælectionibus illustrati. *Parisiis*, 1561, in-8°, 1 vol.

282. P. RAMI dialectica, Audomari TALÆI prælectionibus illustrata. *Coloniæ Agripinæ*, 1573, in-8°, 1 vol.

283. Cornelii VALERI tabulæ totius dialectices. *Lovanii*, 1560, in-12, 1 vol.

284. Rodolphi AGRICOLÆ de inventione dialectica libri omnes. *Coloniæ Agrippinæ*, 1563, in-12, 1 vol.

285. Institutionum dialecticarum libri octo, auct. Petro FONSECA. *Coloniæ*, 1586, in-12, 1 vol.

286. Formalitatum liber, per F. Franciscum LE ROY. *Parisiis*, 1603, in-8°, 1 vol.

287. Augusti HUNNÆI dialectica, seu generalia logices præcepta omnia. *Antuerpiæ*, 1608, in-8°, 1 vol.

288. R. P. Marci DE LOS HUERTOS quæstiones ad universam dialecticam. *Duaci*, 1622, in-8°, 1 vol.

289. Analysis logicæ, auct. Franc. HALLIER. *Parisiis*, 1630, in-8°, 1 vol.

290. Gasparis DE LA FUENTE quæstiones dialecticæ et physicæ. *Lugduni*, 1631, in-4°, 1 vol.

291. Ingeniosa dialecticæ methodus, Joanne VISORIO auctore. *Basileæ*, in-12, 1 vol.

292. Idea philosophiæ rationalis, seu logica, aut. PETRO A STO JOSEPH FULIENSI. *Parisiis*, 1659, in-16, 1 vol.

293. La dialectique du sieur DE LAUNAY, contenant l'art de raisonner juste sur toutes sortes de matières. *Paris*, 1675, in-12, 1 vol.

294. Logica, sive ars cogitandi; in qua præter vulgares regulas plura nova habentur ad rationem dirigendam utilia. *Londini*, 1677, in-12, 1 vol.

295. Manuductio ad logicam, sive dialectica a Philippo DU TRIEU. *Duaci*, 1678, in-12, 1 vol.

296. Essai de logique, contenant les principes des sciences, et la manière de s'en servir pour faire de bons raisonnements. *Paris*, 1678, in-12, 1 vol.

297. La logique ou l'art de penser. *Lyon*, 1712, in-12, 1 vol.

298. Logique, ou réflexions sur les forces de l'entendement humain, par Chrétien WOLF. *Berlin*, 1736, in-12, 1 vol.

299. La logique, ou réflexions sur les forces de l'entendement humain, par Chrétien WOLFF. *Lausanne*, 1744, in-12, 1 vol.

300. Logique ou système abrégé de réflexions, par DE CROUSAZ. *Amsterdam*, 1737, in-12, 2 vol. en un seul.

301. Logique en forme d'entretiens, ou l'art de trouver la vérité, par le P. REGNAULT. *Paris*, 1746, in-12, 1 vol.

302. Même ouvrage.

303. Principes de certitude, ou essai sur la logique. *Paris*, 1763, in-12, 1 vol.

304. La logique, ou l'art de penser, par l'abbé JURAIN. *Paris*, 1765, in-12, 1 vol.

305. G. LEIBNITII opera omnia, nunc primum collecta, studio Ludovici DUTENS. *Genevæ*, 1768, in-4°, 6 vol.

306. Traité analytique de la méthode, par Em. DEVELAY. *Lausane*, 1794, in-12, 1 vol.

307. Des signes et de l'art de penser, par DE GERANDO. *Paris*, an VIII, in-4°, 4 vol.

308. Notions de logique, par Charles JOURDAIN. *Paris*, 1856, in-12, 1 vol.

309. Système de logique déductive et inductive, par John STUART-MILL. *Paris*, 1866, in-8°, 2 vol.

IV. — MÉTAPHYSIQUE

a. — *Traités généraux et mélanges*

310. ARISTOTELIS metaphysica a BESSARIO Card. recognita. *Parisiis*, 1515, in-fol., 1 vol.

311. Julii GUASTAVINI commentarii in priores decem ARISTOTELIS problematum sectiones. *Lugduni*, 1608, in-fol., 1 vol.

312. Commentarius in ARISTOTELIS metaphysicam, auth. Petro BARBAY. *Parisiis*, 1675, in-16, 1 vol.

313. Gabrielis VASQUEZ disputationes metaphysicæ. *Antuerpiæ*, 1618, in-8°,1 vol,

314. La métaphysique, ou science surnaturelle, par Scipion DUPLEIX. *Paris*, 1626, in-12, 1 vol.

315. La métaphysique, ou science surnaturelle, par Scipion DU PLEIX. *Paris*, 1631, in-12, 1 vol.

316. Divers traités de métaphysique, d'histoire et de politique, par feu DE CORDEMOY. *Paris*, 1691, in-12, 1 vol.

317. La vraie et la fausse métaphysique, où l'on réfute les sentiments de M. RÉGIS et de ses adversaires, par DELELEVEL. *Rotterdam*, 1694, in-12, 1 vol.

318. Entretiens sur la métaphysique et sur la religion, par le P. MALEBRANCHE. *Paris*, 1703, in-12, 2 vol.

319. Gulielmi AYLEWORTHI disputationes metaphysicæ. *Duaci*, 1712, in-fol.,1 vol.

320. Lettres sur divers sujets concernant la religion et la métaphysique, par M. DE FÉNELON. *Paris*, 1718, in-12, 1 vol.

321. Cours de sciences, par le Père BUFFIER. *Paris*, 1732, in-fol., 1 vol.

322. Introduction à la philosophie, contenant la métaphysique et la logique, par SGRAVESANDE, traduite du latin. *Leide*, 1748, in-12, 1 vol.

323. Manuel philosophique, ou précis universel des sciences. *Lille*, 1748, in-12, 2 vol.

324. La métaphysique qui contient l'ontologie, la théologie naturelle et la pneumatologie, par J. COCHET. *Paris*, 1753, in-12, 1 vol.

325. Essai de métaphysique, ou principes sur la nature et les opérations de l'esprit. *Paris*, 1656, in-12, 1 vol.

326. Eléments de métaphysique sacrée et profane, ou théorie des êtres insensibles, par l'Abbé PARA. *Besançon*, 1767, in-8°, 1 vol.

327. Même ouvrage.

328. La critique de Kant et la métaphysique de Leibnitz. Histoire et théorie de leurs rapports, par Désiré NOLEN. *Paris*, 1875, in-8°, 1 vol.

329. La science positive et la métaphysique, par Louis LIARD. *Paris*, 1879, in-8°, 1 vol.

b. — Des causes premières, de la nature, de l'être.

330. Liber de causis Hieronymi de HAN-GEST. *Parisiis*, 1515, in-4°, 1 vol.

331. Joannis DE RUPESCISSA de consideratione quintæ essentiæ rerum omnium. *Basilœ*, 1561, in-12, 1 vol.

332. Cœlum philosophorum, seu liber de secretis naturæ per Philippum VISTADIUM. *Lugduni*, 1571, in-16, 1 vol.

333. De la vicissitude ou variété des choses de l'univers, par Loys le ROY, dict Regius. *Paris*, 1575, in-fol., 1 vol.

334. MERCURII TRISMEGISTI de ente, materia, forma, et rebus metaphysicis. *Cracoviœ*, 1586, in-fol., 1 vol.

335. Disputationes philosophicæ de ente transnaturali, auth. Petro Hurtado DE MENDOSA. *Tolosœ*, 1618, in-8°, 1 vol.

336. Traité sur les œuvres admirables de Dieu le Créateur, par DE BOUFFLERS. *Beauvais*, 1621, in-12, 1 vol.

337. HIEROCLES, de providentia et fato. *London*, 1673, in-12, 2 vol.

338. Méditations métaphysiques touchant l'opération de Dieu dans l'ordre de la nature. *Rotterdam*, 1690, in-12, 1 vol.

339. De existentia Dei et humanæ mentis immortalitate secundum Cartesii et Aristotelis doctrinam disputatio, auct Mich. MORO. *Parisiis*, 1692, in-12, 1 vol.

340. Démonstration de l'existence de Dieu par DE LA MOTHE FÉNELON. *Amsterdam*, 1713, in-12, 1 vol.

341. Essais de théodicée sur la bonté de Dieu, la liberté de l'homme et l'origine du mal, par M. LEIBNITZ. *Amsterdam*, 1734, in-12, 2 vol.

342. Théologie physique ou démonstration de l'existence et des attributs de Dieu, tirée des œuvres de la création, par Guillaume DERHAM, traduite de l'anglais par Jacques LUFNEU. *La Haye*, 1740, in-8°, 1 vol.

343. De la connoissance de Dieu et de soi-même, par J.-B. BOSSUET. *Paris*, 1741, in-12, 1 vol.

344. Le monde, son origine et son antiquité. — L'immortalité de l'âme. *Londres*, 1751, in-12, 1 vol.

345. Pensées sur l'interprétation de la nature, 1754, in-13, 1 vol.

346. Même ouvrage.

347. Code de la nature, ou le véritable esprit de ses lois. ...., 1755, in-12, 1 vol.

348. Même ouvrage, in-12, 1 vol.

349. Système de la nature par M. MIRABAUD. (Le Baron D'HOLBACH). *Londres*, 1764, in-8°, 2 vol.

350. Histoire philosophique de l'homme. *Londres*, 1766, in-8°, 1 vol.

351. L'existence de Dieu, démontrée par les merveilles de la nature, par BULLET. *Paris*, 1768, in-12, 1 vol.

352. Traité de l'infini créé, par le P. MALEBRANCHE. *Amsterdam*, 1769, in-12, 1 vol.

353. Histoire naturelle de la religion, traduit de l'anglois de HUME. *Amsterdam*, 1769, in-12, 1 vol.

354. Examen du matérialisme, ou réfutation du système de la nature, par BERGIER. *Paris*, 1771, in-12, 2 vol.

355. Etudes de la nature par Bernardin DE SAINT-PIERRE. *Bâle*, 1797, in-8°, 5 vol.

356. Rêveries sur la nature primitive de l'homme, par P. R. SENANCOUR. *Paris*, 1802, in-8°, 1 vol.

357. De la connaissance de Dieu, par GRATRY. *Paris*, 1854, in-8°, 2 vol.

358. Le naturisme : Dialogue eclectique sur l'universalité des sciences, dans ses rapports avec Dieu et la nature, par MANEY. *Lyon*, 1859, in-12, 1 vol.

359. Philosophie de la nature par HEGEL, traduite par A. VERA. *Paris*, 1863, in-8°, 2 vol.

360. Les mystères de la Création dévoilés par Mme BADÈRE. *Paris*, 1876, in-12, 1 vol.

361. Le monde et l'homme primitif selon la Bible, par Mgr MEIGNAN. *Paris*, 1879, in-8°, 1 vol.

362. La Ciencia y la divina revelacion, por Juan Manuel ORTI y LARA. *Madrid*, 1881, in-8°, 1 vol.

c. — De l'âme, de sa nature, de son immortalité

363. ARISTOTELIS de anima libri tres. *Basileæ*, 1538. in-12, 1 vol.

364. SIMPLICII commentaria in tres libros ARISTOTELIS de anima. *Venetiis*, 1527, in-fol., 1 vol.

365. Joannis GRAMMATICI commentaria in libros de anima ARISTOTELIS. *Venetiis*, 1535, in-fol., 1 vol.

366. Psychologie d'ARISTOTE, par Barthélemy SAINT-HILAIRE. *Paris*, 1847, in-8°, 1 vol.

367. Le Phédon de PLATON, traitant de l'immortalité de l'âme. traduit du grec par LE ROY, dit REGIUS. *Paris*, 1553, in-4°, 1 vol.

368. Francisci TOLETI commentaria in tres libros ARISTOTELIS de anima. *Parisiis*, 1582, in-4°, 1 vol.

369. Commentaria collegii Conimbricensis in tres libros de anima ARISTOTELIS. *Coloniæ*, 1609, in-4°, 1 vol.

370. L'athéomachie et discours de l'immortalité de l'âme et résurrection des corps, par Charles de BOURGUEVILLE de Caen. *Paris*, 1564, in-4°, 1 vol.

371. Discours académiques de l'origine, essence, qualités et siège de l'âme, par Raoul FORNIER. *Paris*, 1620, in-18, 1 vol.

372. De animarum rationalium immortalitate libri quatuor, a Fortunio LICETO. *Patavii*, 1629, in-fol., 1 vol.

373. Joh. Angelii WERDENHAGEN psychologia vera I B T, XL quæstionibus explicata. *Amstelodami*, 1632, in-16, 1 vol.

374. Le système de l'âme, par DE LA CHAMBRE. *Paris*, 1665, in-12, 1 vol.

375. Antonii SIRMONDI de immortalite animæ demonstratio physica et Aristotelica. *Parisiis*, 1635, in-8°, 1 vol.

376. De l'immortalité de l'âme. *Paris*, 1666, in-4°, 1 vol.

377. Principes de philosophie, ou preuves naturelles de l'existence de Dieu et de l'immortalité de l'âme, par l'Abbé GENEST. *Paris*, 1716, in-8°, 1 vol.

378. La belle Wolfienne, avec deux lettres philosophiques sur l'immortalité de l'âme et sur l'harmonie préétablie. *La Haye*, 1741, in-12, 3 vol.

379. Réflexions philosophiques sur l'immortalité de l'âme raisonnable (traduit de l'allemand). *Amsterdam*, 1744, in-12, 1 vol.

380. Histoire naturelle de l'âme, traduite de l'anglois DE CHARP. *La Haye*, 1745, in-12, 1 vol.

381. Psychologie, ou traité sur l'âme, par WOLF. *Amsterdam*, 1745, in-12, 1 vol.

382. Les préjugés du public sur la nature de l'âme, avec des observations par DENESLE. *Paris*, 1747, in-12, 2 vol.

383. Histoire naturelle de l'âme, traduite

de l'anglais DE CHARP. *Oxford*, 1747, in-12, 1 vol.

384. Essay sur la nature de l'âme. *Paris*, 1747, in-12, 2 vol.

385. Eléments de métaphysique, ou lettres à un matérialiste sur la nature de l'âme. *Paris*, 1753, in-12, 1 vol.

386. Examen du matérialisme relativement à la métaphysique, par DENESLE. *Paris*, 1754, in-12, 2 vol.

387. La spiritualité et l'immortalité de l'âme, par le P. Hubert HAYER. *Paris*, 1757, in-12, 2 vol.

388. Le système des anciens et des modernes sur l'état des âmes séparées des corps. *Londres*, 1757, in-12, 1 vol.

389. L'âme, ou le système des matérialistes, soumis aux seules lumières de la raison, par M. l'abbé DUFOUR. *Avignon*, 1759, in-12, 1 vol.

390. Du spiritualisme et de la nature, par Ernest BERSOT. *Paris*, 1846, in-8°, 1 vol.

391. Le matérialisme contemporain, par Paul JANET. *Paris*, 1875, in-12, 1 vol.

392. De la folie au point de vue philosophique, ou plus spécialement psychologique, par le Dr Prosper DESPINE. *Paris*, 1875, in-8, 1 vol.

393. Histoire du matérialisme, et critique de son importance à notre époque, par LANGE. *Paris*, 1877, in-4°, 2 vol.

394. Le nouveau spiritualisme, par E. VACHEROT. *Paris*, 1884, in-8°, 1 vol.

d. — De l'âme des bêtes.

395. Hieronymi RORARII quod animalia bruta ratione utantur melius homine libri duo. *Parisiis*, 1648, in-8°, 1 vol.

396. Traité de la connaissance des animaux, par DELACHAMBRE. *Paris*, 1664, in-12, 1 vol.

397. Discours de la connaissance des bêtes, par le P. PARDIES. *Paris*, 1672, in-12, 1 vol.

398. De l'âme des bêtes. *Lyon*, 1676, in-32, 1 vol.

399. Discours de la connaissance des bestes, par le P. PARDIES. *Paris*, 1690, in-18, 1 vol.

400. Traité de l'âme et de la connaissance des bêtes, par DILLY. *Amsterdam*, 1691, in-18, 1 vol.

401. Même ouvrage.

402. Discours de la connaissance des bêtes, par le P. PARDIES. *Paris*, 1695, in-12, 1 vol.

403. Essai philosophique sur l'âme des bêtes, par BOULLIER. *Amsterdam*, 1737, in-12, 2 vol.

404. Amusement philosophique sur le langage des bêtes, par le P. BOUGEANT. *La Haye*, 1739, in-12, 1 vol.

405. La vie psychique des bêtes, par le docteur Louis BUCHNER, traduit de l'allemand par Ch. LETOURNEAU. *Paris*, 1881, in-8°, 1 vol.

406. L'évolution mentale chez les animaux, par George John ROMANES, suivi d'un essai posthume sur l'instinct, par Charles DARWIN. *Paris*, 1884, in-8°, 1 vol.

e. — De l'intelligence et de ses opérations

407. Examen de ingenios para las sciencias, compuesto por el doctor Juan HUARTE. *En Leyda,* 1591, in-12, 1 vol.

408. Examen des esprits propres et nés aux sciences, traduit d'espagnol en françois par CHAPPUIS. *Rouen,* 1598, in-18, 1 vol.

409. Examen de ingenios para las sciencias, enel qual el lector hallara la manera de su ingenio, para escogner la sciencia en que mas a de approvechar, compuesto por el doctor Juan HUARTE de San Juan. En *Medina del Campo,* 1603, in-16, 1 vol.

410. Artificiosæ memoriæ fundamenta ex ARISTOTELE, a D. Joanne PAEPP. *Lugduni,* in-12, 1 vol.

411. Le tableau des esprits de Jean BARCLAY. *Paris,* in-12, 1 vol.

412. Examen de l'examen des esprits, par Jourdain GUIBELET. *Paris,* 1631, in-12, 1 vol.

413. Joannis EUSEBII Nierembergii de arte voluntatis libri sex. *Lugduni,* 1631, in-8°, 1 vol.

414. Joannis EUSEBII Nierembergii de arte voluntatis libri sex. *Parisiis,* 1639, in-8°, 1 vol.

415. Diodori TULDENI de cognitione sui libri quinque. *Lovanii,* 1631, in-4°, 1 vol.

416. De mente humana libri quatuor, auctore J. B. DU HAMEL. *Parisiis,* 1672, in-12, 1 vol.

417. De la recherche de la vérité, par le R. P. MALEBRANCHE. *Paris,* 1674, in-12, 1 vol.

418. De la recherche de la vérité, par le P. N. MALEBRANCHE. *Paris,* 1678, in-12, 3 vol.

419. De la recherche de la vérité, par MALEBRANCHE. *Paris,* 1721, in-12, 4 vol.

420. De la recherche de la vérité, par MALEBRANCHE. *Paris,* 1762, in-12, 4 vol.

421. L'examen des esprits pour les sciences, par Jean HUARTE. *Paris,* 1675, in-12, 2 vol.

422. Des vraies et des fausses idées, par Antoine ARNAULD. *Cologne,* 1683, in-12, 1 vol.

423. Réponse de l'auteur de la recherche de la vérité au livre de M. Arnaud des vraies et des fausses idées. *Rotterdam,* 1684, in-12, 1 vol.

424. Nouveau traité de la mémoire, par DE BILLY. *Paris,* 1708, in-12, 1 vol.

425. Traité de l'incertitude des sciences, traduit de l'anglais. *Paris,* 1714, in-12, 1 vol.

426. Essay sur l'esprit, ses divers caractères et ses différentes opérations. *Paris,* 1731, in-12, 1 vol.

427. Examen du pyrrhonisme ancien et moderne, par DE CROUSAZ. *La Haye,* 1733, in-fol., 1 vol.

428. Traité de l'opinion, ou mémoires pour servir à l'histoire de l'esprit humain, par Gilbert LE GENDRE. *Paris,* 1735, in-12, 6 vol.

429. La philosophie du bon sens, ou réflexions philosophiques, par l'Abbé D'OLIVET. *La Haye,* 1740, in-12, 2 vol.

430. Traité philosophique de la faiblesse de l'esprit humain, par HUET. *Londres,* 1741, in-12, 1 vol.

431. Nouvelles libertés de penser. *Amsterdam,* 1743, in-32, 1 vol.

432. Recherches philosophiques sur la nécessité de s'assurer par soi-même de la

vérité, sur la certitude de nos connaissances, et sur la nature des êtres, par un membre de la société Royale de Londres. *Londres*, 1743, in-8°, 1 vol.

433. Recherches philosophiques sur la nécessité de s'assurer par soi-même de la vérité. *Rotterdam*, 1743, in-8°, 1 vol.

434. Abrégé de l'essai de M. Locke sur l'entendement humain, traduit de l'anglais, par Bosset. *Londres*, 1746, in-22, 1 vol.

435. Essai philosophique, concernant l'entendement humain par Locke, traduit de l'anglais, par Coste. *Amsterdam*, 1750, in-12, 4 vol.

436. Essai philosophique, concernant l'entendement humain, par Locke, traduit de l'anglais, par M. Coste. *Amsterdam*, 1762, in-4°, 1 vol.

437. Essai sur l'origine des connaisances humaines. par E. de Condillac. *Amsterdam*, 1746, in-12, 2 vol.

438. La philosophie applicable à tous les objets de l'esprit et de la raison, par l'abbé Terrasson. *Paris*, 1754, in-12, 1 vol.

439. Explication physique des sens, des idées, et des mouvements tant volontaires qu'involontaires. *Reims*, 1755, in-12, 2 vol.

440. Examen du fatalisme. *Paris*, 1757, in-12, 3 vol.

441. De l'esprit, par J. C. Helvetius. *Paris*, 1759, in-8°, 1 vol.

442. Le témoignage du sens intime et de l'expérience, par l'Abbé de Lignac. *Auxerre*, 1760, in-12, 3 vol.

443. Même ouvrage.

444. Phantasiologie, ou lettres philosophiques sur la faculté imaginative. *Oxfort*, 1760, in-12, 1 vol.

445. Essai sur la raison, par De Keranflech. *Paris*, 1765, in-12, 3 vol.

446. La palingénésie philosophique, ou idées sur l'état passé et l'état futur des êtres vivants, par C. Bonnet. *Genève*, 1769, in-8°, 2 vol.

447. Même ouvrage.

448. De la nature humaine, par Thomas Hobbes. *Londres*, 1772, in-12, 1 vol.

449. De l'homme, de ses facultés intellectuelles, et de son éducation; ouvrage posthume d'Helvétius. *Londres*, 1773, in-8°, 2 vol.

450. De la vérité, ou méditation sur les moyens de parvenir à la vérité dans toutes les connaissances humaines, par J. Pierre Brissot. *Paris*, 1782, in-8° 1 vol.

451. Esquisse d'un tableau historique des progrès de l'esprit humain, par Condorcet. *Paris*, an III, in-8°, 1 vol.

452. Projets d'éléments d'idéologie, par Destutt Tracy. *Paris*, an IX, Didot, in 8°, 3 vol.

453. Destutt-Tracy. Elément d'idéologie. *Paris*, 1804, in-8°, 4 vol.

454. Destutt de Tracy. Principes logiques, ou recueil des faits relatifs à l'intelligence humaine. *Paris*, 1817, in-8°, 4 vol.

455. De la génération des connaissances humaines, par Degerando. *Berlin*, 1802, in-8°, 1 vol.

456. Recherches sur la nature et les lois de l'imagination, par Victor de Bonstetten. *Genève*, 1807, in 8°, 2 vol.

457. Leçons de philosophie sur les principes de l'intelligence, par Laromiguière. *Paris*, 1844, in-12, 2 vol.

458. Histoire du développement intellectuel de l'Europe par J. W. Draper. *Paris*, 1868, in-8°, 3 vol.

459. De l'intelligence, par H. Taine. *Paris* 1870, in-8°, 2 vol.

460. Traité des facultés de l'âme, par

Adolphe Gabnier. *Paris*, 1867, in-12, 3 vol.

461. Communications et transmissions de la pensée, l'audition, la vue, la parole, les sons, etc. par Louis du Temple. *Paris*, in-8°, 1 vol.

f. — Esthétique

462. Augustini Niphi libri duo, de pulchro primus, de amore secundus. *Lugduni*, 1549, in-12, 1 vol.

463. Essai sur le beau, par M. de Crouzas. *Paris*, 1741, in-12, 1 vol.

464. Traité du vrai mérile de l'homme, par Le Maitre de Claville. *Amsterdam*, 1742, in-12, 2 vol.

465. Essai sur le beau, par le père André, Jésuite, avec un discours préliminaire et des réflexions sur le goût, par M. Formey. *Amsterdam*, 1767, in-12, 1 vcl.

466. Analyse de la beauté, traduite de l'anglais de G. Hogarth. *Paris*, 1805, in-8°, 2 vol.

467. La science du beau, étudiée dans ses principes, dans ses applications et dans son histoire, par Charles Lévèque. *Paris*, 1861. in-8°, 2 vol.

468. L'esthétique, par M. Eugène Véron. *Paris*, 1878, in-12, 1 vol.

V. — MORALE.

a. — Moralistes orientaux

469. Les colliers d'or. Allocutions morales de Zamakhshari, texte arabe, par Barbier de Meynard. *Paris*, 1876, in-8° 1 vol.

b. — Moralistes grecs

470. La philosophie de Socrate, par Julien d'Avion. *Paris*, 1660, in-12, 1 vol.

471. Amphitheatrum sapientiæ Socraticæ joco-seriæ, a Gaspare Dornavio. *Hanoviæ*, 1619. in-fol., 1 vol.

472. Même ouvrage.

473. Les choses mémorables de Socrate, ouvrage de Xenophon, traduit du grec en français, par Charpentier. *Paris*, 1668, in-12, 4 vol.

474. Magnorum moralium Aristotelis duos libros complectens opus. *Parisiis*, 1522, in-fol., 1 vol.

475. Decem libri ethicorum Aristotelis ad Nicomachum, ex traductione Joannis Argyropyli. *Parisiis*, 1530, in-12, 1 vol.

476. Aristotelis ethicorum ad Nicomachum libri decem. *Parisiis*, 1538 in-4°, 1 vol.

477. Magnarum ethicarum disputationum

Aristotelis duo libri. *Basileœ*, 1554, in-8°, 1 vol.

478. Aristotelis ethicarum ad Nicomachum libri decem. *Parisiis*, 1560.

479. Aristotelis de moribus ad Nicomachum filium libri decem. (Latine). *Lutetiœ*, 1565, in-4°, 1 vol.

480. Eustratii commentaria in libros decem Aristotelis de moribus. *Venetiis*, 1536, in-fol., 1 vol.

481. Paraphrase sur les dix livres de l'éthique, ou morale d'Aristote à Nicomaque. *Paris*, 1615, in-4°, 1 vol.

482. Andronici Rhodii ethicorum Nicomacheorum paraphrasis, cum interpretatione Danielis Heinsii. *Lugduni Batav.*, 1617, in 8°, 1 vol.

483. Tarquinii Gallutii in Aristotelis libros quinque priores moralium. *Parisiis*, 1632, in-fol., 1 vol.

484. Chrysostomi Javelli in universam moralem Aristotelis, Platonis et Christianam philosophiam. *Lugduni*, 1646, in-fol., 1 vol.

485. Chrysostomi Javelli in moralem Aristotelis, Platonis et Christianam philosophiam epitomes in certas partes distinctæ. *Lugduni*, 1651, in-fol., 1 vol.

486. Commentarius in Aristotelis moralem, aut. magistro Petro Barbay. *Parisiis*, 1675, in-12, 1 vol.

487. Theophrasti notationes morum. Isaacus Casaubonus recensuit. *Lugduni*, 1612, in-8°, 1 vol.

488. Les caractères de Théophraste, traduits du grec, avec les caractères ou mœurs de ce siècle. *Paris*, 1688, in-12, 1 vol.

489. Les caractères de Théophraste, traduits du grec, avec les caractères ou les mœurs de ce siècle. *Paris*, 1691, in-12, 1 vol.

490. Les caractères de Théophraste, traduits du grec, avec les caractères ou les mœurs de ce siècle. *Paris*, 1692, in-12, 1 vol.

491. Caractères de Théophraste, traduits du grec, avec les caractères ou les mœurs de ce siècle. *Paris*, 1696. in-12, 1 vol.

492. Les caractères de Théophraste, avec les caractères ou les mœurs de ce siècle, par De la Bruyère. *Amsterdam*, 1733, in-12, 1 vol.

493. Même ouvrage.

494. Theophrasti characteres ethici, ex recensione Petri Needham. *Glasguœ*, 1743, in-12, 1 vol.

495. Les caractères de Théophraste, avec les caractères, ou les mœurs de ce siècle. *Amsterdam*, 1754, in-12, 1 vol.

496. Les caractères de Théophraste et de la Bruyère, avec des notes par M. Coste. *Paris*, 1765, in-4°, 1 vol.

497. La morale d'Epicure, avec des réflexions. *Cologne*, 1691, in-18, 1 vol.

498. Epictetis enchiridion(græce). *Basilœ*, 1554, in-4°, 1 vol.

499. Les propos d'Epictète, recueillis par Arrian, translatés du grec en français. *Paris*, 1604, in-12, 1 vol.

500. Manuel d'Epictète, et tableau de Cébès, en grec, par Lefebvre Villebrune. *Paris*, An III, in-18, 2 vol.

501. Epicteti quæ supersunt dissertationes, ab Arriano collectæ. *Londini*, 1741, in-4°, 2 vol.

502. Les propos d'Epictète, recueillis par Arrian son disciple. *Paris*, in-12, 1 vol.

503. Le tableau de la vie humaine de Cebès, de Thèbes. *Paris*, 1543, in-12, 1 vol.

504. Même ouvrage.

505. L'histoire de l'esprit humain. Imitation du tableau de Cébès. *Paris, 1670, in-8°, 1 vol.*

506. Plutarchi ethica, sive moralia a Jano Cornario recognita. *Basileæ, 1552, in-fol., 1 vol.*

507. Plutarchi moralia opuscula (græce). *Basileæ, 1562, in-fol., 1 vol.*

508. Les œuvres morales et meslées de Plutarque, translatées en français par J. Amyot. *Basle, 1574, in-fol,, 1 vol.*

509. Le trésor des morales de Plutarque, traduit par Fr. Le Tort. *Paris, 1577, in-8°, 1 vol.*

510. Les œuvres morales de Plutarque, translatées de grec en français, par Jacques Amyot. *Paris, 1584, iu 8°, 2 vol.*

511. Nouvelle traduction de divers morceaux des œuvres morales de Plutarque, par M. l'abbé Lambert. *Paris, 1763, in-12, 1 vol.*

512. Joannis Stoboei eclogarum libri duo, nunc primum græce editi, interprete Gulielmo Cantero. *Antuerpiæ, 1575, in-fol., 1 vol.*

513. Les préceptes de Phocylide, traduits du grec. *Paris, 1698, in-12, 1 vol.*

514. Le livre doré de Marc-Aurèle Antonin, empereur. *Paris, 1554, in-18, 1 vol.*

515. Marci Antonini Imperatoris Romani et philosophi de seipso, seu de vita sua libri xii. *Tiguri, 1558, in-8°, 1 vol.*

516. Pensées morales de Marc Antonin, empereur, traduit du grec. *Paris, 1658, in-18, 1 vol.*

517. Réflexions morales de l'empereur Marc Antonin, avec des remarques de M. et Mme Dacier. *La Haye, 1691, in 12, 2 vol.*

518. Même ouvrage. *Paris, 1691, in-12, 2 vol.*

519. L'esprit des monarques philosophes. Marc Aurèle, Julien, Stanislas et Frédéric. *Amsterdam, 1764, in-12, 1 vol.*

520. Marci Antonini imperatoris de rebus suis, etc., libri xii, studio Thomæ Gatakeri. *Londini, 1707, in-4°,* **1 vol.**

521. Même ouvrage.

c. — *Moralistes latins anciens*

522. M. Tullii Ciceronis officiorum libri, cum explanatione Jodoci Badii. *Parrhisiis, 1509, in-fol., 1 vol.*

523. M. Tul. Ciceronis de officiis libri iii. *Parisiis, 1556, in-4°, 1 vol.*

524. M. T. Ciceronis ad M. filium de officiis libri tres. *Parisiis, 1562, in-4°,* 1 vol.

525. Ciceronis libri tres de officiis, cum Wolfii commentariis. *Basileæ, 1569, in-fol., 1 vol.*

526. Les Offices de Cicéron. *Paris, 1691, in-8°, 1 vol.*

527. Græca Theodori Gazæ traductio in Ciceronis de senectute dialogum. *Parisiis, 1528, in-12, 1 vol.*

528. De la vieillesse et de l'amitié, traités de Cicéron, traduits par Plougoulm. *Paris, 1841, in-12, 1 vol.*

529. Pensées de Cicéron, traduites pour servir à l'éducation de la Jeunesse, par l'Abbé D'Olivet. *Paris, 1754, in-12,* 1 vol.

530. Le philosophe payen, ou pensées de Pline, par M. Formey. *Leide, 1759, in-12, 3 vol.*

531. Morale de Caton, par Chappuis. *Paris*, 1653, in-18, 1 vol.

532. D. Severini Boethii de consolatione philosophiæ libri quinque. *Coloniæ*,1535, in-12, 1 vol.

533. Severini Boethii opera. *Basileæ*, 1546, in-f°., 1 vol.

534. La consolation de philosophie, par Séverin Boece. *Paris*, 1597, in-12, 1 vol.

535. Anicii Manlii Boetii de consolatione philosophiæ libri V. *Hanoviæ*, 1607, in-8°, 1 vol.

536. Severini Boetii de consolatione philosophiæ libri quinque. *Lugd. Batav.* 1633, in-32, 1 vol.

537. Severini Boetii consolationis philosophiæ libri V. *Lugduni Batavorum*, 1646, in-12, 1 vol.

538. Même ouvrage.

539. Severini Boethii de consolatione philosophiæ libri V. *Amstelodami*, 1668, in-32, 1 vol.

540. La consolation de la philosophie, traduite du latin de Boëce. *Paris*, 1711, in-18, 1 vol.

d. — Moralistes latins modernes

541. Gulielmi Budæi de contemptu rerum fortuitarum libri tres. *Lovanii*, 1517, in-4°, 1 vol.

542. De lubrico temporis curriculo, deque hominis miseria opusculum. *Parisiis*, 1522, in-4°, 1 vol.

543. J. B. Mantuani opus insigne de mundi calamitalibus. *Antuerpiæ*, 1544, in-12, 1 vol.

544. Minervalia Joannis Guidonii Castiletani, in quibus scientiæ præconium atque ignorantiæ socordia consideratur. *Trajecti*, 1554, in-4°, 1 vol.

545. Les livres de Hiérome Cardanus, traduits de latin en français, par Richard le Blanc. *Paris*, 1556, in-4°, 1 vol.

546. Francisci Petrarchæ de remediis utriusque fortunæ. *Lutetiæ*, 1557, in-18, 1 vol.

547. Francisci Petrarchæ de remediis utriusque fortunæ, libri duo. *Rotterdam*, 1649, in-18, 1 vol.

548. De miseria humana Petri Hoedi libri quinque. *In Academia Veneta*, 1558, in-4°, 1 vol.

549. Histoires prodigieuses les plus mémorables, depuis Jésus-Christ jusques à nostre siècle, composées en latin et mises en nostre langue, par P. Bouaistuau, surnommé Launay, de Bretaigne. *Paris*, 1560, in-4°, 1 vol.

550. Peripetasma argumentorum insignium, authore F. Adriano Hecquetio, Atrebatino. *Lovanii*, 1564, in 16, 1 vol.

551. Introductorium morale Hieronymi ab Hangesto philosophi. *Lugd.*, 1565, in-4°, 1 vol.

552. Brevis et perspicua totius ethicæ, seu de moribus philosophiæ descriptio a Cornelio Valerio. *Basileæ*, 1566. in-12, 1 vol.

553. Theatrum vitæ humanæ, opera Theodori Zuingeri (incomplet). *Parisiis*, 1571, in f°, 1 vol.

554. Joannis Hocken-Haffen axiomata disciplinæ moralis. *Francofurti*, 1595, in-12, 1 vol.

555. Speculum omnium statuum totius orbis terrarum, auctore Roderico, episcopo Zamorensi. *Hanoviæ*, 1613, in-4°, 1 vol.

556. Aulæ tyrocinium, sive civiliter et discrete vivendi ratio, Johannis Putz Tilmanni. *Viennæ Austriæ*, 1629, in-4°, 1 vol.

557. La science du monde, ou la sagesse civile de Cardan ; traduit par Choppin. *Paris*, 1661, in 12, 1 vol.

558. Hieronymi Prætorii theatrum ethicum et politicum. *Ienæ*, 1634, in-18, 1 vol.

559. Allegoria peripatetica de generatione, amicitia et privatione. *Patavii*, 1630, in-4°, 1 vol.

560. Asserta veritas genuina Nihili, auctore Francisco de Licht. *Antuerpiæ*, 1642, in-16, 1 vol.

561. Vitæ et mortis compendium. *Basileæ*, 1668, in-8°, 1 vol.

562. Hieronymi Cardani de rerum varietate libri xvii. *Basileæ*, 1657, in-f°, 1 vol.

563. Catalogus gloriæ mundi Bartholomei Cassanoei, laudes, honores, excellentias, ac præeminentias omnium fere statuum, plurimarumque rerum illius continens. *Francofurti*, 1603, in-fol., 1 vol.

564. Joannis Robeck de morte voluntaria. *Marburgi*, 1753, in 4°, 1 vol.

565. Opuscula academica, auctor Johannes Schweighaeuser. *Argentorati*, 1806, in-8°, 2 vol.

e. — *Moralistes allemands*

566. Spinosæ tractatus theologico-politicus. *Hamburgi*, 1670, in-4°, 1 vol.

567. Les devoirs de l'homme et du citoyen, traduit du latin du Baron de Puffendorf, par Jean Barbeyrac. *Trévoux*, 1747, in-12, 2 vol.

568. De l'influence des opinions sur le langage, et du langage sur les opinions, par Jean David Michaëlis. *Brême*, 1762, in-12, 1 vol.

569. La solitude considérée relativement à l'esprit et au cœur, traduit de l'allemand de Zimmermann, par Mercier. *Paris*, 1791, in-12, 1 vol.

570. Méthode pour arriver à la vie bienheureuse, par Fichte. *Paris*, 1845, in-8°, 1 vol.

f. — *Moralistes anglais*

571. Le philosophe nouvelliste, traduit de l'anglais de Steele. *Amsterdam*, 1732, in-12, 2 vol.

572. Le philosophe nouvelliste, traduit de l'anglais de Steele. *Amsterdam*, 1735, in-12, 2 vol.

573. La spectatrice, ouvrage traduit de l'anglais. *A la Haye*, 1749, in-12, 4 vol.

574. Les principes de la morale et du goût, traduits de l'anglais de M. Pope. *Paris*, 1750, in-16, 1 vol.

575. Réduction du spectateur anglais à ce qu'il renferme de meilleur, de plus utile et de plus agréable. *Amsterdam*, 1753, in-12, 3 vol.

576. Le spectateur, ou le Socrate moderne, traduit de l'anglais de Steele, Addisson, Pope, etc. *Paris*, 1755, in-12, 1 vol.

577. Le monde par Adam Fitz-Adam, ou feuilles périodiques sur les mœurs du temps, 1753 ; traduites de l'anglais par J. Monod. *Leide*, 1757, in-8°, 1 vol.

578. Suite du spectateur, ou Socrate moderne, ouvrage traduit de l'anglais du livre intitulé le monde, par Adam Fitz-Adam. *Leide*, 1758, in 12, 2 vol.

579. Métaphysique de l'âme, ou théorie des sentimens moraux, traduite de l'anglais de M. Adam Smith. *Paris*, 1764, in-12, 2 vol.

580. Soliloque par le comte de Shaftesbury, traduit de l'anglais par Sinson. *Londres*, 1771, in-8°, 1 vol.

581. Eléments de la philosophie, de l'esprit humain, par Dugald Stewart, traduit de l'anglais par Prévost. *Genève*, 1808, in-8°, 2 vol.

582. Esquisses de philosophie morale, par Dugald Stewart, traduit de l'anglais par Théodore Jouffroy. *Paris*, 1841, in-8°, 1 vol.

583. La morale anglaise contemporaine. Morale de l'utilité et de l'évolution, par Guyau. *Paris*, 1879, in-8°, 1 vol.

g. — Moralistes italiens

584. La civile conversation du S. Estienne Guazzo. *Paris*, 1579, in-8°, 1 vol.

585. Contramours. L'Anteros de M. Baptiste Fulgose ou Frégose, jadis duc de Gênes. *Paris*, 1581, in-4°, 1 vol.

586. Perfection de la vie politique, escrite en italien par Paul Paruta, traduite en français par F. G. de la Brosse. *Paris*, 1582, in-4°, 1 vol.

587. Le Galatée, premièrement composé en italien par J. de la Case, et depuis mis en français, par Duhamel, 1598, in-18, 1 vol.

588. Joannis Casæ Galathœus, sive de moribus liber italicus a Nic. Fierberto latine expressus. *Duaci*, 1622, in-12, 1 vol.

589. Galathée, ou l'art de plaire dans la conversation, par J. de la Case. *Paris*, 1666, in-12, 1 vol.

590. La vie civile de Fabrice Campani, divisée en dix livres, de la traduction de Ch. Platet. *Paris*, 1608, in-8°, 1 vol.

h. — Moralistes espagnols

591. Declaracion de los bienes y excelencias de la paz, por el Padre F. Andres de Soto. *En Amberes*, 1621, in-12, 1 vol.

592. Pratica de bien morir (espagnol). *Amsterdam*, 1673, in-fol., 1 vol.

593. L'homme détrompé, ou le criticon de Baltazar Gracian, traduit de l'espagnol en français par G. de Mannory. *Paris*, 1696, in-12, 1 vol.

594. L'homme de cour de Baltazar Gracian, traduit par le sieur Amelot de la Houssaie. *La Haye*, 1707, in-12, 1 vol.

595. Tratado de la victoria de si mismo, por Melchior Cano. *Madrid*, 1780, in-12, 1 vol.

596. La beneficencia en Espana, por F. Hernandez Iglesias. *Madrid*, 1876, in-8°, 2 vol.

ɪ. — *Moralistes français*

597. Les essais de Michel DE MONTAIGNE. *Paris*, 1640, in fol., 1 vol.

598. Les essais de Michel de MONTAIGNE. *Rouen*, 1641, in-8°, 1 vol.

599. Essais de Michel DE MONTAIGNE, avec notes par P. COSTE. *Paris*, 1725, in-4°, 3 vol.

600. Essais de Michel DE MONTAIGNE, par Pierre COSTE. *Londres*, 1745, in-12, 7 vol.

601. Les essais de Michel, seigneur DE MONTAIGNE. *Amsterdam*, 1781, in-12, 3 vol.

602. Essais de Michel DE MONTAIGNE. *Paris*, 1818, in-12, 6 vol.

603. Même ouvrage.

604. Essais dans le goût de ceux de Montagne, composés en 1736. *Amsterdam*, 1785, in-8°, 1 vol.

605. Traicté de sagesse, composé par Pierre CHARRON. *Paris*, 1621, in 12, 1 vol.

606. De la sagesse, trois livres, par Pierre CHARRON. *Leyde*, 1656, in-12, 1 vol.

607. Même ouvrage.

608. La sagesse de P. CHARRON. *Paris*, 1672, in-12, 1 vol.

609. De la sagesse, par Pierre CHARRON. *Paris......*, in-12, 1 vol.

610. Académie françoise, en laquelle il est traité de l'institution des mœurs, et de ce qui concerne le bien et heureusement vivre en tous détails et conditions, par Pierre DE LA PRIMAUDAYE. *Paris*, 1584, in-8°, 3 vol.

611. De la connaissance et merveilles du monde et de l'homme, par DAMP-MARTIN. *Paris*, 1585, in-fol., 1 vol.

612. République chrétienne, ou monarchie française, par Jean de SAINT-FÈRE, de Limoges. *Paris*, 1586, in-8°, 1 vol.

613. Le petit monde, où sont représentées au vray les plus belles parties de l'homme, par David CHERBODIE. *Paris*, 1604, in-12, 1 vol.

614. Le tableau du mariage représenté au naturel, par M. Paul CAILLET. *Orenge*, 1635, in-12, 1 vol.

615. Le Lycée du sieur BARDIN. *Rouen*, 1651, in-12, 1 vol.

616. Le philosophe français, par DE CÉRIZIERS. *Rouen*, 1654, in-12, 2 vol.

617. L'art de connaître les hommes par DE LA CHAMBRE. *Amsterdam*, 1660, in-16, 1 vol.

618. La morale où, après l'examen des plus belles questions de l'école, on rapporte les plus belles maximes de l'histoire, par Réné BARRY. *Paris*, 1663, in-4°. 1 vol.

619. La belle manière de vivre, ou avis moraux par le sieur DES HATONS. *Liège*, 1665, in-12, 1 vol.

620. Traité de morale, par l'auteur de la recherche de la vérité. MALLEBRANCHE. *Rotterdam*, 1684, in-12, 1 vol.

621. Traité de morale, par le P. MALEBRANCHE. *Lyon*, 1697, in-12, 2 vol.

622. Les devoirs des maîtres et des domestiques, par Claude FLEURY. *Paris*, 1688, in-12, 1 vol.

623. L'art de vivre heureux, formé sur les idées les plus claires de la raison et du sens commun, par le P. AMELINE. *Paris*, 1692, in-18, 1 vol.

624. L'art de bien employer son temps en toute sorte de conditions. *Paris*, 1693, in-12, 1 vol.

625. La science des mœurs, tirée du fond de la nature, par le P. Courtot. *Paris*, 1694, in-12, 1 vol.

626. Les hommes. *Paris*, 1737, in-8°, 2 vol.

627. Principes de la philosophie morale, ou essai sur le mérite et la vertu. *Amsterdam*, 1745, in-12, 1 vol.

628. Principes de la philosophie morale. Essai sur le mérite et la vertu. *Amsterdam*, 1745, in-12, 2 vol.

629. Philosophie morale réduite à ses principes, ou essai sur le mérite et la vertu. *Venise*, 1751, in-12, 1 vol.

630. Le philosophe chrétien, par Formey. *Leide*, 1752, in-12, 3 vol.

631. Principes de morale, par Formey. *Leide*, 1762, in 12, 2 vol.

632. Pensées sur la liberté, par M. de Prémontval. *Berlin*, 1754, in-12, 1 vol.

633. La morale, par l'auteur de la clef des sciences et des beaux-arts. *Paris*, 1755, in-12, 1 vol.

634. L'homme moral opposé à l'homme physique. Lettres philosophiques. *Toulouse*, 1756, in-12, 1 vol.

635. Essai sur le bonheur, ou réflexions philosophiques sur les biens et les maux de la vie humaine. *Berlin*, 1758, in-12, 1 vol.

636. Essai sur le bonheur, ou réflexions philosophiques sur les biens et les maux de la vie humaine. *Amsterdam*, 1759, in-12, 1 vol.

637. L'art de se connaître soi-même, ou la recherche des sources de la morale, par Jacques Abbadie. *La Haye*, 1760, in-12, 1 vol.

638. OEuvres du feu P. André, contenant un traité de l'homme. *Paris*, 1766, in-12, 2 vol.

639. Traité des extrêmes, ou éléments de la science, de la réalité, par Changeux. *Amsterdam*, 1767, in-12, 2 vol.

640. Connaissance analytique de l'homme, de la matière et de Dieu, par Lacroix. *Paris*, 1772, in-12, 1 vol.

641. L'école des mœurs, ou réflexions morales et historiques sur les maximes de la sagesse, par l'Abbé Blanchard. *Liège*, 1782, in-12, 3 vol.

642. Essai sur les préjugés, ou de l'influence des opinions sur les mœurs et sur le bonheur des hommes, par Dumarsais. *Paris, an Ier*, in-8°, 1 vol.

643. La morale universelle, ou les devoirs de l'homme, fondés sur sa nature. *Paris, an IV*, in-8°, 3 vol.

644. L'art de perfectionner l'homme, par Virey. *Paris*, 1809, in-8°, 2 vol.

645. Inductions morales et physiologiques, par H. Kératry. *Paris*, 1818, in-8°, 1 vol.

646. Pensées de Pascal, publiées dans leur texte authentique, avec un commentaire suivi et une étude littéraire, par Ernest Havet. *Paris*, 1852, in-8°, 1 vol.

647. De la solidarité morale, essai de psychologie appliquée, par Henri Marion. *Paris*, 1880, in-8°, 1 vol.

648. L'idée de la personnalité dans la psychologie moderne, par Charles Jeanmaire. *Paris*, 1882, in-8°, 1 vol.

649. La morale, par Eugène Véron. *Paris*, 1884, in 12, 1 vol.

k. — Traités spéciaux — Des vertus et des vices

650. Caractères de vertus et de vices, tirés de l'anglois de Joseph HALL. *Paris,* 1612, in-18, 1 vol.

651. Virtutes et vitia, hoc est virtutum et vitiorum definitiones, descriptiones, caracteres. Opus Caroli PASCHALII. *Parisiis,* 1615, in-8°, 1 vol.

652. L'Escole du sage, ou le caractère des vertus et des vices, par M. CHEVREAU. *Paris,* 1660, in-18, 1 vol.

l. — Des vertus

653. MARTINI MAGISTRI de temperantia liber. *Parisiis,* 1511, in-4°, 1 vol.

654. Anonymi christiani philosophi liber de virtute a Johanne WEGELINO. *Augustæ Vindelicorum,* 1604, in-12, 1 vol.

655. De l'amitié. *Paris,* 1692, in-8°, 1 vol.

656. Traité du mérite, par l'Abbé DE WASSETZ. *Paris,* 1703, in-12, 1 vol.

657. Traité de l'amitié, par LE MAISTRE DE SACY. *Paris,* 1704, in-12, 1 vol.

658. Commentaire philosophique sur les paroles de J. C., ou traité de la tolérance universelle, par BAYLE. *Rotterdam,* 1713, in-12, 2 vol.

659. De la constance, ouvrage philosophique en forme d'entretien sur les maux publics, traduit des œuvres latines de Juste LIPSE. *Paris,* 1741, in-12, 1 vol.

660. Essai sur l'honneur, en forme de lettres. 1745, in-12, 1 vol.

661. Conseils de l'amitié. *Lyon,* 1747, in-12, 1 vol.

662. La grandeur d'âme. *Francfort,* 1762, in-12, 1 vol.

663. Traité sur la tolérance. 1764, in-8°, 1 vol.

664. Du courage civil, et de l'éducation propre à inspirer les vertus publiques, par Hyacinthe CORNE. *Paris,* 1828, in-8°, 1 vol.

665. Même ouvrage.

m. — Des passions

666. Joannis MEURSII de gloria liber unus. *Lugd. Batav.* 1601, in-12, 1 vol.

667. De l'usage des passions, par le R. P. SENAULT. *Paris,* 1652, in-8°, 1 vol.

668. De l'usage des passions, par Fr., SENAULT. Paris, 1665, in-4°, 1 vol.

669. Les caractères des passions, par DE LA CHAMBRE. *Amsterdam,* 1658, in-12, 1 vol.

670. Les caractères de l'homme sans passion, selon les sentiments de Sénèque, par Antoine LE GRAND. *Paris,* 1665, in-12, 1 vol.

671. Les passions de l'âme, par Réné DES CARTES. *Paris,* 1679, in-18, 1 vol.

672. Traité du jeu, par Jean BARBEYRAC, où l'on examine les principales questions de droit naturel ou de morale qui ont du

rapport à cette matière. *Amsterdam*, 1709, in-12, 2 vol. en un seul.

673. Traité de la communication des maladies et des passions. *La Haye*, 1738, in-12, 1 vol.

674. Traité de la paresse, ou l'art de bien employer le temps, en toutes sortes de conditions, par Antoine DE COURTIN. *Paris*, 1743, in-12, 1 vol.

675. Traité de la gloire, par M. DE SACY, avec une dissertation de DURONDEL sur le même sujet. *La Haye*, 1745, in-12, 1 vol.

676. Traité des sensations et des passions en général et des sens en particulier, par LE CAT. *Paris*, 1767, in8°, 2 vol.

677. L'eau de mort ou les funestes effets de l'ivrognerie, par LABOURE. *Paris*, 1853, in-12, 1 vol.

678. La science du cœur humain, ou la psychologie des sentiments et des passions, d'après les œuvres de Molière, par Prosper DESPINE. *Paris*, 1884, in-8°, 1 vol.

n. — *Des vices et des ridicules*

679. Suite de la civilité française, ou traité du point d'honneur, par A. DE COURTIN. *Paris*, 1675, in-12, 1 vol.

680. La morale de Tacite. De la flatterie, par Amelot DE LA HOUSSAYE. *Paris*, 1686, in-12, 1 vol.

681. Réflexions sur les défauts ordinaires des hommes, et sur leurs bonnes qualités. *Paris*, 1693, in-12, 1 vol.

682. Deux traités : l'un, de la flatterie et des louanges ; l'autre, de la médisance. *Paris*, in-12, 1 vol.

683. Même ouvrage.

684. Réflexions sur le ridicule, et sur les moyens de l'éviter, par l'abbé de BELLE-GARDE. *Paris*. 1701, in-12, 1 vol.

685. Examen des préjugés vulgaires pour disposer l'esprit à juger sainement de tout. *Paris*, 1704, in-18, 1 vol.

686. La langue. *Paris*, 1705, in-12, 1 vo

687. Les leçons de Thalie, ou les tableaux des divers ridicules que la comédie présente. *Paris*, 1751, in 12, 2 vol.

688. Les erreurs de l'amour-propre, par DE LA PLACE. *Londres*, 1754, in-12, 1 vol.

689. Essai sur les préjugés, par DUMARSAIS. *Paris*, an Ier, in-8°, 1 vol.

o. — *Mélanges de philosophie morale.* — *Dictionnaires*

690. Anthologie françoise, ou rencontres sur divers sujets, esquels sont comprises plusieurs instructions pour la conduite et fin de l'humaine vie, par J. POULAIN, *Paris*, 1614, in-12, 1 vol.

691. Même ouvrage.

692. Après-dinées et propos de tables, contre l'excez au boire et au manger, par le P. Antoine DE BALINGHEM. *Lille*, 1615, in-12, 1 vol.

693. Alphabeticum curiositatis promptuarium, festivo exemplorum et sententiarum apparatu exornatum, per D'Hubertum d'ASSONLEVILLE. *Duaci*, 1625, in-4°, 1 vol.

694. Réflexions, sentences et maximes morales, mises en nouvel ordre, par Amelot DE LA HOUSSAYE. *Paris*, 1754, in-18, 1 vol.

695. Dictionnaire des passions, des vertus et des vices. *Paris*, 1769, in-12, 2 vol.

696. Dictionnaire des mœurs. *Paris,* 1772, in-8°, 4 vol.

697. Dictionnaire historique d'éducation, par FILASSIER. *Paris,* 1784, in-12, 2 vol.

698. Hommes et choses. Alphabet des passions et des sensations, par BOUCHER DE PERTHES. *Paris,* 1851, in-12, 4 vol.

699. Petit glossaire, traduction de quelques mots financiers. Esquisses de mœurs administratives, par M. BOUCHER DE PERTHES. *Paris,* 1851-67, in-12, 2 vol.

700. Mélanges philosophiques, par M. FORMEY. In-12, 2 vol.

p. — *Sentences, maximes, proverbes et pensées diverses*

701. Joannis STOBOEI sententiæ ex thesauris Græcorum delectæ. *Basileæ,* 1543, in-fol., 1 vol.

702. Joannis STOBOEI sententiæ. *Parisiis,* 1557, in-18, 1 vol.

703. Loci communes sacri et profani sententiarum omnis generis, etc... per Joannem STOBOEUM. *Francofurti,* 1581, in-fol., 1 vol.

704. Joannis STOBOEI sententiæ ex thesauris Græcorum delectæ. *Aureliæ Allobrogum,* 1609, in-fol., 1 vol.

705. Joannis STOBOEI florilegium. *Lipsiæ,* 1823, in-8°, 4 vol.

706. Adagiorum opus Des. ERASMI Roterodami. *Basileæ,* 1533, in-fol., 1 vol.

707. Apophthegmatum opus, ERASMO autore. *Lugduni,* 1547, in-24, 1 vol.

708. Les apophthegmes cueillis par Didier ERASME de Rotterdam, traduits du latin en français, par l'ESLEU MACAULT. *Lyon,* 1549, in-18, 1 vol.

709. Des. ERASMI Rot. Adagiorum chiliades quatuor et sesquicenturia. *Lugduni,* 1559, in-fol., 1 vol.

710. Adagiorum Des. ERASMI Roterodami Chiliades quatuor cum sesquicenturia. *Parisiis,* 1579, in-fol., 1 vol.

711. Apophthegmatum libri sex, per Desideratum ERASMUM. *Parisiis,* 1631, in-8°, 1 vol.

712. Coccii SABELLICI exemplorum libri decem. *Parrhisiis,* 1509, in-4°, 1 vol.

713. Recueil de sentences notables, dicts et dictons communs, adages et proverbes, par Gabriel MEURIER. *Anvers,* 1508, in-12, 1 vol.

714. Adagiorum epitome, per Eberhardum TAPPIUM. *Antuerpiæ,* 1544, in-8°, 1 vol.

715. Primera parte de las sentencias por diversos autores escritas. 1554, in-4°, 1 vol.

716. Gnomologia græco-latina, per Michaelem NEANDRUM. *Basileæ,* 1557, in-8°, 1 vol.

717. Proverbiorum et adagiorum veterum Polydori VERGILII Urbinatis libellus. *Parrhisiis,* in-4°, 1 vol.

718. Adagiorum chiliades tres quæ J. SARTORIUS in Batavicum sermonem illustravit. *Antuerpiæ,* 1561, in-8°, 1 vol.

719. Adagiorum chiliades tres quæ Joannes SARTORIUS in Batavicum sermonem convertit. *Antuerpiæ,* 1561, in-12, 1 vol.

720. Apophthegmatum loci communes per Conradum LYCOSTHENEM. *Lugduni,* 1564, in-8°, 1 vol.

721. Adagia, sive proverbia Græcorum, ab Andræa SCHOTTO. *Antuerpiæ,* 1612, in-4°, 1 vol.

722. Même ouvrage.

723. Même ouvrage.

724. Même ouvrage.

725. Jacobi Catzii J. C. Silenus Alcibiadis, sive Proteus. *Amsterodami*, 1619, in-4°, 1 vol.

726. Casparis Ens Epidorpidum libri IV, in quibus multa sapienter, salse, jocose, atque etiam ridicule dicta et facta continentur. *Coloniæ*, 1624, in-16, 1 vol.

727. Dialogues familiers où sont contenus les discours, proverbes et mots espagnols, etc. (Espagnol). *Bruxelles*, 1625, in-12, 1 vol.

728. Tuba concionatorum, sive collationum ignearum centuria v. historialis, ab origine mundi ad annum 57, id est Neronem Imp., auctore Constantino Peregrino. *Duaci*, 1628, in-12, 1 vol.

729. Adagia, id est proverbiorum, paræmiarum, etc., quæ apud Græcos, Latinos, Hebræos, Arabas, etc., in usu fuerunt, collectio. *Basileæ*, 1629, in-fol., 1 vol.

730. Les illustres proverbes nouveaux et historiques, expliquez par diverses questions curieuses et morales en forme de dialogues. *Paris*, 1655, in-12, 1 vol.

731. L'étymologie, ou explication des proverbes français, par Fleury de Bellingon. *La Haye*, 1656, in-12, 1 vol.

732. Le divertissement des sages, par le P. Jean Marie. *Paris*, 1665, in-8°, 1 vol.

733. Le bouquet historial, recueilli des meilleurs auteurs grecs, latins et français. *Paris*, 1675, in-12, 1 vol.

734. Réflexions, ou sentences et maximes morales. *Paris*, 1678, in-8°, 1 vol.

735. L'esprit des hommes illustres, empereurs, rois, capitaines, philosophes, etc. *La Haye*, 1683, in-18, 1 vol.

736. Les plus curieux endroits de l'histoire, ou les sages et généreuses réparties,

par l'Abbé Lefebvre. *Paris*, 1689, in-12, 1 vol.

737. Documenta moralia, sub titulo anni floridi, ex illustrium poetarum floribus a R. P. Henrico Heinlein. *Gandavi*, 1693, in-16, 1 vol.

738. Les anciens historiens latins, réduits en maximes. Tite Live. *Paris*, 1694, in-12, 1 vol.

739. Maximes et remarques morales et politiques avec des sentences mêlées. *Amsterdam*, 1701, in-16, 1 vol.

740. Ultima verba factaque et ultimæ voluntates morientium philosophorum, virorumque et fœminarum illustrium, studio et opera Jacobi de Richebourcq. *Anvers*, 1721, in-fol., 2 vol.

741. Les pensées maximes et réflexions morales du duc de la Rochefoucault, par l'Abbé de la Roche. *Paris*, 1738, in-12, 1 vol.

742. L'homme et le siècle, ou diverses maximes et sentences. *Amsterdam*, 1739, in-12, 1 vol.

743. Pensées philosophiques. *La Haye*, in-12, 1 vol.

744. Les pensées maximes et réflexions morales, du Duc de la Rochefoucault, par l'Abbé de la Roche, *Paris*, 1754, in-18, 1 vol.

745. Encyclopédie de pensées, de maximes et de réflexions sur toutes sortes de sujets. *Paris*, 1761, in-12, 1 vol.

746. Anthologia sententiarum Arabicarum, cum scholiis Zamachsiarii, edidit Albertus Schultens. *Lugduni Batavorum*, 1772, in-4°, 1 vol.

747. Morale des sages de tous les pays et de tous les siècles, par J.-B. Chemin. *Paris*, An vi. in-12, 1 vol.

748. Opuscula Græcorum veterum sententiosa et moralia. Collegit Conradus Orellius. *Lipsiæ*, 1818, in-8°, 2 vol.

749. Dictionnaire des proverbes français. *Paris*, 1821, in-8°, 1 vol.

750. Proverbes et dictons populaires, aux 13ᵉ et 14ᵉ siècles, par A. Crapelet. *Paris*, 1831, in-8°, 1 vol.

751. Le livre des proverbes français, par Le Roux de Lincy. *Paris*, 1858, in-18, 2 vol.

752. Bibliographie parémiologique, études consacrées aux proverbes dans toutes les langues, par M. G. Duplessis. *Paris*, 1847, in-8°, 1 vol.

753. Dictionnaire étymologique, historique et anecdotique des proverbes et des locutions proverbiales de la langue française, par P. M. Quitard. *Paris*, 1842, in-8°, 1 vol.

q. — Mélanges de morale

754. Les secrets moraux, concernant les passions du cœur humain, par François Loriot. *Paris*, 1614, in-4°, 1 vol.

755. L'homme content. *Paris*, 1629, in-12, 1 vol.

756. Les songes du sage de P. Firmian, traduits par le P. Antoine de Paris. *Paris*, 1664, in-18, 1 vol.

757. Nouveau journal de la conversation, par Réné Bary. *Paris*, 1665, in-12, 1 vol.

758. Traité des restitutions des grands. ...., 1665, in-18, 1 vol.

759. De l'égalité des deux sexes. Discours physique et moral. *Paris*, 1673, in-12, 1 vol.

760. Même ouvrage.

761. Réflexions générales sur des sujets différents, ou essais. *Paris*, 1677, in-12, 1 vol.

762. Réflexions curieuses d'un esprit désintéressé sur les matières les plus importantes au salut, tant public que particulier. *Cologne*, 1678, in-16, 1 vol.

763. Recueil d'emblèmes, ou tableaux des sciences et des vertus morales, par Baudoin. *Paris*, 1685, in-12, 3 vol.

764. La morale universelle, contenant les éloges de la morale de l'homme, de la femme et du mariage, par J. Parrain, Baron des Coutures. *Paris*, 1687, in-18, 1 vol.

765. Nouveaux essais de morale. *Paris*, 1691, in-12, 1 vol.

766. Entretiens de morale. *Paris*, 1693, in-18, 2 vol.

767. Suite des caractères de Théophraste et des pensées de M. Pascal. *Paris*, 1697, in-12, 1 vol.

768. Le Théophraste moderne, ou nouveaux caractères sur les mœurs. *La Haye*, 1700, in-12, 1 vol.

769. Apologie de M. de la Bruyère, ou réponse à la critique des caractères de Théophraste, par P. J. Brillon. *Paris*, 1701, in-12, 1 vol.

770. Entretiens sur un nouveau système de morale et de physique, ou la recherche de la vie heureuse selon les lumières naturelles. *Paris*, 1721, in-12, 1 vol.

771. Le Mentor moderne, ou discours sur les mœurs du siècle, traduits de l'anglais. *Rouen*, 1725, in-12, 3 vol.

772. Théorie des sentiments agréables. *Paris*, 1748, in-12, 1 vol.

773. Philosophie morale, ou mélange raisonné de principes, pensées et réflexions. *Londres*, 1751, in-12, 1 vol.

774. Bagatelles morales, par l'abbé Coyer. *Londres*, 1754, in-12, 1 vol.

775. Bagatelles morales, etc., par M. l'abbé Coyer. *Londres*, 1759, in-12, 1 vol.

776. Discours sur l'origine et les fonde-
mens de l'inégalité parmi les hommes,
par Jean-Jacques Rousseau. *Amsterdam*,
1755, in-8°, 1 vol.

777. Les loisirs de Madame de Maintenon.
Londres, 1757, in-12, 1 vol.

778. La Berlue. *Londres*, 1759, in-12,
1 vol.

779. Des hommes tels qu'ils sont et doi-
vent être. *Hambourg*, 1759, in-12, 1 vol.

780. Le véritable Mentor, ou l'éducation
de la noblesse, par le Marquis de Caraccioli. *Liège*, 1759, in-12, 5 vol.

781. La jouissance de soi-même. *Amsterdam*, 1760, in-12, 1 vol.

782. La conversation avec soi-même, par
de Caraccioli. *Liège*, 1760, in-12, 1 vol.

783. L'univers énigmatique, par de Caraccioli. *Franfort*, 1760, in-12, 1 vol.

784. De la gaieté, par L. Ant. de Caraccioli. *Francfort*, 1762, in-12, 1 vol.

785. Du plaisir, ou du moyen de se rendre
heureux, par l'abbé Hennebert. *Lille*,
1764, in-12, 1 vol.

786. Du plaisir, ou du moyen de se rendre
heureux, par J.-B. Fr. Hennebert.
Lille, 1765, in-12, 1 vol.

787. Le cri de la vérité contre la séduc-
tion du siècle, par l'auteur de la conversation avec soi-même. *Paris*, 1765,
in-12, 1 vol.

788. Brochure morale. *Amsterdam*, 1769,
in-12, 1 vol.

789. Libres méditations d'un solitaire in-
connu, par M. de Senancour. *Paris*,
1819, in-8°, 1 vol.

790. D. Joaquin Rubio y Ors. Los su-
puestos conflictos entre la religion y la
ciencia. *Madrid*, 1881, in-8°, 1 vol.

r. — Critique des mœurs

791. Le grand empire de l'un et de l'autre
monde, divisé en trois royaumes, le roy-
aume des aveugles, des borgnes, et des
clair-voyants, par J. de la Pierre.
Paris, 1626, in-8°, 1 vol.

792. Le tableau de la fortune, divisé en
trois livres, par Chevreau. *Paris*, 1651,
in-4°, 1 vol.

793. L'esprit du siècle, par l'abbé de
Lubert. *Paris*, 1707, in-12, 1 vol.

794. L'Aristippe moderne, ou réflexions
sur les mœurs du siècle. *Amsterdam*,
1738, in-12, 1 vol.

795. Le misanthrope, par Van Effen.
Amsterdam, 1742, in-12, 4 vol.

796. Le misanthrope, contenant différens
discours sur les mœurs du siècle. *La
Haye*, 1742, in-12, 2 vol.

797. Lettres morales et critiques sur les
différens états et les diverses occupations
des hommes, par le Marquis d'Argens.
Amsterdam, 1747, in-12, 1 vol.

798. Pensées raisonnables opposées aux
pensées philosophiques, avec un essai
critique sur le livre intitulé : Les Mœurs.
Berlin, 1749, in-12, 1 vol.

799. Discours sur l'origine et les fondements de l'inégalité parmi les hommes.
Amsterdam, 1755, in-8°, 1 vol.

800. Les mœurs. 1755, in-12, 1 vol.

801. Essai sur les mœurs, par Jean
Soret. *Bruxelles*, 1756, in-12, 1 vol.

802. Eclaircissement sur les mœurs, par
l'auteur des mœurs. *Amsterdam*, 1762,
in-12, 1 vol.

803. Considérations sur les mœurs de ce
siècle, par Duclos. *Paris*, 1764, in-12,
1 vol.

s. — Application de la morale. — Règles de conduite

804. Dialogues du vrai honneur militaire, par Jérôme D'Arrea. *Paris, 1585, in-12,* 1 vol.

805. Chrestienne confutation du poinct d'honneur, par R. P. C. de Cheffontaine. *Paris, 1586, in-8°,* 1 vol.

806. Les loix militaires, touchant le duel, par Scipion Dupleix. *Paris, 1611, in-12,* 1 vol.

807. Le vrai point d'honneur à garder eu conversant, pour vivre honorablement et paisiblement avec un chacun, par le P. Anthoine de Balinghem. *Saint-Omer,* 1618, in-12, 1 vol.

808. Intentions morales, civiles et militaires d'Antoine le Pippre. *Anvers, 1625,* in-4°, 1 vol.

809. L'honnête homme, ou l'art de plaire à la cour, par le sieur Faret. *Paris,* 1634, in-4°, 1 vol.

810. Testament, ou conseils fidèles d'un bon père à ses enfants, par Fortin. *Paris,* 1656, in-12, 1 vol.

811. Règles de la bien-séance civile et chrétienne. *Paris, 1660,* in-32, 1 vol.

812. L'honnête homme, ou l'art de plaire à la Cour, par Faret. *Paris, 1681,* in-12, 1 vol.

813. Les devoirs des maîtres et des domestiques, par M. Claude Fleury. *Paris,* 1688, in-18, 1 vol.

814. Nouveau traité de la civilité qui se pratique en France. *Paris, 1689, in-12,* 1 vol.

815. L'art de plaire dans la conversation. *Paris, 1691, in-12,* 1 vol.

816. Caractères naturels des hommes, eu cent dialogues, par Bordelon. *Paris,* 1692, in-12, 1 vol.

817. L'usage du monde, ou le parfait modèle d'un honnête homme, par l'Abbé Goussault. *Paris, 1707, in-18,* 1 vol.

818. Essais sur la nécessité et sur les moyens de plaire, par M. de Moncrif. *Genève, 1738, in-12,* 1 vol.

819. L'école du monde, ou instruction d'un père à un fils, par le Noble. *Paris, 1739,* in-12, 4 vol.

820. Discours sur l'emploi du loisir. *Paris,* 1739, in-12, 1 vol.

821. Même ouvrage.

t. — Condition, caractère et influence des femmes

822. L'honneste femme, divisée en trois parties, par Du Bosco. *Paris, 1633, in-8°,* 1 vol.

823. Albertus Magnus de secretis mulierum. *Amstelodami, 1648, in-16,* 1 vol.

824. La gallerie des femmes fortes, par Le Moyne. *Paris, 1668, in-12,* 1 vol.

825. Polygamia triumphatrix, id est discursus politicus de polygamia, auctore Theophilo Aletheo. (J. Lyserus). *Londini, 1682, in-4°,* 1 vol.

826. Le pour et le contre du mariage, avec la critique de Boileau. *Lille, 1700, in-12,* 1 vol.

827. Traité de l'excellence du mariage, de sa nécessité, et des moyens d'y vivre heureux, par Chausse de la Terrière. *Paris, 1707, in-12,* 1 vol.

Tome III.

828. Henri Corneille Agrippa, sur la noblesse et excellence du sexe féminin, traduit par De Gueudeville. *Leiden*, 1726, in-12, 3 vol.

829. Bibliothèque des dames, contenant des règles générales pour leur conduite dans toutes les circonstances de la vie, par M. le ch. Rich. Steele, traduite de l'anglais. *Amsterdam*, 1727, in-12, 3 vol.

830. Réflexions nouvelles sur les femmes, par Mᵉ la Marquise de Lambert. (Mélanges). *Amsterdam*, 1732, in-12, 1 vol.

831. L'ami des femmes. *Hambourg*, 1758, in-12, 1 vol.

832. Recueil de pièces diverses : l'ami des filles : entretiens sur les prérogatives des sexes. *Paris*, 1770, in-12, 1 vol.

833. Le pornographe, ou idées d'un honnête homme sur un projet de réglement sur les prostituées, par Rétif de la Bretone. *Londres*, 1776, in-8°, 4 vol.

834. Système physique et moral de la femme, par Roussel. *Paris*, 1809, in-8°, 1 vol.

835. Du prêtre, de la femme, de la famille, par J. Michelet. *Paris*, 1845, in-8°, 1 vol.

836. Les délices de la sagesse sur l'amour conjugal, par Emmanuel Swedemborg, traduit du latin, par Le Bois des Guays. *St-Amand*, (Cher), 1855, in-12, 2 vol.

u. — *Morale en action*

837. OEuvres morales et diversifiées en histoires pleines de beaux exemples, par Jean des Caurres. *Paris*, 1584, in-8°, 1 vol.

838. Les divers discours de Laurent Capelloni sur plusieurs exemples et accidents meslez, suivis et advenus. *Troyes*, 1595, in-18, 1 vol.

839. Le théâtre du malheur, par P. Boitel. *Paris*, 1622, in-8°, 1 vol.

840. Les événements singuliers de M. de Belley, divisés en quatre livres. *Paris*, 1631, in-12, 1 vol.

841. Histoires tragiques de notre temps dans lesquelles se voyent plusieurs belles maximes d'estat et quantité d'exemples fort mémorables, par de Saint-Lazare. *Rouen*, 1641, in-12, 1 vol.

842. Histoires tragiques de notre temps, par de Saint-Lazare. *Rouen*, 1651, in-12, 1 vol.

843. Histoires tragiques de nostre temps, composées, par De Rosset. *Rouen*, 1665, in-12, 1 vol.

844. Le cabinet historique, par J.-P. Camus, evesque de Belley. *Paris*, 1668, in-8°, 1 vol.

845. Diverses histoires morales et divertissantes du Sʳ Emanuel d'Aranda. *Leyde*, 1671, in-16, 1 vol.

846. Evènements historiques choisis, divisez en deux parties. *Paris*, 1690, in-12, 1 vol.

847. Recueil choisi des plus beaux traits d'histoire, pris des anciens et des modernes. *Paris*, 1693, in-12, 1 vol.

848. Discours du comte de Bussy Rabutin à ses enfans, sur le bon usage des adversités. *Paris*, 1694, in-12, 1 vol.

849. Même ouvrage.

850. Selectæ e profanis scriptoribus historiæ (Jean Heuzet). *Parisiis*, 1734, in-12, 1 vol.

851. Selectæ de profanis scriptoribus historiæ, par Roche. *Montpellier*, 1842, in-12, 1 vol.

852. Alciphron, ou le petit philosophe, en sept dialogues. *La Haye*, 1734, in-12, 2 vol.

853. Les ornemens de la mémoire. *Paris*, 1752, in-8°, 1 vol.

854. Le magasin des pauvres, artisans, domestiques, et gens de la campagne, par Mme Le Prince de Beaumont. *Lyon,* 1768, in-16, 2 vol.

855. Le magasin des pauvres, artisans, domestiques et gens de la campagne, par Mme le Prince de Beaumont. *Lyon,* 1771, in-12, 2 vol.

II. — PÉDAGOGIE

a. — Traités généraux

856. De liberorum educatione aurei libri sex noviter recogniti Francisci Philelphi. *Parrisiis,* 1508, in-4°, 1 vol.

857. Mathæi Gribaldi Mophæ de methodo ac ratione studendi, libri III. *Coloniæ Agrippinæ,* 1553, in-12, 1 vol.

858. Jacobi Prævostei de veterum ac nostrorum temporum in optimarum artium studiis liberalibùsque disciplinis comparatione orationes quinque. *Parisiis,* 1570, in-12, 1 vol.

859. Officiorum scholasticorum libri duo, aut. Jacobo Middendorpio. *Coloniæ,* 1570, in-12, 1 vol.

860. Institutionum scholasticarum libri tres, per Simonem Verhepæum. *Antuerpiæ,* 1573, in-8°, 1 vol.

861. Antonii Posserini cultura ingeniorum. *Coloniæ Agrippinæ,* 1610, in-12, 1 vol.

862. Gerardi Vossu dissertationes de studiis bene instruendis. *Trajecti ad Rhenum,* 1658, in-24, 1 vol.

863. La Cyropædie, ou l'histoire de Cyrus, traduite du grec de Xénophon, par Charpentier. *Paris,* 1661, in-12, 1 vol.

864. Goth. Vockerodt de litterarum studiis recte et religiose instituendis. *Gothæ,* 1705, in-12, 1 vol.

865. De l'éducation de la jeunesse. *Paris,* 1706, in-16, 1 vol.

866. De l'éducation des enfants, traduit de l'anglais de M. Locke, par M. Coste. *Amsterdam,* 1733, in-12, 1 vol.

867. Les éléments, ou premières instructions de la jeunesse, par Etienne de Blégny. *Paris,* 1735, in-8°, 1 vol.

868. Essai sur l'esprit humain, ou principes naturels de l'éducation, par Morelli. *Paris,* 1743, in-12, 1 vol.

869. Les éléments de l'éducation, par de Bonneval. *Paris,* 1743, in-12, 1 vol.

870. Nicolai Funccii Marburgensis de lectione auctorum classicorum. *Lemgoviæ,* 1745, in-4°, 1 vol.

871. Le castoiement ou instruction du père à son fils. *Lauzanne,* 1760, in-12, 1 vol.

872. Principes généraux pour servir à l'éducation des enfants, particulièrement de la noblesse française. *Paris,* 1763, in-12, 3 vol.

873. Emile chrétien, ou de l'éducation, par M. C. de Leveson. *Paris,* 1764, in-12, 2 vol.

874. Plan général d'institution destiné pour la jeunesse du ressort du Parlement de Bourgogne. *Dijon,* 1763, in-12, 1 vol.

875. Emile, ou de l'éducation, par J.-J. Rousseau. *Amsterdam*, 1762, in-12, 4 vol.

876. De l'éducation philosophique de la jeunesse, ou l'art de l'élever dans les sciences humaines. *Amsterdam*, 1767, in-18, 2 vol.

877. Traité sur l'éducation pour servir de supplément à l'Emile, par J.-J. Rousseau. *Neufchatel*, 1770, in-12, 1 vol.

878. Dictionnaire historique d'éducation. *Paris*, 1771, in-8°, 2 vol.

879. Lettres sur la manière de former le caractère des jeunes gens. *Saint-Omer*, 1780, in-12, 1 vol.

880. La balance chinoise, ou lettres d'un chinois lettré sur l'éducation. *Londres*, in-12, 1 vol.

881. Du rôle de la famille dans l'éducation, par Prévost Paradol. *Paris*, 1857, in-8°, 1 vol.

882. La famille et l'éducation en France, dans leurs rapports avec l'état de la société, par Henri Baudrillart. *Paris*, 1874, in-8°, 1 vol.

883. John Locke, quelques pensées sur l'éducation, traduction nouvelle par Gabriel Compayré. *Paris*, 1882, in-12, 1 vol.

884. La pédagogie, son évolution et son histoire, par C. Issaurat. *Paris*, 1886, in-12, 1 vol.

885. Les trois premières années de l'enfant, par Bernard Pérez. *Paris*, 1886, in-8°, 1 vol.

886. L'enfant de trois à sept ans, par Bernard Perez. *Paris*, 1886, in-8°, 1 vol.

b. — De l'éducation publique

887. De l'éducation publique. *Amsterdam*, 1762, in-12, 1 vol.

888. Essai d'éducation nationale, ou plan d'études pour la jeunesse, par de Caradeuc de La Chalotais. *Paris*, 1763, in-12, 1 vol.

889. Mémoire sur l'éducation publique, avec le prospectus d'un collège, par Guyton de Morveau, 1764, in-12, 1 vol.

890. Plan d'études et d'éducation, avec un discours sur l'éducation. *Paris*, 1764, in-12, 1 vol.

891. De l'éducation civile, par Garnier. *Paris*, 1765, in-18, 1 vol.

892. Plan d'éducation publique. *Paris*, 1770, in-12, 1 vol.

893. Lettre sur l'éducation publique, au sujet des exercices de l'abbaye de Sorèze. *Bruxelles*, 1777, in-8°, 1 vol.

894. Projet d'écoles publiques. *Bordeaux*, in-12, 1 vol.

895. Rapport sur l'instruction publique, fait par M. Talleyrand-Périgord, ancien Evêque d'Autun, in-8°, 1 vol.

896. Essai sur l'instruction publique et particulièrement sur l'instruction primaire, par Ambroise Rendu. *Paris*, 1819, in-8°, 3 vol.

897. De l'éducation populaire dans l'Allemagne du Nord, par Eugène Rendu. *Paris*, 1855, in-8°, 1 vol.

898. Enseignement supérieur devant le Sénat. *Paris*, 1868, in-12, 1 vol.

899. De l'enseignement moyen industriel, en France et à l'étranger, par Baudrillart. *Paris*, 1873, in-8°, 1 vol.

900. Histoire de l'éducation et de l'instruction, par le Dr Frédéric Dittes, traduit de l'allemand par Auguste Redolfi. *Paris*, 1880, in-8°, 1 vol.

901. Histoire critique des doctrines de l'éducation en France, par Gabriel COMPAYRÉ. *Paris*, 1881, in-12, 2 vol.

902. L'instruction primaire en France, avant la Révolution, d'après les travaux récents et les documents inédits, par l'abbé ALLAIN. *Paris*, 1881, in-12, 1 vol.

903. L'instruction publique en France, pendant la Révolution,discours et rapports publiés, par C. HIPPEAU. *Paris*, 1881, in-12, 1 vol.

904. L'école de village pendant la Révolution, par Albert BABEAU. *Paris*, 1881, in-12, 1 vol.

905. Albert DURUY. L'instruction publique et la Révolution. *Paris*, 1882, in-8°, 1 vol.

906. Excursions pédagogiques, par Michel BRÉAL. *Paris*, 1882, in-12, 1 vol.

907. L'éducation morale et civique, avant et pendant la Révolution (1700-1808),par l'abbé Augustin SICARD. *Paris*, 1884, in-8°, 1 vol.

908. La question du latin, par Raoul FRARY. *Paris*, 1885, in-12, 1 vol.

909. Albert DUMONT. Notes et discours, 1873-1884. *Paris*, 1885, in-12, 1 vol.

910. La question d'enseignement en 1789, d'après les cahiers,par l'abbé E. ALLAIN. *Paris*, 1886, in-12, 1 vol.

911. Octave GRÉARD. L'éducation des femmes par les femmes. Etudes et portraits. *Paris*, 1886, in-12, 1 vol.

912. Education et instruction. Enseignement supérieur, par Oct. GRÉARD. *Paris*, 1887, in-12, 1 vol.

913. Education et instruction. Enseignemen secondaire, par Oct. GRÉARD. *Paris*, 1887, in-12, 2 vol.

914. Education et instruction. Enseignement primaire, par Oct. GRÉARD. *Paris*, 1887, in-12, 1 vol.

915. Les études classiques avant la révolution, par l'abbé Augustin SICARD, *Paris*, 1887, in-12, 1 vol.

c. — *Méthodes d'enseignement*

916. Enseignement du chant. Travaux de la commission. Rapports et **programmes.** *Paris*, 1884, in-8°, broché.

d. — *Cours d'études.* — *Ouvrages élémentaires*

917. Regulæ studiorum inferiorum societatis Jesu. *Insulis*, 1628, in-12, 1 vol.

918. La science des personnes de cour, d'épée et de robe, du Sr DE CHERIGNY. *Amsterdam*, 1729, in-12, 4 vol.

919. Cours d'études à l'usage des élèves de l'école royale militaire. *Paris*, 1777, in-12, 1 vol.

920. Eraste, ou l'ami de la jeunesse, par FILASSIER. *Paris*, 1784, in-12, 2 vol.

e. -- *Education des filles*

921. De l'éducation des dames, pour la conduite de l'esprit dans les sciences et les mœurs. *Paris*, 1674, in-12, 1 vol.

922. L'éducation des filles, par l'Abbé DE FÉNELON. *Amsterdam*, 1697, in-32, 1 vol.

923. Conseils à une amie, par Madame DE PUISIEUX. *Londres*, 1755, in-12, 1 vol.

924. De l'éducation des filles, par M. DE LA MOTHE-FÉNELON. *Francfort*, 1760, in-12, 1 vol.

925. Le magasin des enfans, ou dialogues d'une sage gouvernante avec ses élèves, par Mme LE PRINCE de BEAUMONT. *Lyon*, 1784, in-12, 2 vol.

926. Essai sur l'éducation des femmes, par la Comtesse DE RÉMUSAT. *Paris*, 1825, in-8°, 1 vol.

927. Essai sur l'éducation des femmes, par la Ctesse DE RÉMUSAT. *Paris*, 1842, in-12, 1 vol.

f. — *Education des aveugles*

928. GUILLIÉ. Notice historique sur les aveugles. *Paris*, 1821, in-4°, 1 vol.

g. — *Education des sourds-muets*

929. La véritable manière d'instruire les sourds et muets, confirmée par une longue expérience. *Paris*, 1784, in-12, 1 vol.

930. Escuela Espanola de sordomudos ; obra de Lorenzo HERVAS y PANDURO. *Madrid*, 1795, in-4° 2 vol.

931. De l'éducation des sourds-muets de naissance, par DE GÉRANDO. *Paris*, in-8°, 1827, 2 vol.

932. Education des sourds-muets, mise à la portée des instituteurs primaires et de tous les parents. *Paris*, 1831, in-8°, 1 vol.

SCIENCES POLITIQUES ET SOCIALES

I. – POLITIQUE

a. — Introduction

933. Theatrum vitæ civilis ab Edovardo Westono Londinensi. *Antuerpiæ,* 1632, in-fol. 1 vol.

934. Du gouvernement civil par Locke, traduit de l'anglais. *Amsterdam,* 1755, in-12, 1 vol.

935. Entretiens de Phocion, sur le rapport de la morale avec la politique ; traduit du grec de Nicocles, par Mably. *Amsterdam,* 1763, in-12, 1 vol.

936. Introduction générale à l'étude de la politique, des finances et du commerce, par de Beausobre. *Amsterdam,* 1765, in-12, 2 vol.

937. L'ordre naturel et essentiel des sociétés politiques, par Le Mercier de la Rivière. *Londres,* 1767, in-12, 2 vol.

938. Essai sur l'histoire de la société civile par Adam Ferguson. *Paris,* 1783, in-12, 2 vol.

b. — Traités généraux.

939. La république de Platon, traduite par Loys Le Roy. *Paris,* 1600, in-fol., 1 vol.

940. Platonis de republica, sive de justo libri x. Edmundus Massey. *Cantabrigiæ,* 1713, in-8°, 2 vol.

941. Les politiques d'Aristote, traduictes par Loys Le Roy. *Paris,* 1599, in-fol., 1 vol.

942. Les politiques d'Aristote, traduictes par Loys Le Roy. *Paris,* 1600, in-fol., 1 vol.

943. Aristotelis politicum libri octo superstites. J. Gottlob Schneider. *Francofurti,* 1809, in-8°, 1 vol.

944. Aristotelis politica fragmenta (græce) *Parisiis,* in-8°, 1 vol.

945. Six livres des politiques, contenant l'origine et état des citoyens, par l'abbé de Rosières. *Rheims,* 1574, in-8°, 1 vol.

946. M. T. Ciceronis de legibus, lib. iii, auctore Adr. Turnebo. *Parisiis,* 1557, in-4°, 1 vol.

947. Patricius Senensis de administratione rei publicæ. *Parisiis,* in-fol., 1 vol.

948. Joannis Branti de veri senatoris officio. *Antuerpiæ*, 1533, in-4°, 1 vol.

949. Albani Spinasati politicorum libri duo. *Parisiis*, 1547, in-4°, 1 vol.

950. Roberti Arnesii de justitia divina et humana. *Parisiis*, 1560, in-4°, 1 vol.

951. La manière de bien policer la république chrétienne, par Jean de Marcouville. *Paris*, 1562, in-12, 1 vol.

952. De civili politia libri tres a Jacobo Omphalio. *Coloniæ*, 1563, in-f°, 1 vol.

953. Les six livres de la république de J. Bodin Angevin. *Paris*, 1577, in-f°, 1 vol.

954. J. Bodini de republica Libri sex. *Parisiis*, 1586, in-f°, 1 vol.

955. Joannis Boteri tractatus duo de illustrium statu et politia, et de urbium origine. *Ursellis*, 1602, in-8°, 1 vol.

956. Trésor politique, divisé en trois livres. *Paris*, 1608, in-4°, 1 vol.

957. Discours du gouvernement et de la raison vraie d'Etat de J. Antoine Palazzo Cosentin, traduit nouvellement d'italien, par Adrien de Vallières. *Douai*, 1611, in-12, 1 vol.

958. Même ouvrage.

959. Justi Lipsii monita et exempla politica, libri duo. *Antuerpiæ*, 1618, in-4°, 1 vol.

960. Le governador christiano, por el Maestro Juan Marques. *Pamplona*, 1615, in-f°, 1 vol.

961. Christophori Besoldi discursus politici. *Argentorati*, 1623, in-4°, 1 vol.

962. Caroli Scribani institutio politico-christiana. *Antuerpiæ*, 1624, in-4°, 1 vol.

963. Hieropoliticon, sive institutionis politicæ e sacris scripturis depromptæ libri tres, a J. Steph. Menochio. *Lugduni*, 1622, in-8°, 1 vol.

964. Même ouvrage.

965. Politicorum libri decem, de perfectæ reipublicæ forma, ab Adamo Contzen. *Moguntiæ*, 1625, in-f°, 1 vol.

966. Essais politiques et militaires, par de Mouchembert. *Paris*, 1627, in-8°, 1 vol.

967. Christ. Forstneri ad libros sex priores annalium Corn. Taciti notæ politicæ. *Argentorati*, 1628, in-12, 1 vol.

968. Manualé politicum de ratione status, seu idolo principum, auct. Wilhelmo Ferdinando ab efferen. *Francofurti*, 1630. in-18, 1 vol.

969. Joh. Angelii Werdenhagen universalis introductio in omnes respublicas, sive politica generalis. *Amstelodami*, 1632, in-16, 1 vol.

970. Politiques de Vincent Cabot. *Toulouse*, 1630, in-12, 1 vol.

971. Résolutions politiques ou maximes d'estat, par Jean de Marnix. *Brusselles*, 1632, in-4°, 1 vol.

972. Henningi Arnisoei de republica, seu relectionis politicæ libri duo. *Argentorati*, 1636, in-4°, 1 vol.

973. Le guerrier prudent et politique. *Paris*, 1643, in-4°, 1 vol.

974. Le conseiller d'état, ou recueil des plus générales considérations, servant au maniement des affaires publiques. *Paris*, 1645, in-18, 1 vol.

975. Le corps politique, ou les élemens de la loi morale et civile, par Thomas Hobbes. 1652, in-16, 1 vol.

976. Le corps politique, ou les éléments de la loi morale et civile, par Thomas Hobbes. *Leide*, 1653, in-16, 1 vol.

977. Les éléments de la politique, selon les principes de la nature, par Fortin de la Hoguette. *Paris*, 1663, in-12, 1 vol.

978. Tractatus theologico politicus Bene-

dicti SPINOSÆ. *Lugduni Batavorum*, 1673, in-12, 1 vol.

979. Discours de droit moral et politique du Sʳ MATHIAS DE GRATI. *Liège*, 1676, in-fol., 1 vol.

980. Politique tirée des propres paroles de l'Ecriture Sainte. Ouvrage posthume de Messire BOSSUET. *Bruxelles*, 1710, in-12, 2 vol.

981. Même ouvrage.

982. Même ouvrage.

983. Même ouvrage.

984. Discours politiques de David HUME, traduits de l'anglois. *Amsterdam*, 1744, in-12, 3 vol.

985. Traité philosophique des loix naturelles par Rich. CUMBERLAND, traduit en français, par BARBEYRAC. *Amsterdam*, 1744, in-4°, 1 vol.

986. Insittutions politiques, par le Baron DE BIELFELD. *Paris*, 1762, in-12, 1 vol.

987. Même ouvrage.

988. Tableau historique de la vie politique de M. ROUSSEL-BOURET. *Paris*, 1808, in-8°, 1 vol.

989. La politique expérimentale, par M. Léon DONNAT. *Paris*, 1885, in-12, 1 vol.

c. — *Différentes formes de gouvernement*

990. De reipublicæ cura et sorte principantis. *Leydis*, 1516, in-4° 1 vol.

991. Compendiosa rerum memorandarum descriptio de institutione reipublicæ. *Parisiis*, 1552, in-18 1 vol.

992. Sebast. FOXII de regni regisque institutione libri tres. *Antuerpiæ*, 1566, in-12, 1 vol.

993. Jacobi SIMANCÆ de republica libri IX. *Antuerpiæ*, 1574, in-8° 1 vol.

994. Discours politiques sur la voie d'entrer aux Etats, et manière de constamment s'y maintenir et gouverner. *Paris*, 1574, in-8°, 1 vol.

995. Même ouvrage.

996. De republica libri sex et viginti, a Petro GREGORIO. *Lugduni*, 1596, in-4°, 2 vol.

997. Politicorum, sive de principatus administratione libri III, auth. Lælio ZECCHIO. *Coloniæ Agrippinæ*, 1607, in-16, 1 vol.

998. Politia regularis reipublicæ, auct. ANGELO à STA CLARA DE MONTE FALCO. *Parisiis*, 1712, in-12, 1 vol.

999. De jure regni diascepsis, auctore Alexandro IRVINO. *Lugd. Batav.*, 1627, in-24, 1 vol.

1000. Discours sur le gouvernement des monarchies et principautez souveraines, par Jacques RIBIER. *Paris*, 1630, in-4°, 1 vol.

1001. Cyriaci LENTULI Augustus, sive de converteuda in monarchiam republica. *Amsterodami*, 1645, in-24, 1 vol.

1002. Essai philosophique sur le gouvernement civil, par Mᵍʳ DE FÉNELON, ... in-12, 1 vol.

1003. Question nationale sur l'autorité et sur les droits du peuple dans le gouvernement, par l'Abbé BARRUEL. *Paris*, ... in-12, 1 vol.

1004. La souveraineté des rois, défendue contre l'histoire latine de Melchior LEYDECKER, calviniste. *Paris*, 1704, in-16, 1 vol.

1005. Discours sur la Polysynodie, ou pluralité des conseils, par l'abbé de ST-PIERRE. *Amsterdam*, 1719, in-12, 1 vol.

1006. L'idée d'une république heureuse

ou l'Utopie de Thomas Morus, traduite en français par Gueudeville. *Amsterdam*, 1730, in-12, 1 vol.

1007. Principes sur le gouvernement monarchique, par l'abbé P. Barral. *Londres*, 1755, in-12, 1 vol.

1008. Des corps politiques et de leurs gouvernements.*Lyon*, 1766, in-12, 3 vol.

1009. Principes de tout gouvernement. *Paris*, 1766, in-12, 2 vol.

1010. Réflexions morales et politiques sur les avantages de la monarchie. *Paris*, 1819, in-8°, 1 vol.

1011. De l'avenir des sociétés modernes et du socialisme, par L. Florent Lefebvre. *Paris*, 1848, in-8°, 1 vol.

1012. De la décentralisation, ou essai d'un système de centralisation politique et de décentralisation administrative, par L. Florent Lefebvre. *Paris*, 1849, in-8°, 1 vol.

1013. Traité pratique de droit parlementaire, par Jules Poudra et Eugène Pierre. *Versailles* et *Paris*, 1879, in-8°, 2 vol.

d. — Politique de divers états

1014. Maximes d'état militaires et politiques, par Pierre de Deimier. *Paris*, 1606, in-12, 1 vol.

1015. Du gouvernement et administration des divers estats, par Sanssovin. *Paris*, 1611, in-8°, 1 vol.

1016. Discorsi politici di Paolo Paruta, divisi in due libri. *In Venetia*, 1629, in-4°, 1 vol.

1017. Le politique du temps, ou le conseil fidèle sur les mouvements de la France. *Charleville*, 1671, in-18, 1 vol.

1018. Nouveaux intérêts des princes de l'Europe, par Sandras de Courtille. *Cologne*, 1688, in-12, 1 vol.

1019. Traité des intérêts des princes et souverains de l'Europe. *Anvers*, 1695, in-18, 1 vol.

1020. Parallèle des Romains et des François, par rapport au gouvernement.*Paris*, 1740, in-12, 2 vol.

1021. Recherches sur l'origine du despotisme oriental. *Londres*, 1762, in-12, 1 vol.

1022. Physiocratie, ou constitution naturelle du gouvernement le plus avantageux au genre humain, par Du Pont. *Leyde*, 1768, in-8°, 1 vol.

1023. Etat naturel des peuples sur les points les plus importants de la société civile et de la société générale des nations. *Paris*, 1792, in-8°, 3 vol.

e. — Du pouvoir politique à l'égard de la religion

1024. Du pouvoir des souverains et de la liberté de conscience, traduit du latin de Noodt, par Jean Barbeyrac. *Amsterdam*, 1714, in-12, 1 vol.

1025. Dissertations sur l'union de la religion, de la morale et de la politique, par Warburton. *Londres*, 1742, in-12, 2 vol.

1026. De la liberté religieuse en France, par J. Nachet. *Paris*, 1830, in-8°, 1 vol.

1027. La religion et la liberté considérées dans leurs rapports, par l'Abbé Bautain. *Paris*, 1848, in-8°, 1 vol.

1028. De la société première et de ses lois, ou de la religion, par de la Mennais. *Paris*, 1849, in-12, 1 vol.

f. — Devoirs des souverains

1029. De officio et potestate principis in republica bene ac sancte gerenda libri duo, Jacobo Omphalio autore. *Basileæ*, 1550, in-fol., 1 vol.

1030. L'histoire de Chelidonius Tigurinus, sur l'institution des princes chrestiens, traduyt de latin en françois, par P. Bouaistuau. *Anvers*, 1570, in-32, 1 vol.

1031. Les écrits très dignes de mémoire, de François Patrice Siennois, traduits du latin en français, par Ferev. *Paris*, 1577, in-12, 1 vol.

1032. L'horloge des princes, avec l'histoire de Marc Aurèle, Empereur Romain, par Dom Antoine de Guevare, traduit de l'espagnol par de Grise. *Paris*, 1577, in-18, 1 vol.

1033. L'instruction et nourriture du prince, par Osorio, traduite en français, par Pierre Brisson. *Paris*, 1582, in-fol., 1 vol.

1034. Instruction aux princes pour garder la foi promise, par Coignet. *Paris*, 1584, in-4°, 1 vol.

1035. Hercules Prodicius, seu principis juventutis vita et peregrinatio, per Stephanum Vinandum Pighium. *Antuerpiæ*, 1587, in-8°, 1 vol.

1036. Le miroir des princes. *Cologne*, in-18, 1 vol.

1037. Horologii principum, sive de vita M. Aurelii Imperatoris, ab Antonio de Guevara. *Torgæ*, 1601, in-fol., 1 vol.

1038. Princeps christianus adversus Nic. Machiavellum a Petro Ribadeneira. *Antuerpiæ*, 1603, in-f°, 1 vol.

1039. J. Marianæ de rege et regiis institutione libri iii. *Moguntiæ*, 1605, in-8°, 1 vol.

1040. Les morales de A. Theveneau. *Paris*, 1607, in-12, 1 vol.

1041. De l'institution du Prince, par de Vaulgrineuse. *Paris*, 1609, in-12, 1 vol.

1042. Petri Antonii de Petra tractatus de potestate principis. *Francofurti*, 1610, in-4°, 1 vol.

1043. Instructio principum ethice, œconomice ac politice scripta, per Joannem a Jesu Maria. *Moguntiæ*, 1612, in-12, 1 vol.

1044. Le rozier des guerres, composé par le feu roy Lois XI, de ce nom, mis en lumière par le sieur Président d'Espagnet. *Paris*, 1616, in-8°, 1 vol.

1045. Le livre des princes par de Lancre. *Paris*, 1617, in-4°, 1 vol.

1046. Matthæi Tympii aureum speculum principum, consiliariorum et judicum. *Coloniæ Agrippinæ*, 1617, in-12, 1 vol.

1047. Gabrielis Zinandi de ratione optime imperandi libri xii. *Francofurti*, 1628, in-8°, 1 vol.

1048. République et police chrestienne, traduit de l'espagnol en français, par du Périer. *Paris*, 1631, in-12, 1 vol.

1049. Le Prince, par le sieur de Balzac. *Paris*, 1631, in-4°, 1 vol.

1050. Le Prince de M. de Balzac. *Paris*, 1632, in-12, 1 vol.

1051. Fragment de l'examen du Prince de Machiavel. *Paris*, 1633, in-18, 1 vol.

1052. Gasparis Barlæi dissertatio de bono principe. *Amsterdami*, 1633, in-fol., 1 vol.

1053. Princeps ex Ta cito curata opera deformatus ab Abrahamo Golnitz. *Lugd. Batav.*, 1636, in-16, 1 vol.

1054. Virgilii MALUEZZI Marchionis Ty-
rannus, ejusque arcana in vita Tarquinii
superbi repræsentata, latinitate donavit
J.KRUUSS. *Lugd.Batavorum*, 1636, in-32,
1 vol.

1055. El Machiavelismo degollado, por el
Padre Claudio CLEMENTE. *en Alcala*,
1637, in-4°, 1 vol.

1056. Regimen principum et regimen rus-
ticorum. *Coloniæ*, 1643, in-16, 1 vol.

1057. De regno, adversus Nic. Machiavellum libri tres. *Lugd. Batav.*, 1647, in-16,
1 vol.

1058. Institutio principis ad Ludovicum
XIV, authore HARDUINO DE PÉRÉFIXE.
Parisiis, 1647, in-16, 1 vol.

1059. Didaci SAAVEDRÆ symbola chris-
tiano-politica. *Bruxellæ*, 1649, in-fol.,
1 vol.

1060. THEOPHILACTI institutio regia. *Parisiis*, 1651, in-4°, 1 vol.

1061. L'école des princes, par DE PELIS-
SERY. *Paris*, 1651, in-12, 1 vol.

1062. Recueil des maximes véritables et
importantes, pour l'institution du Roy.
Paris, 1653. in-18, 1 vol.

1063. Idea principis christiano-politici a
Didaco SAAVEDRA 101 symbolis expressa.
Amstelodami, 1658, in-18, 1 vol.

1064. L'art de bien gouverner, composé
en latin par le P. WILTHEIM, et mis en
français par le P. GIRARD. *Paris*, 1661,
in-12, 1 vol.

1065. Recueil de maximes véritables et
importantes pour l'institution du Roi.
Paris, 1663, in-16, 1 vol.

1066. Même ouvrage.

1067. Le monarque, ou les devoirs du
souverain, par le P. SENAULT. *Paris*,
1664, in-12, 1 vol.

1068. Idea de un principe politico christiano, por D. Diego SAAVEDRA FAXARDO.
Amstelodami, 1664, in-18, 2 vol.

1069. Codicile d'or, ou petit recueil tiré
de l'institution du prince chrestien composée par ERASME. 1665, in-12, 1
vol.

1070. Même ouvrage.

1071. Même ouvrage.

1072. De l'éducation d'un prince. *Paris*,
1670, in-12, 1 vol.

1073. Traité de l'éducation d'un prince,
(par NICOLE). *Paris*, 1671, in-12, 1 vol.

1074. Speculum principum Petri BELLUGÆ.
Venetiis, 1580, in-fol., 1 vol.

1075. Le Prince de Nicolas MACHIAVEL,
traduit et commenté par A. N. AMELOT
DE LA HOUSSAIE. *Amsterdam*, 1683, in-
12, 1 vol.

1076. La pratique de l'éducation des princes, par VARILLAS. *Amsterdam*, 1684,
in-12, 1 vol.

1077. Tibère, discours politiques sur
Tacite, par AMELOT DE LA HOUSSAIE.
Paris, 1684, in-4°, 1 vol.

1078. Le Prince de MACHIAVEL. *Amsterdam*, 1694, in-12, 1 vol.

1079. Le Prince de Nicolas MACHIAVEL.
Amsterdam, 1696, in-12, 1 vol.

1080. Le Cyrus moderne, ou discours sur
les moyens de rendre un état heureux et
et puissant, par DE LUDEWIG. *La Haye*,
1737, in-12, 1 vol.

1081. Anti-Machiavel, ou essai de critique sur le Prince de Machiavel, par DE
VOLTAIRE. *La Haye*, 1740, in-8° 1 vol.

1082. Examen du Prince de Machiavel.
La Haye, 1741, in-8°, 2 vol. en un.

1083. Portrait de la condition des rois,
dialogue de XÉNOPHON, intitulé Hiéron,
traduit en français par COSTE. *Amsterdam*, 1745, in-12, 2 vol.

1084. Institution d'un prince, ou traité
des qualités, des vertus et des devoirs

d'un souverain, par l'abbé Duguet. *Londres*, 1750, in-12, 4 vol.

1085. Même ouvrage.

1086. Lettres à un jeune prince, par un ministre d'Etat, chargé de l'élever et de l'instruire ; tiré du Suédois. *Amsterdam*, 1755, in-12, 1 vol.

1087. Examen du Prince de Machiavel,

avec des notes historiques et politiques. *Genève*, 1759, in-8°, 1 vol.

1088. Les devoirs du prince, réduits à un seul principe, ou discours sur la Justice, par Moreau. *Paris*, in-8°, 1 vol.

1089. Les conseils du trône donnés par Frédéric II, dit Le Grand, aux rois et aux peuples de l'Europe. *Paris*, 1823, in-8°, 1 vol.

g. — De la cour

1090. Ulrich de Hutten. Aula, dialogus. *Basilæ*, 1519, in-4°, 1 vol.

1091. Hieronymi Osorii de nobilitate civili libri ii. *Florentiæ*, 1552, in-4°, 1 vol.

1092. Le parfait courtisan de Baltazar Castillonnois. *Paris*, 1585, in-8°, 1 vol.

1093. Même ouvrage.

1094. Traicté de la cour, ou instruction des courtisans. *Rouen*. 1627, in-8°, 1 vol.

1095. La milice du courtisan, par Pierre de Bouglers. *Douay*, 1632, in-16, 1 vol.

1096. Institutiones aulicæ ab Eusebio Meisnero. *Amsterodami*, 1642, in-24, 1 vol.

1097. J. Salisbery, Evêque de Chartres, sur

les vanités de la cour. *Paris*, 1647, in-4° 1 vol.

1098. Traité de la cour ou instruction des courtisans, par M. du Refuge. *Amsterdam*, 1656, in-18, 1 vol.

1099. Aristippe, ou de la cour, par M. de Balzac. *Leide*, 1658, in-18, 1 vol.

1100. La fortune des gens de qualité et des gentilshommes particuliers, par de Caillière. *Paris*, 1663. in-18, 1 vol.

1101. Les maximes politiques de Tacite, ou la conduite des gens de cour, par de la Serre. *Paris*, 1664, in-18, 2 vol.

1102. La véritable politique des personnes de qualité. *Paris*, 1692, in-12, 1 vol.

1103. Entretiens d'un homme de cour et d'un solitaire sur la conduite des grands. *Paris*, 1713, in-12, 1 vol.

h. — Des ambassadeurs et des ministres

1104. Legatus ; opus Caroli Paschalii. *Rothomagi*, 1598, in 8° 1 vol.

1105. Préceptes d'Estat tirés des histoires anciennes et modernes. *Paris*, 1611, in-12, 1 vol.

1106. Legationum insigne, in duos libros distributum. Fred. Marselaer. *Antuerpiæ*, 1618, in-8°, 1 vol.

1107. De magistratibus et eorum imperio, a Don Garcia Mastrillo. *Lugduni*, 1621, in-4°, 1 vol.

1108. Frederici de Marselaer legatus libri duo. *Antuerpiæ*, 1626, in-4°, 1 vol.

1109. Fred. de Marselaer equitis legatus, libri duo. *Amstelodami*, 1644, in-16, 1 vol.

1110. Le ministre d'Estat, avec le véritable usage de la politique moderne, par le Sieur DE SILHON. *Amsterdam*, 1661, in-18, 2 vol.

1111. Mémoires touchant les ambassadeurs et les ministres publics, par M. DE WICQUEFORT. *Cologne*, 1677, in-18, 1 vol.

1112. Même ouvrage.

1113. L'ambassadeur et ses fonctions, par DE WICQUEFORT. *Cologne*, 1715, in-4°, 2 vol.

1114. Traité des ambassades et des ambassadeurs. *Rotterdam*, 1726, in-12, 1 vol.

i. — Mélanges de politique

1115. Discours de la vérité des causes et effets des décadences, mutations, changements des monarchies, par Claude DURET. *Lyon*, 1595, in-12, 1 vol.

1116. Le temple de la gloire civile, par le P. CHAVINEAU. *Paris*, 1607, in-18, 1 vol.

1117. Les résolutions politiques ou maximes d'Estat du sieur Jean DE MARNIX. *Bruxelles*, 1612, in-4°, 1 vol.

1118. Discours sur la paix et la guerre, politie et gouvernement, et plusieurs autres matières, par Jehan Baptiste DE TASSIS. *Bruxelles*, 1612, in-32, 1 vol.

1119. Instructions sur les affaires d'Estat, de la guerre, et vertus morales, par DE BODUIN. *Lyon*, 1620, in-12, 1 vol.

1120. Nicolai VERNULÆI dissertationum politicarum decas prima. *Lovanii*, 1629, in-12, 1 vol.

1121. Recueil de quelques discours poliques, écrits sur diverses occurences des affaires et guerres étrangères, depuis 15 ans en ça. *St-Gervais*. 1632, in-4°, 1 vol.

1122. Discours politiques des roys, par M. DE SCUDÉRY. *Paris*, 1647, in-4°, 1 vol.

1123. Nicolai VERNULÆI observationum politicarum ex C. Taciti operibus syntagma. *Lovanii*, 1651, in-8°, 1 vol.

1124. Discours de l'estat de paix et de guerre, par Nic. MACHIAVEL. *Paris*, 1666, in-4°, 1 vol.

1125. Traité de la guerre, ou politique militaire. *Paris*, 1667, in-12, 1 vol.

1126. Recherches politiques très curieuses, par Savinien D'ALQUIÉ. *Amsterdam*, 1669, in-18, 1 vol.

1127. L'art de la guerre de Nicolas MACHIAVEL. *Amsterdam*, 1693, in-12, 1 vol.

1128. Discours politiques de MACHIAVEL, sur la 1re décade de Tite Live. *Amsterdam*, 1711, in-12, 1 vol.

1129. Le Free-Holder, ou l'Anglois jaloux de sa liberté. Essais politiques. *Amsterdam*, 1727, in-12, 1 vol.

1130. OEuvres diverses de l'abbé de SAINT-PIERRE. *Paris*, 1730, in-12, 2 vol.

1131. Science des princes, ou considérations politiques, sur les coups d'estat, par Gabriel NAUDÉ. .... 1752. in-12, 3 vol.

1132. Discours sur l'origine et les fondements de l'inégalité parmi les hommes, par J. Jacques ROUSSEAU citoyen de Genève. *Amsterdam*, 1755, in-12, 1 vol.

1133. Discours sur l'origine et les fondements de l'inégalité parmi les hommes, par Jean Jacques ROUSSEAU. *Amsterdam*, 1755, in-8° 1 vol.

1134. L'esprit des maximes politiques pour servir de suite à l'esprit des lois de MONTESQUIEU, par PECQUET. *Paris*, 1757, in-12, 2 vol.

1135. Précis de l'ordre légal. *Amsterdam*, 1768, in-12, 1 vol.

1136. **Les rêves** d'un homme de bien qui peuvent être réalisés, par l'abbé de SAINT-PIERRE. *Paris*, 1775, in-12, 1 vol.

1137. Mélanges de politique et de littérature, extraits des annales de LINGUET. *Bouillon*, 1778, in-8°, 3 vol.

1138. Première suite des considérations sur quelques parties du mécanisme des sociétés, par le Marquis de CAUX. *Londres*, 1786, in-8°, 1 vol.

1139. Essai sur les garanties individuelles, par DAUNOU. *Paris*, 1819, in-8°, 1 vol.

1140. De l'esprit public, ou de la toute puissance de l'opinion, par GUÉRARD DE ROUILLY. *Paris*, 1820, in-8°, 1 vol.

1141. Essais de philosophie, de politique et de littérature, par Frédéric ANCILLON. *Paris*, 1832, in-8°, 4 vol.

1142. Du principe d'autorité et du parlementarisme, par M. Evariste BAVOUX. *Paris*, 1869, in-8°, brochure.

1143. Ernest BERSOT. Conseils d'enseignement, de philosophie et de politique *Paris*, 1879, in-12, 1 vol.

1144. La femme et les mœurs. Liberté ou monarchie, par André LÉO. *Paris*, in-12, 1 vol.

1145. Recueil de diverses pièces, mélanges politiques, in-8°, 1 vol.

1146. Recueil de pièces diverses, sur l'économie politique, l'instruction primaire, l'industrie, in-8°, 1 vol.

II. — ÉCONOMIE POLITIQUE

a. — Histoire et traités généraux

1147. SYNOPSIS œconomica, authore G. DONALDSONO. *Francofurti*, 1625, in-12, 1 vol.

1148. OEuvres de M. Turgot, ministre d'état. *Paris*, 1811, in-8°, 4 vol

1149. Traité d'économie politique, par Jean-Baptiste SAY. *Paris*, 1814, in-8°, 2 vol.

1150. Eléments d'économie politique, suivis de quelques vues sur l'application des principes de cette science aux règles administratives. *Paris*, 1817, in-8°, 1 vol.

1151. Mélanges et correspondance d'économie politique, ouvrage posthume de J. B. SAY, publiée par Ch. COMTE. *Paris*, 1833, in-8°, 1 vol.

1152. Economie politique chrétienne, par Alban DE VILLENEUVE BARGEMONT. *Paris*, 1834, in-8°, 3 vol.

1153. Principes d'économie politique et de finances par GANILH. *Paris*, 1835, in-8°, 1 vol.

1154. Jean-Baptiste SAY. Cours complet d'économie politique pratique. *Paris*, 1840, 2 vol.

1155. Jean-Baptiste SAY. Traité d'économie politique. *Paris*, 1841.

1156. Cours d'économie politique, pa

Michel CHEVALIER. *Paris*, 1842, in-8°, 3 vol.

1157. Cours d'économie politique, par M. P. ROSSI. *Paris*, 1843, in-8°, 3 vol.

1158. Les économistes. OEuvres de TURGOT. *Paris*, 1844, in-8°, 2 vol.

1159. MALTHUS. Principes d'économie politique. *Paris*, 1846, in-8°, 1 vol.

1160. Physiocrates. QUESNAY, DUPONT DE NEMOURS... etc. *Paris*, 1846, in-8°. 1 vol.

1161. Les économistes. HUME, FORBONNAIS, CONDILLAC, CONDORCET, LAVOISIER, FRANKLIN, etc. *Paris*, 1847, in-8°, 1 vol.

1162. OEuvres complètes de David RICARDO. *Paris*, 1847, in-8°, 1 vol.

1163. OEuvres diverses de Jean-Baptiste SAY. *Paris*, 1848, in-4°, 1 vol.

1164. Les économistes. NECKER. GALIANI, MONTYON. J. BENTHAM. *Paris*, 1848, in-8°, 1 vol.

1165. J. Bodin et son temps. Tableau des théories politiques et des idées économiques au seizième siècle, par H. BAUDRILLART. *Paris*, 1853, in-8°, 1 vol.

1166. Etudes de philosophie morale et d'économie politique, par H. BAUDRILLART. *Paris*, 1858, in-12, 2 vol.

1167. Des rapports de la morale et de l'é-conomie politique, par H. BAUDRILLART. *Paris*, 1860, in-8°, 1 vol.

1168. Publicistes modernes, par Henri BAUDRILLART. *Paris*, 1863, in-8°, 1 vol.

1169. Manuel d'économie politique, par H. BAUDRILLART. *Paris*, 1872, in-8°, 1 vol.

1170. Economie politique populaire, par H. BAUDRILLART. *Paris*, 1876, in-8°, 1 vol.

1171. Manuel de l'économie politique, par H. BAUDRILLART. *Paris*, 1878, in-12, 1 vol.

1172. Histoire du luxe privé et public, depuis l'antiquité jusqu'à nos jours, par H. BAUDRILLART. *Paris*, 1878, in-8°, 4 vol.

1173. OEuvres complètes de Frédéric BASTIAT. *Paris*, 1862, 7 vol.

1174. OEuvres complètes de P. ROSSI. *Paris*, 1872, in-8°, 2 vol.

1175. Catéchisme de l'économie politique, par DU MESNIL-MARIGNY. *Paris*, 1873, in-12, 1 vol.

1176. Cartas politico-economicas escritas por el Conde de Campomanes Antonio Rodriguez VILLA. *Madrid*, 1878, in-12, 1 vol.

1177. La science économique, par M. Yves GUYOT. *Paris*, 1881, in-12, 1 vol.

b. — Traités particuliers

1178. Essai sur la différence du nombre des hommes dans les temps anciens et modernes, par DE JONCOURT. *Londres*, 1754, in-12, 1 vol.

1179. Les intérêts de la France mal entendus dans les branches de l'agriculture de la population, des finances, du commerce, de la marine et de l'industrie. *Amsterdam*, 1756, in-12, 3 vol.

1180. Même ouvrage.

1181. L'ami des hommes, ou traité de la population, par le marquis DE MIRABEAU. *Avignon*, 1756, in-12, 5 vol.

1182. L'ami des hommes, ou traité de la population (par le Marquis V. DE MIRABEAU. et F. QUESNOY. 1758, in-4°, 3 vol.

1183. Eléments de la philosophie rurale. *La Haye,* 1767, in-12, 1 vol.

1184. Avis au peuple sur son premier besoin, ou petits traités économiques. *Amsterdam,* 1768, in-12, 2 vol.

1185. Discussion sur la polygamie, par Louis, Comte DE RANTZOW. *St-Pétersbourg,* 1774, in-12, 1 vol.

1186. Recherches sur la nature et les causes de la richesse des nations, traduit de l'anglais de SMITH, par BLAVET. *Paris,* 1800, in-8°, 4 vol.

1187. ADAM SMITH. Recherche sur la nature et les causes de la richesse des nations. *Paris,* 1643, in-8°, 2 vol.

1188. MALTHUS. Essai sur le principe de population. *Paris,* 1845, in-8°, 1 vol.

1189. Réorganisation de la société au XIX° siècle, questions principales, par LAMBERT. *Paris,* 1865, in-12, 1 vol.

1190. L'esprit nouveau dans l'humanité, par Henri BRISSAC. *Paris,* 1867, in-12, 1 vol.

1191. Algunas verdades a la clase obréra, por D. Pedro ARMENGOL Y CORNET. *Madrid,* 1874, in-12, 1 vol.

1192. Breve refutacion de los falsos principos de la internacional, por Jose MENEUDEZ DE LA POLA. *Madrid,* 1874, in-12, 1 vol.

1193. La liberté du travail, l'association et la démocratie, par Henri BAUDRILLART. *Paris,....* in-12, 1 vol.

1194. Etude sur le travail, par S. MONY. *Paris,* 1882, in-8°, 2 vol.

1195. Le capital et le travail. Conférence aux ouvriers de l'usine Piat, par M. E. CHEYSSON. *Paris,* 1885, in-8°, brochure.

1196. La valeur économique de la vie humaine, par M. Jules ROCHARD. *Paris,* 1885, in-8°, brochure.

1197. La question des habitations ouvrières en France et à l'étranger, par M. E. CHEYSSON. *Paris,* 1886. in-8°. brochure.

1198. L'irréligion de l'avenir, étude de sociologie, par M. GUYAU. *Paris,* 1887, in-8°, 1 vol.

c. — Finances. — Impôts

1199. Discours de Jean BODIN, sur le rehaussement et diminution des monnoyes, tant d'or que d'argent, et le moyen d'y rémédier, par François GARRAULT. *Paris,* 1578, in-12, 1 vol.

1200. Nouveau style des finances et de la chambre des comptes. *Paris,* 1629, in-12, 1 vol.

1201. Projet d'une dixme royale, par le Maréchal DE VAUBAN. 1717, in-12, 1 vol.

1202. Réflexions sur le traité de la dîme royale, par M. le Maréchal DE VAUBAN. *.....* 1716, in-12, 1 vol.

1203. Doutes proposés à l'auteur de la théorie de l'impôt. *.....* 1751, in-12, 1 vol.

1204. Le réformateur, (par CLIQUOT DE BLERVACHE). *Paris,* 1756, in-12, 1 vol.

1205. Le financier citoyen, par J.-B. NAVEAU...... 1757, in-12, 2 vol.

1206. Lettres d'un citoyen à un magistrat sur les vingtièmes et les autres impôts. *Amsterdam,* 1758, in-12, 1 vol.

1207. Recherches et considérations sur les finances de France, depuis l'année 1595 jusqu'à l'année 1721. *Basle,* 1758, in-4°, 2 vol.

1208. Théorie de l'impôt, par M. le Marquis DE MIRABEAU. ....., 1760, in-12, 1 vol.

1209. Théorie de l'impôt par l'auteur de

l'ami des hommes. *Amsterdam*, 1761, in-12, 1 vol.

1210. Doutes proposés à l'auteur de la théorie de l'impôt. ....., 1761, in-12, 1 vol.

1211. Les finances considérées dans le droit naturel et politique des hommes, ou examen critique de la théorie de l'impôt. *Amsterdam*, 1762, in-18, 1 vol.

1212. L'anti-financier. *Amsterdam*, 1763, in-8°, 1 vol.

1213. Essai analytique sur la richesse et sur l'impôt. *Londres*, 1767, in-8°, 1 vol.

1214. Même ouvrage.

1215. Mémoire sur les effets de l'impôt indirect sur le revenu des propriétaires des biens fonds. *Londres*, 1768, in-12, 1 vol.

1216. La science du bonhomme Richard, moyen facile de payer les impôts, (de B. FRANKLIN). *Philadelphie*, 1778, in-12, 1 vol.

1217. Compte rendu au Roi par M. NECKER, directeur général des finances, au mois de Janvier 1781. *Paris*, 1781, in-4°, 1 vol.

1218. Plan d'une restauration générale dans les finances, par DE LAMERVILLE. *Strasbourg*, 1788, in-4°, 1 vol.

1219. Economistes financiers du XVIII° siècle. VAUBAN, BOISGUILLEBERT, Jean LAW, MELON, DUTOT, etc. *Paris*, 1843, in-8°, 1 vol.

1220. Considérations mathématiques sur la théorie de l'impôt, par M. G. FAUVEAU. *Paris*, 1864, in-8°, brochure.

1221. Etudes sur le régime financier de la France, avant la révolution de 1789, par M. Ad. VUITRY. *Paris*, 1883, in-8°, 2 vol.

1222. Alfred NEYMARCK, aperçus financiers ; 1868-1872. *Paris*, 1872 et 1873, in-8°, 2 vol.

1223. Recueil — Compte rendu au roi, par M. NECKER. Janvier 1781 (finances) *Paris*, 1881, in-4°, 1 vol.

1224. Recueil de diverses pièces sur les impôts et finances de la France. in-8°, 1 vol.

d. — Banques. — Crédits

1225. De la banque d'Espagne, dite de St Charles, par le COMTE DE MIRABEAU..... 1785, in-8°, 1 vol.

1226. H. BAUDRILLART, quatre opuscules. *Paris*, in-32, 4 vol.

e. — Subsistances

1227. Sur la législation et le commerce des grains. *Paris*, 1765, in-8°, 1 vol.

1228. Recueil de plusieurs morceaux économiques sur la concurrence des étrangers dans le transport de nos grains, par LE TROSNE. *Amsterdam*, 1768, in-12, 1 vol.

1229. Lettres sur le commerce des grains. *Amsterdam*, 1768, in-12, 1 vol.

1230. Même ouvrage.

1231. Traité politique et économique des communes, ou observations sur l'agriculture. *Paris*, 1770, in-8°, 1 vol.

1232. Même ouvrage.

1233. Les céréales et la douane, par DU MAISNIL-MARIGNY. *Paris*, 1866, in-12, 1 vol.

f. — Paupérisme. — Etablissements de charité. — Sociétés de tempérance

1234. Defensorium Montis Pietatis. 1503, in-4°, 1 vol.

1235. Le premier plant du Mont de Piété françois, par Hugues DELESTRÉ. *Paris,* 1611, in-4°, 1 vol.

1236. Idées d'un citoyen sur les besoins, les droits, et les devoirs des vrais pauvres. *Amsterdam,* 1765, in-8°, 1 vol.

1237. Même ouvrage.

1238. Les moyens de détruire la mendicité en France. *Châlons-sur-Marne,* 1780, in-8°, 1 vol.

1239. De la charité légale, de ses effets, de ses causes, et spécialement des maisons de travail, par NAVILLE. *Paris,* 1836, in-8°, 2 vol.

1240. Des hospices d'enfants trouvés en Europe, et principalement en France, par REMACLE. *Paris,* 1838, in-8°, 1 vol.

1241. Asile rural d'enfants trouvés, par Auguste SAVARDAN. *Paris,* 1848, in-12, 1 vol.

1242. De l'assistance et de l'extinction de la mendicité, par DE MAGNITOT. *Paris,* 1856, in-8°, 1 vol.

1243. De l'assistance en province, par DE MAGNITOT. *Paris,* 1861, in-8°, 1 vol.

1244. D. José ARIAS MIRANDA. Resena historica de la beneficencia Espanola. *Madrid,* 1862, in-8°, 1 vol.

1245. Les militaires blessés et invalides, leur histoire, leur situation en France et à l'étranger, par le comte de RIENCOURT. *Paris,* 1875, in-8°, 2 vol.

1246. Un devoir social, et les logements d'ouvriers, par Georges PICOT. *Paris,* 1885, in-12, 1 vol.

g. — Police. — Prisons

1247. De l'état actuel des prisons en France, par MOREAU CHRISTOPHE. *Paris,* 1837, in-8°, 1 vol.

1248. La prostitution dans la ville de Paris, considérée sous le rapport de l'hygiène publique, de la morale et de l'administration, par PARENT-DUCHASTELET. *Paris,* 1837, in-8°, 2 vol.

1249. De la prostitution en Europe, par M. RABUTAUX. *Paris,* 1858, in-4°, 1 vol.

h. — Colonisation. — Esclavage

1250. La colonizacion penitenciaria de las Marianas, etc. por D. Francisco LASTRES J. JUIZ. *Madrid,* 1878, in-8°, 1 vol.

i. — Administration

1251. Essai sur l'administration, par le sous-préfet de Béthune. *Paris,* 1830, in-8°, 1 vol.

j. — *Voies de communication*

1252. Histoire et description des voies de communication aux Etats-Unis, par Michel CHEVALIER. *Paris, 1840, in-4°,* 1 vol.

1253. Des intérêts matériels en France, travaux publics, routes, canaux, par Michel CHEVALIER. *Paris, 1853, in-12,* 1 vol.

1254. Encyclopédie des chemins de fer, et des machines à vapeur, par Félix TOURNEUX. *Paris, 1844, in-12, 1 vol.*

III. — COMMERCE

a. — *Dictionnaires. — Histoire. — Traités généraux*

1255. Essai politique sur le commerce. * 1736, in-12, 1 vol.

1256. Réflexions politiques sur les finances et le commerce, par M. DUTOT. *La Haye,* 1740, in-12, 2 vol.

1257. Essai politique sur le commerce, par MELON. *Amsterdam,* 1742, in-12, 1 vol.

1258. Examen du livre intitulé : réflexions politiques sur les finances et le commerce. *La Haye,* 1743, in-12, 2 vol.

1259. Dictionnaire universel de commerce, par SAVARY DES BRUSLONS. *Paris,* 1748, in-fol., 3 vol.

1260. Dissertation sur l'état du commerce en France, par M. CLICQUOT BLERVACHE de Reims. *Amiens,* 1756, in-12, 1 vol.

1261. La noblesse commerçante, par l'abbé COYER. *Londres,* 1855, in-12, 3 vol.

1262. Même ouvrage.

1263. Même ouvrage.

1264. Vues politiques sur le commerce. *Amsterdam,* 1759, in-12, 1 vol.

1265. Histoire du commerce et de la navigation des anciens, par M. HUET. *Lyon,* 1763, in-8°, 1 vol.

1266. Dictionnaire portatif de commerce, par A. CHAU. *Bouillon,* 1770, in-8°,1 vol.

1267. Dictionnaire du commerce par M. GUILLAUMIN. *Paris,* 1839, in-8°, 2 vol.

1268. D'ARIAS y MIRANDA. Examen criticohistorico del influjo que turo en el commercio, etc. *Madrid,* 1854, in 8°, 1 vol.

1269. Mémoire sur le commerce maritime de Rouen, depuis les temps les plus reculés jusqu'à la fin du 16° siècle, par Ernest DE FRÉVILLE. *Rouen,* 1857, in-8°, 2 vol.

1270. Histoire du commerce, par H. PIGEONNEAU. Première partie, depuis les origines jusqu'à la fin du XV° siècle. *Paris* in-8°, 1 vol.

b. — *Etude et pratique du commerce*

1271. Traité de la pratique des billets entre les négociants. *Louvain,* 1682, in-18, 1 vol.

1272. Traité théorique et pratique des changes. *Lille,* 1760, in-12, 1 vol.

1273. Guide des corps des marchands. *Paris,* 1766, in-12, 1 vol.

1274. Livre utile aux négociants de l'Europe, par Adrien SERRÉ. *Tournay,* 1775, in-12, 1 vol.

1275. Opérations des changes des principales places de l'Europe, par Joseph Réné RUELLE. *Lyon,* 1775, in-8°, 1 vol.

1276. Livre utile aux négociants de l'Europe, par Adrien SERRÉ. *Tournay,* 1781, in-12, 1 vol.

c. — *Mélanges*

1277. Traité sur le commerce de la Mer Noire, par DE PEYSONNEL. *Paris,* 1787, in-8°, 2 vol.

1278. Les colonies et la métropole, le sucre exotique et le sucre indigène, trésor, marine, commerce, agriculture, etc, par Timothée DEHAY. *Paris,* 1839, in-8°, 1 vol.

1279. L'association des douanes allemandes, son passé, son avenir, par DE LA NOURAIS et C. BERÈS. *Paris,* 1841. in-8° 1 vol.

TROISIÈME CLASSE

Sciences mathématiques, physiques et naturelles

I. — MATHÉMATIQUES

a. — Histoire. — Dictionnaires

1280. Dictionnaire mathématique, ou idée générale des mathématiques, par M. Ozanam. *Paris*, 1691, in-4°, 1 vol.

1281. Dictionnaire universel de mathématique et de physique, par Savérien. *Paris*, 1753, in-4°, 2 vol.

1282. Histoire des recherches sur la quadrature du cercle. *Paris*, 1754, in-12, 1 vol.

1283. Histoire des mathématiques, par J. F. Montucla. *Paris, an VII*, in-4°, 4 vol.

1284. Essai sur l'histoire générale des mathématiques, par Ch. Bossut. *Paris*, 1802, in-8°, 2 vol.

1285. Introduction aux travaux scientifiques du XIXe siècle, par H. de Saint-Simon. *Paris*, in-4°, 1 vol.

1286. Rapport historique sur les progrès des sciences mathématiques depuis 1789, par M. Delambre. *Paris*, 1810, in-4°, 1 vol.

1287. Même ouvrage.

1288. Histoires des recherches sur la qu drature du cercle, par M. Montucla. *Paris*, 1831, in-8°, 1 vol.

1289. Dictionnaire général des sciences théoriques et appliquées, par Privat Deschanel et Ad. Focillon. *Paris*, 1870, in-8°, 2 vol.

1290. Histoire des mathématiques, depuis leurs origines jusqu'au commencement du dix-neuvième siècle, par Ferdinand Hoefer. *Paris*, 1874, in-12, 1 vol.

1291. Takitechnie, mathématiques élémentaires ou des arts assimilés par la tachimétrie, par Edouard Lagout. *Nogent-sur-Seine*, 1881, in-8°, 1 vol.

1292. Histoire des sciences mathématiques et physiques, par M. Maximilien Marie. *Paris*, 1883, in-8°, 9 vol.

b. — Œuvres de mathématiciens anciens et modernes

1293. Tractatus proportionum ALBERTI de Saxonia. *Venetiis*, 1515, in-4°, 1 vol.

1294. ARCHIMEDIS Syracusani opera. *Basileæ*, 1544. in-f°, 1 vol.

1295. Opera mathematica Joannis SCHONERI. *Norinbergæ*, 1551, in-fol., 1 vol.

1296. PSELLI perspicuus liber de quatuor mathematicis scientiis, arithmetica, musica, geometria et astronomia ; græce et latine nunc primum editus. *Basileæ*, 1556, in-12, 1 vot.

1297. Le pratiche delle due prime matematiche di PIETRO CATANIO. *in Venetia*, 1559, in-4°, 1 vol.

1298. Opus mathematicum octo libros complectens a J. TAISNIERO. *Coloniæ Agrippinæ*, 1562, in-fol. 1 vol.

1299. Jacobi PELETARII mathematici commentarii tres. *Basileæ*, 1563, in-fol ; 1 vol.

1300. P. RAMI arithmeticæ libri duo ; geometriæ septem et vigenti. *Basileæ*, 1569, in-4°, 1 vol.

1301. Francisci MAUROLYCI opuscula mathematica. *Venetiis*, 1575, in-4°, 1 vol.

1302. Canon mathematicus, seu ad triangula cum adpendicibus Fr. VITÆI. *Lutetiæ*, 1579, in-fol ; 1 vol.

1303. Liber proportionum magistri Hieronimi de HANGEST. *Parisiis*, in-fol ; 1 vol.

1304. Mémoires mathématiques par Simon STEVIN, translaté en français par Jean TUNING. *Leyde*, 1608, in-fol ; 1 vol.

1305. Christophori CLAVII Bambergensis opera mathematica. *Moguntiæ*, 1612, in-fol ; 5 vol.

1306. DIOPHANTI Alexandrini arithmeticorum libri sex ; auctore Claudio Gaspare BACHETO. *Lutetiæ Parisiorum*, 1621, in-fol ; 1 vol.

1307. OEuvres mathématiques de Samuel MAROLOIS. *Amsterdam*, 1628, in-4° 1 vol.

1308. Ærarium philosophicæ, autore BETTINO Bononiensi. *Bononiæ*, 1648, in-4°, 3 vol.

1309. Même ouvrage.

1310. R. P. Andreæ TACQUET opera mathematica. *Antuerpiæ*, 1649, in-f°, 2 vol.

1311. Solution et esclaircissement de quelques propositions de mathématiques. JOUVIN. *Paris*, 1658, in-4°, 1 vol.

1312. Practica tractatuum aliquot mathematicorum, authore P. Joanne DARRAS. *Montibus Hamonicæ*, 1664, in-12, 1 vol.

1313. Organum mathematicum libris IX explicatum a Gaspare SCHOTTO. *Herbipoli*, 1668, in-4°, 1 vol.

1314. Synopsis mathematica, auctore P. THOMAS. *Duaci*, 1685, in-12, 2 vol.

1315. Claudii Francisci Milliet DECHALES, cursus, seu mundus mathematicus. *Lugduni*, 1690, in-f°, 4 vol.

1316. Philosophiæ naturalis principia mathematica, auctore Isaaco NEWTONO. *Amstelodami*, 1723, in-4°, 1 vol.

1317. Christiani WOLFII elementa matheseos universæ. *Genevæ*, 1732, in-4°, 6 vol.

1318. Isaaci NEWTONI opuscula mathematica, philosophica etc. *Lausaniæ*, 1744, in-4°, 3 vol.

1319. Institutions Newtoniennes, par SIGORGNE. *Paris*, 1769, in-8°, 1 vol.

1320. Exposition du système du monde par M. le Marquis DE LAPLACE. *Paris*, 1836, in-8°, 2 vol.

1321. OEuvres de LAPLACE. *Paris*, 1843, in-4°, 6 vol.

c. — *Cours ou traités élémentaires*

1322. Le cours de mathématiques représenté par figures. *Paris,* 1645, in-fol., 1 vol.

1323. Traité de la grandeur en général, qui comprend l'arithmétique, l'algèbre, l'analyse, par le P. LAMY. *Paris,* 1680, in-12, 1 vol.

1324. OEuvres posthumes de M. ROHAULT. *La Haye,* 1690, in-12, 2 vol,

1325. Cours de mathématiques, par OZANAM. *Paris,* 1693, in-8° 5 vol.

1326. Traité méthodique et abrégé de toutes les mathématiques, par Ch. DE NEUVEGLISE. *Trévoux,* 1700, in-8°, 2 vol.

1327. Elémens des mathématiques, ou traité de la grandeur en général, qui comprend l'arithmétique, l'algèbre et l'analyse, par le P. Bernard LAMY. *Paris,* 1704, in-12, 1 vol.

1328. Les premiers éléments des sciences. Entrée aux connaissances solides en divers entretiens, par le Père LAMY. *Paris,* 1706, in-12, 1 vol.

1329. Analyse démontrée, ou la méthode de résoudre les problèmes des mathématiques. *Paris,* 1708, in-4°, 2 vol.

1330. La science du calcul des grandeurs en général, par le R. P. REYNEAU. *Paris,* 1714-1736. in-4°. 2 vol.

1331. Eléments de mathématiques de VARIGNON. *Paris,* 1731, in-4°, 1 vol.

1332. Eléments de mathématiques, par RIVARD. *Paris,* 1744, in-4°, 1 vol.

1333. Cours de mathématiques, par Chrétien Wolf. *Paris,* 1747, in-8°, 3 vol.

1334. Développement nouveau de la partie élémentaire des mathématiques, par Louis BERTRAND. *Genève,* 1778, in-4°, 1335, 2 vol.

1335. Eléments d'arithmétique. d'algèbre et de géométrie, par MAZÉAS. *Paris.*1788, in-8°, 1 vol.

1336. Cours de mathématiques, par BOSSUT. *Paris,* 1795, in-8°, 1 vol.

1337. Suite du cours de mathématiques, à l'usage des gardes du pavillon et de la marine, par M. BEZOUT. *Paris,* 1798, in-8°, 1 vol.

1338. Cours élémentaire et complet de mathématiques pures, par LA CAILLE. *Paris,* an VII, in-8°, 1 vol.

1339. Cours de mathématiques, à l'usage de la marine et de l'artillerie, par BEZOUT. *Paris,* 1801, in-8°, 1 vol.

1340. Cours de mathématiques à l'usage de la marine, et de l'artillerie, par BEZOUT et PEYRARD. *Paris,* 1820, in-8°, 1 vol.

1341. Cours complet de mathématiques pures, par L. B. FRANCOEUR. *Paris,* 1828, in-8°, 2 vol.

d. — *Arithmétique*

1342. De arte supputandi libri quatuor Gutheberti TONSTALLI. *Parisiis,* 1529, in-4°, 1 vol.

1343. Nicomachi GERASINI arithmeticæ libri duo. *Parisiis,* 1538, in-4°, 1 vol.

1344. Novum opusculum de numerorum ratione (Græce). *Parisiis,* 1543, in-fol. 1 vol.

345. Arithmetica integra, authore Michaele STIFELIO. *Norimbergæ,* 1544, in-4°, 1 vol.

1346. Orontii FINÆI arithmetica. *Lutetiæ Parisiorum,* 1544, in-12, 1 vol.

1347. Arithmétique (texte allemand). *Nuremberg,* 1546, in-4°, 1 vol.

1348. Compendium arithmeticæ artis. *Basileæ*, 1549, in-12, 1 vol.

1349. Pratica d'arithmetica di Francisco CHALIGAI. *In Firenze*, 1552, in-4°, 1 vol.

1350. Pietro BORGO libro de abacho, contenant les règles de l'arithmétique. *In Venetia*, 1561, in-4°, 1 vol.

1351. Arithmétique (texte allemand). *Nuremberg*, 1659, in-12, 1 vol.

1352. L'arithmétique de Jan TRENCHANT, départie en trois livres.*Lyon*, 1571, in-12, 1 vol.

1353. L'arithmétique d'Honorat MEYNIER. *Paris*, 1611, in-4°, 1 vol.

1354. L'arithmétique en sa perfection, mise en pratique selon l'usage des financiers, banquiers, etc. par F. LE GENDRE. *Paris*, 1679, in-4°, 1 vol.

1355. Arithmeticæ theoria et praxis, auctore Andrea TACQUET. *Anvers*, 1682, in-12, 1 vol.

1356. Joh. Pauli BUCHNERI tabula radicum quadratorum et cuborum. *Nuremberg*, 1701, in-8°, 1 vol.

1357. Nouvelle arithmétique, par MONIER DE CLAIRE-COMBE. *Paris*, 1719, in-12, 1 vol.

1358. L'arithmétique des géomètres, par l'abbé DEIDIER. *Paris,*1739. in-4°, 1 vol.

1359. L'arithmétique restreinte à l'addition. *Paris*, 1752, in-18, 1 vol.

1360. Eléments d'arithmétique complémentaire, par MM. BERTHEVIN et TREUIL. *Paris*, 1823, in-8°. 1 vol.

1361. Traité élémentaire d'arithmétique, en douze leçons,par B. HOUDIARD.*Arras*, 1843, in-8°, 1 vol.

e. — Algèbre

1362. Traité de l'algèbre, par DE CROUZAS. *Paris*, 1726, in-8°, 1 vol.

1363. Analyse des infiniments petits comprenant le calcul intégral, etc.*Paris,*1735, in-4°, 1 vol.

1364. Entretiens mathématiques sur les nombres, l'algèbre, par le P. REGNAULT. *Paris*, 1743, in-12, 3 vol.

1365. Traités élémentaires de calcul différentiel et du calcul intégral, traduits de l'italien, par D^lle AGNESI. *Paris*, 1765, in-8°, 1 vol.

1366. Eléments d'algèbre, par Léonard EULER. *Lyon*, 1774, in-8°, 2 vol.

1367. L'algèbre selon ses vrais principes. *Londres*, 1789, in-8°, 1 vol.

1368. Introduction à l'analyse infinitésimale, par Léonard EULER, traduit par J. B. LABEY. *Paris*, 1796, in-4°, 2 vol.

1369. Eléments d'algèbre, par CLAIRAULT. *Paris*, 1797, in-8°, 2 vol.

1370. Eléments d'algèbre,par Léonard EULER, traduits de l'allemand, avec des notes et des additions. *Paris*, 1798, in-8°, 2 vol.

1371. Traités de calcul différentiel et de calcul intégral, par Charles BOSSUT. *Paris*, an VI, in-8°, 2 vol.

1372. Essai sur la théorie des nombres, par A. M. LEGENDRE. *Paris*, an VI, in-4°, 1 vol.

1373. Eléments d'algèbre, par CLAIRAUT. *Paris*, 1801, in-8°, 1 vol.

1374. Traité élémentaire de calcul différentiel et de calcul intégral, par S. F. LACROIX. *Paris*, 1802, in-8°, 1 vol.

1375. Complément des élémens d'algèbre, à l'usage de l'école centrale des quatre nations, par S. F. Lacroix. *Paris,*1804, 1 vol.

1376. Elémens d'algèbre, précédés de l'introduction à l'algèbre, par A. A. Reynaud. *Paris*, 1810, in-8°, 1 vol.

1377. Théories des fonctions et variables imaginaires,par Maximilien Marie.*Paris*, 1874, in-8°, 3 vol.

1378. Eléments de calcul infinitésimal,par M. Duhamel, troisième édition revue et annotée, par M. J. Bertrand. *Paris*, 1874, in-8°, 2 vol.

1379. Eléments de la théorie des déterminants avec de nombreux exercices, par P. Mansion. *Paris*, 1883, in-8°, 1 vol.

1380. Cours d'algèbre supérieure, par J.-A. Serret. *Paris*, 1886, in-8°, 2 vol.

1381. Traité d'algèbre à l'usage des candidats aux écoles du gouvernement, par H. Laurent, quatrième édition, revue par J.-H. Marchand. *Paris*, 1887, in-8°, 2 vol.

f. — Géométrie

1382. Art der geometria. (allemand). *Strasbourg*, 1531, in-fol., 1 vol.

1383. Euclidis opera, (græce). *Basileæ*, 1533, in-fol., 1 vol.

1384. Charles de Bouvelles de geometria (en flamand). *T'Antwerpen*, 1547, in-4°, 1 vol.

1385. Buteonis Delphinatici opera geometrica. *Lugduni*, 1554, in-4°, 1 vol.

1386. Euclidis elementorum libri XV (græce et latine). *Lutetiæ*, 1557, in-12, 1 vol.

1387. Euclidis elementorum geometricorum libri XV. *Basiieæ*, 1568, in-fol., 1 vol.

1388. Euclidis elementa libri XV, a Fr. Flussate Condalla. *Lutetiæ*, 1578, in-fol ; 1 vol.

1389. Euclidis elementorum lib. XV, auctore Christophoro Clavio. *Romæ*, 1589, in-12, 4 vol.

1390. Euclidis elementorum libri XV, auctore Christophoro Clavio. *Coloniæ*, 1591, in-f°, 2 vol.

1391. Quatre livres de la géométrie pratique. D. Henrion. *Paris*, 1620, in-4°, 1 vol.

1392. Geometriæ practicæ novæ et auctæ tractatus per Danielem Schiventer.1627, in-4°, 1 vol.

1393. Opera mathematica, ou œuvres mathematiques traictant de géométrie perspective, par Samuel Marolois. *Amsterdam*, 1628, in-f°, 1 vol.

1394. Même ouvrage.

1395. Même ouvrage.

1396. Claudii Mydorgii conicorum liber primus et secundus. *Parisiis*, 1631, in-f°, 1 vol.

1397. Clavis universi trigonometrica,studio Lud. Frobenii. *Hamburgi*, 1634, in-4°, 1 vol.

1398. Francisci a Schooten de organica conicarum sectionum in plano descriptione tractatus. *Lugd. Batav.* 1646, in-4°, 1 vol.

1399. Les élémens d'Euclide expliqués, par le P. Fournier. *Paris*, 1654, in-18, 1 vol.

1400. Franc. Xaverii Aynscom expositio ac deductio geometrica quadraturarum circuli. *Antuerpiæ*, 1656, in-fol., 1 vol.

1401. Supplementum supplementi, seu de quadratura circuli pars prior, a Carolo Oudart. *Parisiis*, 1665, in-4°, 1 vol.

1402. La géométrie universelle, par DE LA FONTAINE. *Paris*, 1666, in-12, 1 vol.

1403. Nouveaux éléments des sections coniques,les lieux géométriques, les équations, par DE LA HIRE. *Paris*, 1679, in-12, 1 vol.

1404. Eléments de géométrie, par le P. PARDIES. *Paris*, 1683, in-12, 1 vol.

1405. Nouveaux éléments de géométrie, par Ant. ARNAULD. *Paris*, 1683, in-4°, 1 vol.

1406. La géométrie pratique, contenant la trigonométrie théorique et pratique, la longimétrie, la pharimétrie et la stéréométrie, par OZANAM. *Paris*, 1684, in-12, 1 vol.

1407. Eléments de géométrie, divisés en deux parties, par P. A. PITHOIS. *Tournay*, 1685, in-18, 1 vol.

1408. Elémens de géométrie, ou cours de mathématiques, par PITHOIS. *Tournay*, 1687, in-18, 1 vol.

1409. Leçons de géométrie pratique, par DU TORAR. *Paris*, 1691, in-12, 1 vol.

1410. La géométrie pratique du Sr Boulenger, augmentée de plusieurs notes par OZANAM. *Paris*, 1691, in-12, 1 vol.

1411. La géométrie de Réné Descartes. *Paris*, 1694. in-4°, 1 vol.

1412. La géométrie pratique, divisée en quatre livres, par Allain MANESSON MALLET. *Paris*, 1702, in-4°, 4 vol.

1413. Elémens de géométrie,par BOISSIÈRE *Paris*, 1705, in-4°, 1 vol.

1414. Les élémens d'EUCLIDE, expliqués d'une manière nouvelle et très facile, par OZANAM. *Paris.*, 1709, in-12, 1 vol.

1415. Œuvres de mathématiques, contenant les élémens de géométrie par le P. PARDIES. *La Haye*, 1710, in-18, 1 vol.

1416. La trigonométrie rectiligne et sphérique, avec les tables des sinus, tangen-

tes et sécantes, par OZANAM, *Paris,* 1720, in-8°, 1 vol.

1417. Traité analytique des sections coniques,par le marquis de l'HOSPITAL.*Paris*, 1720, in-4°. 1 vol.

1418. Eléments de géométrie, ou traité de la mesure du corps, par DE FISCHBACH. *La Haye*, 1723, in-12, 1 vol.

1419. Elémens de géométrie, par DE MALEZIER. *Paris*, 1729, in-8°, 1 vol.

1420. Commentaires sur la géométrie de M. Descartes, par le R. P. Claude RABUEL. *Lyon*, 1730. in-4°, 1 vol.

1421. Usages de l'analyse de Descartes, par Jean Paul DE GUA DE MALVES. *Paris*, 1740, in-12, 1 vol.

1422. Elémens de géométrie, par CLAIRAULT. *Paris*, 1741, in-12, 1 vol.

1423. Nouveaux élémens d'algèbre et de géométrie, réduite à ses vrais principes, par BLAISE. *Paris*, 1743, in-4°, 1 vol.

1424. Traité de géométrie théorique et pratique, à l'usage des artistes, par Sébastien LE CLERC. *Paris*, 1744, in-8°, 1 vol.

1425. Les éléments d'EUCLIDE du P. DECHALLE, démontrés par OZANAM. *Paris*, 1746, in-12, 1 vol.

1426. Introduction à l'analyse des lignes courbes algébriques par G. CRAMER. *Genève*, 1750, in-4°, 1 vol.

1427. Géométrie métaphysique, ou essai d'analyse sur les éléments de l'étendue bornée. *Paris*, 1758, in-8°, 1 vol.

1428. Instructions de géométrie,par DE LA CHAPELLE. *Paris*, 1765, in-8°, 2 vol.

1429. La quadrature du cercle découverte et démontrée, par P. E. PICARD. *Paris,* 1768, in-12, 1 vol.

1430. Essais de géométrie, sur les plans et sur les surfaces courbes, par S. F. LACROIX. *Paris*, 1802, in-8°, 1 vol.

1431. Traité élémentaire de trigonométrie rectiligne, S. F. LACROIX. *Paris*, 1803, in-8°, 1 vol.

1432. Trigonométrie rectiligne et sphériques, suivie du calcul des différences, par J. F. LESCAN. *Paris*, 1819, in-8°, 1 vol.

1433. Traité de la géométrie descriptive, par L. L. VALLÉE. *Paris*, 1819, in-4°, 1 vol.

1434. Les œuvres d'EUCLIDE, traduites par PEYRARD. *Paris*, 1819, in-4°, 1 vol.

1435. Traité de géométrie descriptive, par LEFEBURE de FOURCY. *Paris.* 1834, in-8°, 2 vol.

1436. Traité élémentaire de trigonométrie rectiligne et sphérique, et d'application de l'algèbre à la géométrie, par J. F. LACROIX. *Paris*, 1863, in 8°, 1 vol.

1437. Traité de géométrie descriptive, par Jules DE LA GOURNERIE. *Paris*, 1873, in-4°, 3 vol.

1438. Traité de géométrie supérieure, par M. CHASLES. *Paris*, 1880, in-8°, 1 vol.

1439. Mémoires sur la représentation des surfaces et les projections des cartes géographiques, par A. TISSOT. *Paris*, 1881, in-8°, 1 vol.

1440. Traité de géométrie analytique à trois dimensions, par G. SALMON, traduit de l'anglais, par O. CHEMIN. *Paris*, 1882, in-8°, 1 vol.

1441. Traité de géométrie, par Eugène ROUCHÉ et Ch. DE COMBEROUSSE. *Paris*, 1883, in-8°, 2 vol.

1442. Traité de géométrie analytique à deux dimensions, sections coniques, par G. SALMON, traduit de l'anglais, par MM. RÉSAL et V. VAUCHERET. *Paris*, 1884, in-8°, 1 vol.

1443. Traité de géométrie descriptive, par C. F. A. LEROY ; douzième édition revue et annotée, par M. E. MARTELET. *Paris*, 1885, in-4°, 2 vol.

1444. Traité de stéréotomie comprenant les applications de la géométrie descriptive à la théorie des ombres, la perspective linéaire, la gnomonique, la coupe des pierres et la charpente, avec un atlas de 74 planches in-folio, par A. LEROY. *Paris*, 1885, in-4°, 2 vol.

1445. Esquisse historique sur la marche du développement de la nouvelle géométrie, par Herman HANKEL. *Paris*, 1885, in-8°, 1 vol.

g. — *Logarithmes et tables*

1446. Logarithmorum canonis descriptio, ab Joanne NEPERO. *Lugduni*, 1619, in-4°, 1 vol.

1447. Arithmétique logarithmétique, par Jean NEPER. *Goude*, 1628, in-fol ; 1 vol.

1448. Tables de sinus, tangentes, sécantes et de logarithmes des sinus et tangentes, par A. VLACQ. *La Haye*, 1651, in-12, 1 vol.

1449. Tabulæ sinuum tangentium et secantium et logarithmorum, ab A. VLACQ. *Lugduni*, 1670, in-12, 1 vol.

1450. Table des sinus, des tangentes et sécantes pour le rayon 10,000,000 par DE SCHOTEN, *Rouen*, 1672, in-18, 1 vol.

1451. Tables des sinus, tangentes et secantes et des logarithmes des sinus et tangentes, par OZANAM, *Paris*, 1675, in-12, 1 vol.

1452. Tables pour trouver la supputation de toutes sortes de nombres entiers et rompus, par DU BUISSON, lyonnais. *Paris*, 1693, in-12, 1 vol.

1453. Table de sinus, tangentes et de

sécantes, et de logarithmes des sinus et tangentes, par A. VLACQ. *Paris, 16.9*, in-8°, 1 vol.

1454. Tables de logarithmes pour les sinus et tangentes. *Paris, 1781, in-12*, 1 vol.

1455. Tables portatives des logarithmes, publiées à Londres, par GARDINER. *Paris*, 1783, in-8°, 1 vol.

1456. Tables de l'intérêt composé des annuités et des rentes viagères, par Eugène PÉREIRE. *Paris*,1882, in-4°,1 vol.

h. — Application de l'arithmétique et de la géométrie

1457. Nouvelle instruction et remonstration de la très excellente science du livre de compte, par Jehan YMPYN CRISTOPHLE. *Anvers*, 1543, in-4°, 1 vol.

1458. Arithmeticæ praticæ methodus facilis per GEMMAM FRISIUM. *Parisiis*, 1545, in-12, 1 vol.

1459. Géométrie et horlogiographie pratique, par Jean BULLANT. *Paris*, 1608, in-4°, 1 vol.

1460. Auctores finium regundorum Nicolai RIGALTII observationes et notæ, item glossæ agrimensoriæ. *Lutetiæ*, 1614, in-4°, 1 vol.

1461. Livre à l'usage de ceux qui calculent. (græce) 1621, in-4°, 1 vol.

1462. Les tarifs et comptes faits du grand commerce, par le Sr BARRÈME. *Paris* 1670, in-12, 1 vol.

1463. Traité du nivellement par M. PICARD, mis en lumière par les soins de LA HIRE. *Paris*, 1684, in-12, 1 vol.

1464. Méthode de lever les plans et les cartes de terre et de mer. *Paris*, 1693, in-12, 1 vol.

1465. L'arithmétique universelle expliquée et appliquée. *Paris*, 1697, in-12, 2 vol.

1466. Traité du Jauge universel, par Antoine MOITOIRET DE BLAINVILLE. *Rouen*, 1698, in-12, 1 vol.

1467. Nouveaux élémens de géométrie pratique, concernant l'arpentage des superficies accessibles et inaccessibles, par MOITOIRET DE BLAINVILLE. *Rouen*, 1700, in-12, 1 vol.

1468. Le livre nécessaire pour les comptables, avocats, notaires, par BARRÈME. *Paris*, 1708, in-12, 1 vol.

1469. Même ouvrage.

1470. Calculs d'usage pour trouver promptement les poids et mesures suivant leurs prix, par J. B. MASSON. *Paris*, 1709, in-8°, 1 vol.

1471. Pratique de la géométrie, sur le papier et sur le terrain. *Paris*, 1716, in-12, 1 vol.

1472. L'école des arpenteurs. *Paris*, 1732, in-12, 1 vol.

1473. Comptes faits, ou tarifs général des monnaies. *Amsterdam*,1767, in-12,1 vol.

1474. Même ouvrage.

1475. Pratique de la géométrie sur le papier et sur le terrain, par RAULIN. 1757, in-18, 1 vol.

1476. Cours complet de comptabilité, par Joseph BARRÉ. *Paris*, 1873, in-8° 1 vol.

1477. Ministère de l'instruction publique. Réglement sur la comptabilité publique. *Paris*, in-fol., 1 vol.

i. — *Instruments de mathématiques*

1478. L'usage du compas de proportion, par D. Henrion. *Rouen*, 1564, in-12, 1 vol.

1479. Déclaration de l'usage du grapho-mètre, par la pratique duquel on peut mesurer toute distance des choses de remarque,qui se pourront voir et discerner du lieu ou il sera posé, par Philippe Daufrit. *Paris*, 1597, in-8°, 1 vol.

1480. Même ouvrage.

1481. L'Henry-mètre, instrument royal et universel, par Henry de Suberville. *Paris*, 1598, in-4°, 1 vol.

1482. Mécométrie de l'eymant c'est-à-dire la manière de mesurer les longitudes par le moyen de l'eymant,par Guill. de Nautonier. *Tolose*, 1603, in-fol., 1 vol.

1483. Renati Fr. Slusii Mesolabum etc. *Leodii Eburonum*, 1668, in-4°, 1 vol.

1484. L'usage du mécomètre,par Henrion. *Paris*, 1677, in-12, 1 vol.

1485. L'usage du compas de proportion, par M. Ozanam. *Paris*,1688,in-12,1 vol.

1486. Usage du compas de proportion et de l'instrument universel, par Ozanam. *Paris*, 1758, in-12, 1 vol.

1487. Usage du compas de proportion, suivi du traité de la division des champs, par J. G. Garnier. *Paris*, 1794, in-12, 1 vol.

k. — *Poids et mesures*

1488. De vera mensurarum ponderumque ratione, opus a P. Roberto Cenali. *Parisiis*, 1547. in-12, 1 vol.

1489. Même ouvrage.

1490. Synopsis mensurarum et ponderum, opera Mich. Neandri. *Basileæ*, 1555, in-4°, 1 vol.

1491. Vocabula rei nummariæ, ponderum et mensurarum græca, latina, ebraïca, quorum intellectus omnibus necessarius est. *Vitebergæ*, 1556, in-12, 1 vol,

1492. Métrologie, ou traité des mesures poids et monnaies des anciens peuples et modernes, par Paucton. *Paris*, 1780, in-4°, 1 vol.

1493. Développement du nouveau système des poids et mesures, et traité d'arithmétique adapté à ce système, par Morand. *Bourges*, an II, in-8°, 1 vol.

1494. Instruction abrégée sur les mesures déduites de la grandeur de la terre. *Arras*, an II, in-8°, 1 vol.

1495. Manuel métrique du département du Pas-de-Calais, par J. F. Lamy. *Arras*, 1803, in-8°, 1 vol.

1496. Même ouvrage.

II. — PHYSIQUE

a. — Histoire

1497. Histoire de la physique et de la chimie, par Ferdinand Hoefer. *Paris,* 1872, in-12, 1 vol.

b. — Dictionnaires

1498. Bibliothèque de physique et d'histoire naturelle. *Paris*, 1758, in-12, 5 vol.

1499. Dictionnaire de physique, par le P. Henri Paulian. *Avignon,* 1761, in-4°, 3 3 vol.

c. — Traités généraux

1500. Jodocus Clichtoveus in physicæ libros Aristotelis. *Parisiis,* 1501, in-4°, 1 vol.

1501. Johannis Argyropili in octo libros physicorum Aristotelis. *Parisiis,* 1508, in-4°, 1 vol.

1502. Simplicii commentarii in quatuor Aristotelis libros de cœlo. *Venetiis,* 1526, in-f°, 1 vol.

1503. Simplicii commentarius in iv libros Aristotelis de cœlo, ex recensione Sim. Karstenii. (græce). *Trajecti ad Rhenum,* 1865, in-4°, 1 vol.

1504. Simplicii commentarii in octo Aristotelis physicæ libros. *Venetiis,* 1526, in-f°, 1 vol.

1505. Paraphrasis Themistii in Aristotelis physica, Hermolao Barbaro interprete. *Basileæ,* 1533, in-4°, 1 vol.

1506. Joannis Grammatici in primos quatuor Aristotelis de naturali auscultatione libros commentarii (græce). *Venetiis,* 1535, in-f°, 1 vol.

1507. Joannes Grammaticus in libros de generatione et interitu ; Alexander in meteorologia, item de mixtione. *Venetiis,* 1551, in-f°, 1 vol.

1508. In Aristotelis de rebus naturalibus libros commentarius Joannis Beveri. *Lovanii,* 1567, in-f°, 1 vol.

1509. D. Francisci Toleti commentaria in octo libros Aristotelis de physica auscultatione. *Parisiis,* 1581, in-4°, 1 vol.

1510. Commentaria collegii Conimbricensis in octo libros physicorum Aristotelis. *Coloniæ,* 1609, in-4°, 3 vol.

1511. In octo libros physicorum Aristotelis Dominici Soto quæstiones. *Duaci,* 1613, in-4°, 1 vol.

1512. Antonii Rorio Rodensis commentarii in libros Aristotelis de ortu et interitu rerum naturalium. *Coloniæ Agrippinæ,* 1619, in-4°, 1 vol.

1513. Commentaria et questiones in duos libros Aristotelis de ortu et interitu rerum naturalium, a Melchiore CORONADO. *Antuerpiæ*, 1624, in-4°, 1 vol.

1514. Commentarius in ARISTOTELIS physicam, authore Petro BARBAY. *Parisiis*, 1675, in-12, 2 vol.

1515. Totius philosophiæ naturalis paraphrases a Franc. VATABLO recognitæ. *Parisiis*, 1528, in-8*, 1 vol.

1516. Même ouvrage.

1517. Hieronymi CARDANI de subtilitate libri xxi. *Basileæ*, 1553, in-f°, 1 vol.

1518. Physica Hebræa Rabbi Aben Tybbou, Joanne Isaac LEVITA auctore. *Coloniæ*, 1555, in-12, 1 vol.

1519. Les livres de Hierosme CARDANUS, intitulés de la subtilité et subtiles inventions, ensemble les causes occultes et raison d'icelles, traduits du latin en français, par Richard LE BLANC. *Paris*, 1556, in-4°, 1 vol.

1520. Benedicti PERERII de communibus omnium rerum naturalium principiis libri XV. *Parisiis*, 1585, in-4°, 1 vol.

1521. La physique, ou science naturelle, par Scipion DU PLEIX. *Paris*, 1603, in-18, 1 vol.

1522. Bartholomæi ANGLICI de genuinis rerum cælestium, terrestrium et infernarum proprietatibus libri XVIII. *Francofurti*, 1650, in-8°, 1 vol.

1523. Danielis LIPSTORPII specimina philosophiæ Cartesianæ. *Lugd. Batav.* 1653, in-4°, 1 vol.

1524. Les principes de la philosophie contre les nouveaux philosophes Descartes, Rohault, Reguis, Gassendi, le P. Maignan, ect., par le P. DE LA GRANGE. *Paris*, 1665, in-12, 1 vol.

1525. Traité de physique, par Jacques ROHAULT. *Paris*, 1673, in-12, 2 vol.

1526. Prodromo apologetico alli studii Chircheriani, di Gioseffo PETRUCCI. *Amsterdam*, 1677, in-4°, 1 vol.

1527. Physiologia Kircheriana experimentalis. *Amstelodami,*, 1680, in-f°, 1 vol.

1528. Dissertation physique, en forme de lettre à M. de Sèves, par Pierre GAINIER. *Lyon*, 1692, in-12, 1 vol.

1529. OEuvres diverses de physique et de méchanique, par M. M. C. L. P. PERRAULT. *Leide*, 1721, in-4°, 2 vol.

1530. Programme ou idée générale d'un cours de physique expérimentale, par l'abbé NOLLET. *Paris*, 1738, in-12, 1 vol.

1531. Leçons de physique, par J. PRIVAT de MOLIÈRES. *Paris*, 1740, in-12, 2 vol.

1532. Institutions physiques de la Marquise DU CHASTELET. *Amsterdam*, 1742, in-8°, 1 vol.

1533. Nouveau traité de physique sur toute la nature. *Paris*, in-12, 1 vol.

1534. Leçons de physique expérimentale, traduites de l'anglais de M. COTES. *Paris*, 1742, in-8°, 1 vol.

1535. Les entretiens physiques d'Ariste et d'Eudoxe, ou physique nouvelle en dialogues, par le P. REGNAULT. *Paris*, 1745, in-12, 5 vol.

1536. Elémens de physique, ou introduction à la philosophie de Newton, par G. J. S'GRAVESANDE, traduits par Roland de VIRLOYS. *Paris*, 1747, in-8°, 2 vol.

1537. Lettre sur la nature de la matière et du mouvement à l'auteur des institutions de physique. *Paris*, 1747, in-12, 1 vol.

1538. Même ouvrage.

1539. Eléments de physique, ou introduction à la philosophie de Newton, par G. J. S'GRAVESANDE, traduits par Roland de VIRLOYS. *Paris*, 1747, in-8°, 2 vol.

1540. Recueil de différens traités de physique et d'histoire naturelle, par DESLANDES. *Paris*, 1850, in-12, 3 vol.

1541. Essai de physique, par P. Van Musschenbroek. *Leyden*, 1751, in-4°, 3 vol.

1542. La physique expérimentale raisonnée. *Paris*, 1756, in-12, 1 vol.

1543. Manuel physique, ou manière courte et facile d'expliquer les phénomènes de la nature, par Jean Férapie Dufieu. *Paris*, 1758, in-8°, 1 vol.

1544. Traité abrégé de physique à l'usage des collèges, par de Saintignon. *Paris*, 1763, in-12, 6 vol.

1545. Cours de physique expérimentale, par Pierre Van Muschenbroek. *Paris*, 1769, in-4°, 3 vol.

1546. Leçons de physique expérimentale, par l'abbé Nollet. *Paris*, 1771, in-12, 6 vol.

1547. Théorie des êtres sensibles, ou cours complet de physique, par l'abbé Para. *Paris*, 1772, in-8°, 4 vol.

1548. Physique du monde, par Deshayes. *Versailles*, 1775, in-8°, 1 vol.

1549. Opuscules de physique animale et végétale, par l'abbé Spallanzani. *Pavie*, 1783, in-8°, 3 vol.

1550. Traité complet et élémentaire de physique, par Antoine Libes. *Paris*, 1813, in-4°, 3 vol.

1551. Traité élémentaire de physique, par C. Despretz. *Paris*, 1825, in-8°, 1 vol.

1552. Traité de physique considérée dans ses rapports avec la chimie, par Becquerel. *Paris*, 1842, in-8°, 2 vol.

1553. Cours de physique, par E. Verdet. *Paris*, 1868, in-8°, 2 vol.

1554. Petit traité de physique, à l'usage des établissements d'instruction, par J. Jamin. *Paris*, 1870, in-8°, 1 vol.

1555. Cours de physique de l'Ecole polytechnique, par J. Jamin. *Paris*, 1871, in-8°, 2 vol.

1556. Cours de physique de l'Ecole polytechnique, par M. J. Jamin, troisième édition augmentée et entièrement refondue, par M. Jamin et M. Bouty. *Paris*, 1881-1887, in-8°, 4 vol.

1557. Unités et constantes physiques, par J.-D. Everett, traduit de l'anglais par Jules Raynaud. *Paris*, 1883, in-8°, 1 vol.

d. — Traités spéciaux de la pesanteur, de l'attraction

1558. Discours de la vérité des causes et effets des divers cours, flux et reflux de la mer, par Duret. *Paris*, 1501, in-12, 1 vol.

1559. Le secret découvert du flux et reflux de la mer, et des longitudes, par César d'Arcons. *Paris*, 1656, in-12, 1 vol.

1560. Traité de l'équilibre des liqueurs, et de la pesanteur de la masse de l'air, par Pascal. *Paris*, 1664, in-12. 1 vol.

1561. Le pilote de l'onde vive, ou le secret du flux et reflux de la mer, par Evquem du Martineau. *Paris*, 1678, in-12. 1 vol.

1562. Samuelis Pomarii tractatus de consensu et dissensu corporum naturalium. *Wittebergæ*, 1582, in-4°. 1 vol.

1563. Joh. Alph. Borellus de vi percussionis, et motibus naturalibus a gravitate pendentibus. *Lugduni Batavorum*, 1686, in-4°, 1 vol.

1564. Traité du mouvement des eaux et des autres corps fluides, par Mariotte. *Paris*, 1686, in-12, 1 vol.

1565. Gasparis Schotti technica curiosa, sive mirabilia artis. *Herbipoli*, 1687, in-4°, 1 vol.

1566. Effets de la force, de la contiguité des corps, par le P. Chérubin. *Paris*, 1688. in-12, 1 vol.

1567. Nouvelles conjectures sur la pesanteur, par Varignon. *Paris*, 1690, in-12, 1 vol.

1568. Tractatus philosophicus de barometro, autore P.Laurentio Gobart. *Amstelodami*, 1703, in-12, 1 vol.

1569. Théâtre naval hydrographique de Seyxas : des flux et reflux des courants. *Paris*, 1704, in-12, 1 vol.

1570. Traité du flux et reflux de la mer, par le P. Alexandre. *Paris*, 1726, in-12, 1 vol.

1571. Lettre d'un mathématicien à un abbé, par l'Abbé Deidier. *Paris*, 1737, in-12, 1 vol.

1572. Explication du flux et reflux. *Paris*, 1749, in-4°. 1 vol.

1573. Réflexions critiques sur le système de l'attraction, par Massière. *Nice*, 1759, in-12, 1 vol.

1574. Théorie des mouvements de l'atmosphère et de l'océan, par Ansart-Deusy. *Paris*, 1871, in-8°, 1 vol.

1575. Notes sur les dépressions barométriques en Europe, (Juillet 1877 à Janvier 1880), par A. Lephay. *Paris*, 1880, in-8°, broché.

e. — De la chaleur

1576. Frederici Bonaventuræ opuscula quomodo calor a sole corporibusque cœlestibus producatur. *Urbini*, 1627, in-4°, 1 vol.

1577. La mécanique du feu, ou l'art d'en augmenter les effets, par Gauger. *Paris*, 1713, in-12, 1 vol.

1578. Même ouvrage.

1579. Nouvelles constructions de cheminées, par Gennete. *Liège*, 1760, in-12, 1 vol.

1580. Même ouvrage.

1581. Principes de l'art de chauffer et d'aérer les édifices publics, par Th. Tredgold. *Paris*. 1825, in-8°, 1 vol.

1582. Notions élémentaires sur la chaleur. *Paris*, 1863, in-8°, brochure.

1583. La chaleur, mode de mouvement, par John Tyndall, traduit de l'anglais par l'abbé Moigno. *Paris*, 1874, in-12, 1 vol.

1584. Exposition analytique et expérimentale de la théorie mécanique de la chaleur, par G. A. Hirn. *Paris*, 1875, in-8°, 1 vol.

1585. Traité de la chaleur considérée dans ses applications, par E. Péclet. *Paris*, 1878, in-8°, 3 vol.

1586. Même ouvrage.

1587. La chaleur solaire et ses applications industrielles, par A. Mouchot. *Paris*, 1879, in-8°, 1 vol.

f. — *Du magnétisme et de l'électricité*

1588. Athanasii KIRCHERI magnes, sive de arte magnetica. *Romæ*, 1641, in-4° 1 vol.

1589. Athanasii KIRCHERI magnes, sive de arte magnetica opus tripartitum. *Coloniæ Agripp.* 1643, in-4°, 1 vol.

1590. Anath. KIRCHERI magnes, sive de arte magnetica opus tripartitum. *Romæ*, 1654, in-f°, 1 vol.

1591. Traité de l'aiman. *Amsterdam*, 1687, in-12, 1 vol.

1592. Conjectures physiques sur les plus extraordinaires effets du tonnerre. *Paris*, 1696, in-18, 1 vol.

1593. Recherches sur les causes particulières des phénomènes électriques, par l'abbé NOLLET. *Paris*, 1749, in-12, 4 vol.

1594. Excursion agronomique en Auvergne, par YVART. *Paris*, 1819.
Cours d'électricité expérimentale par RABIGUEAU. *Paris*, 1753, in-8°, 1 vol.

1595. L'électricité soumise à un nouvel examen, par l'abbé NOLLET. *Avignon*, 1768, in-12, 1 vol.

1596. Recherches physiques sur l'électricité, par MARAT. *Paris*, 1782, in-8°, 1 vol.

1597. Traité expérimental de l'électricité et du magnétisme. par BECQUEREL. *Paris*, 1834, in-8°, 8 vol.

1598. Traité de l'électricité et du magnétisme, par BECQUEREL. Atlas. *Paris*, 1840, in-f°, 1 vol.

1599. Traité d'électricité et de magnétisme, par MM. BECQUEREL. *Paris*, 1855, in-8°, 3 vol.

1600. Exposé des explications de l'électricité, par DU MONCEL. *Paris*, 1856, in-8°, 5 vol.

1601. Exposé des applications de l'électricité, par le C. Th. DU MONCEL (3e édition). *Paris*, 1872, in-8°, 5 vol.

1602. Même ouvrage.

1603. Notice analytique des inventions de M. DELAURIER, à l'exposition internationale d'électricité. *Paris*, 1881, in-8°, 1 vol.

1604. Electricité statique, paratonnerres ; rapport par M. E. ROUSSEAU. *Bruxelles*, 1882, in-8°, 1 vol.

1605. La lumière électrique, son histoire, sa production et son emploi, par Em. ALGLAVE et J. BOULARD. *Paris*, 1882, in-8°, 1 vol.

1606. Traité d'électricité statique par M. E. MASCART. *Paris*, 1886, in-8°, 2 vol.

g. — *De la lumière*

1607. De lucis natura et proprietate, auct. Is. VOSSIO. *Amstelodami*, 1662, in-4°, 1 vol.

1608. Le monde de M. DESCARTES, ou le traité de la lumière. *Paris*, 1664, in-12, 1 vol.

1609. Athanasii KIRCHERI ars magna lucis et umbræ in X libros digesta. *Amstelodami*, 1681, in-f°, 1 vol.

1610. Le Newtonianisme pour les dames, ou entretiens sur la lumière, sur les couleurs et sur l'attraction, par DUPERROX de Castera. *Paris, 1738, in-12, 2 vol.*

1611. Même ouvrage.

1612. La lumière, ses causes et ses effets, par Ed. Becquerel, *Paris, 1867, in-8°, 2 vol.*

1613. Spectres lumineux, spectres pris-matiques et en longueurs d'ondes, destinés aux recherches de chimie générale, par Lecoq de Boisbaudran. (Atlas). *Paris, 1874, in-8°, 1 vol.*

1614. La lumière par John Tyndall, traduit de l'anglais par l'abbé Moigno. *Paris, 1875, in-8°, 1 vol.*

h. — Météorologie

1615. Frederici Bonaventuræ de causa ventorum motus peripapetica disceptatio. *Urbini, 1592, in-4°, 1 vol.*

1616. Frederici Bonaventuræ anemologiæ, sive de affectionibus, signis causisque ventorum. *Urbini, 1593, in-4°, 1 vol.*

1617. Cleomedis metéora (græce et latine). *Burdigalæ, 1605, in-4°, 1 vol.*

1618. Antonii Rurio Rodensis commentarii in libros Aristotelis de cœlo et de meteoris. *Coloniæ Agrippinæ, 1617, in-4°, 1 vol.*

1619. Stephani Roderici de meteoris microscomi libri quatuor. *Venetiis, 1624, in-4°, 1 vol.*

1620. Liberti Fromondi meteorologicorum libri sex. *Antuerpiæ, 1627, in-4°, 1 vol.*

1621. Fr. Baconi historia naturalis et experimentalis de ventis, etc. *Amstelodami, 1662, in-16, 1 vol.*

1622. Wolferdi Senguerdii inquisitiones experimentales de atmospherici aeris natura. *Lugd. Batav., 1699, in-4°, 1 vol.*

1623. Réflexions sur la cause générale des vents. *Paris, 1747, in-8°, 1 vol.*

1624. Météorologie appliquée à la médecine et à l'agriculture, par le Docteur Retz. *Paris, 1779, in-8°, 1 vol.*

1625. Recherches sur les modifications de l'atmosphère, par J. A. de Luc. *Paris, 1784, in-8°, 1 vol.*

1626. Idées sur la météorologie, par De Luc. *Paris, 1787, in-8°, 2 vol.*

1627. Recherches expérimentales sur l'eau et le vent, par J. Smeaton. *Paris, 1827, in-4°, 1 vol.*

1628. Eléments de physique terrestre et de météorologie, par MM. Becquerel. *Paris, 1847, in-8°, 1 vol.*

1629. Des climats et de l'influence qu'exercent les sols boisés et non boisés, par Becquerel. *Paris, 1853, in-8°, 1 vol.*

1630. Recherches sur les météores, par Coulvier-Gravier. *Paris, 1859, in-8°, 1 vol.*

1631. Etudes sur les ouragans, par M. le vice-amiral A. Fleuriot de Langle. *Paris, 1876, in-8°, 1 vol.*

1632. Notes sur les trombes, par M. le vice-amiral Cloué. *Paris, 1880, in-8°, brochure.*

1633. La météorologie à Bourges, d'après 15 ans d'observations (1867-1881), par H. Duchaussoy. *Bourges, 1881. in-18, 1 vol.*

i. — Instruments

1634. Remarques et expériences physiques sur la construction d'une nouvelle clepsidre, par AMONTONS. *Paris, 1695,* in-12, 1 vol.

1635. Traités des baromètres, thermomètres et notiomètres ou hygromètres. *Amsterdam,* 1708, in-12, 1 vol.

1636. Recueil d'ouvrages curieux de mathématique et de mécanique, par GROLLIER DE SERVIÈRES. *Lyon,* 1719, in-4°, 1 vol.

1637. Aérostat dirigeable à volonté par le Baron SCOTT. *Paris,* 1789, in-8°, 1 vol.

1638. Mémoire sur un nouveau mode de construction de la Vis d'Archimède, par E. N. DAVAINE. *Lille,* 1846, in-8°, 1 vol.

1639. Extincteur et avertisseur automatique d'incendie, par Henri GARNAULT. *Paris* 1883, in-8°, brochure.

1640. Les machines magnéto-électriques et l'arc voltaïque des phares, par M. Félix LUCAS. *Paris,* 1885, in-8°, brochure.

1641. Même ouvrage.

k. — Mélanges

1642. Liberti FROMONDI Labyrinthus, sive de compositione continui liber unus. *Antuerpiæ,* 1631, in-4°, 1 vol.

1643. Gasparis SCHOTTI physica curiosa. *Herbipoli,* 1667, in-4°, 2 vol.

1644. Collegium experimentale in quo primaria hujus seculi inventa et experimenta physico-mathematica, etc., à Joanne STURMIO. *Norimbergæ,* 1676, in-4°, 1 vol.

1645. HERONIS Alexandrini spiritalium liber a Fred. COMMANDINO ex græco in latinum conversus. *Amstelodami,* 1690, in-4°, 1 vol.

1646. Eléments de la philosophie de NEWTON, mis à la portée de tout le monde, par M. DE VOLTAIRE. *Amsterdam,* 1738, in-8°, 1 vol.

1647. Examen et réfutation des élémens de la philosophie de NEWTON, par DE VOLTAIRE. *Paris,* 1739, in-8°, 1 vol.

1648. Expériences de physique, par Pierre POLINIÈRE. *Paris,* 1741, in-12, 2 vol.

1649. Amusements philosophiques sur diverses parties des sciences, et principalement de la physique et des mathématiques, par le P. ABAT. *Amsterdam,* 1743, in-8°, 1 vol.

1650. Observations physiques dédiées au Roi, par GAUTIER. *Paris,* 1753, in-12, 2 vol.

1651. Lettres à une Princesse d'Allemagne, sur divers sujets de physique et de philosophie, par L. EULER. *Mietau,* 1770, in-8°, 3 vol.

1652. L'art des expériences, ou avis aux amateurs de la physique, par l'Abbé NOLLET. *Paris,* 1770, in-12, 3 vol.

1653. Idée du monde, ou idées générales des choses dont un jeune homme doit être instruit. *Dijon,* 1779, in-12, 2 vol.

1654. Lettres de M. EULER à une Princesse d'Allemagne, sur différentes questions de physique et de philosophie. *Paris,* 1787, in-8°, 3 vol.

1655. Quelques mémoires sur différents sujets, la plupart d'histoire naturelle, ou de physique générale. *Paris,* 1807, in-8°, 1 vol.

1656. Lettres à une princesse d'Allemagne, sur divers sujets de physique et de philosophie, par L. EULER. *Paris*, 1812, in-8°, 2 vol.

1657. Manipulations de physique, cours de travaux pratiques, par Henri BUIGNET, avec 265 figures intercalées dans le texte. *Paris*, 1877, in-8°, 1 vol.

III. — CHIMIE

a. — *Dictionnaires et introduction*

1658. Bibliotheca chimica contracta ex deiectu Nathanis ALBINEI. *Genevæ*, 1673, in-12, 1 vol.

1659. Dictionnaire de chymie. *Paris*, 1766, in-12, 2 vol.

1660. Même ouvrage.

1661. Dictionnaire de chimie générale et médicale, par P. PELLETAN. *Paris*, 1824, in-8°, 2 vol.

1662. Introduction à l'histoire des connaissances chimiques, par E. CHEVREUIL. *Paris*, 1866, in-8°, 1 vol.

1663. Dictionnaire de chimie pure et appliquée, par Ad. WURTZ. *Paris*, 1874, in-4°, 5 vol.

b. — *Traités généraux*

1664. Le prototype, ou très parfait et analogique exemplaire de l'art chimique, par René DE LA CHASTRE. *Paris*, 1620, in-12, 1 vol.

1665. Osvaldi CROLLII. Basilica chymica. *Genevæ*, 1631, in-12, 1 vol.

1666. Praxis chimiatrica Joannis HARTMANNI. *Francofurti*, 1634, in-12, 1 vol.

1667. Tyrocinium chymicum Johannis BEGUINI. *Villenbergæ*, 1634, in-12, 1 vol.

1668. Traité de la chymie, par LE FÈVRE. *Paris*, 1669, in-12, 2 vol.

1669. Chymia experimentalis curiosa mathematica a J. Helfrico JUNCKEN. *Francofurti*, 1681, in-12, 1 vol.

1670. Cours de chimie par Nicolas LEMERY. *Paris*, 1683, in-8°, 1 vol.

1671. Hermani BOERHAAVE institutiones et experimenta chemiæ. *Parisiis*, 1724, in-12, 1 vol.

1672. Elementa chemiæ. Hermanus BOERHAAVE. *Paris*, 1733, in-4°, 2 vol.

1673. Eléments de chymie théorique, par MACQUER. *Paris*, 1754, in-12, 1 vol.

1674. Eléments d'histoire naturelle et de chimie, par DE FOURCROY. *Paris*, in-8°, 5 vol.

1675. Traité élémentaire de chimie, par M. LAVOISIER. *Paris*, 1801, in-8°, 2 vol.

1676. Elémens de chimie de J. A. CHAPTAL. *Paris*, 1803, in-8°, 2 vol.

1677. Lettres élémentaires sur la chimie, par Octave SÉGUR. *Paris*, 1803, in-12, 2 vol.

1678. Traité de chimie élémentaire, théorique et pratique, par L. J. THÉNARD. *Paris*, 1817, in-8°, 4 vol.

1679. Même ouvrage.

1680. Cours de chimie élémentaire, par A. BOUCHARDAT. *Paris*, 1835, in-8°, 1 vol.

1681. Leçons de chimie élémentaire, par M. J. GIRARDIN. *Rouen*, 1829, in-8°, 1 vol.

1682. Traité de chimie minérale, végétale et animale, par J. J. BERZELIUS. *Paris*, 1845. in-8°, 6 vol,

1683. Cours de chimie générale, par PELOUZE et FRÉMY. *Paris*, 1848, in-8°, 3 vol., atlas et table, 1 vol.

1684. Traité de chimie générale, comprenant les applications de cette science à l'analyse chimique, à l'industrie, à l'agriculture et à l'histoire naturelle, par J. PELOUZE et E. FRÉMY. *Paris*. 1854, in-8°, 7 vol.

1685. Traité de chimie générale, analytique, industrielle et agricole, par PELOUZE et FRÉMY. *Paris*, 1865, in-8°, 6 vol.

1686. Précis de chimie industrielle, par A. PAYEN. *Paris*, 1867, in-8°, 2 vol. avec table, 1 vol.

1687. Cours de chimie générale élémentaire d'après les principes modernes, par Frédéric HÉTET. *Paris*, 1875, in-12, 3 fascicules.

1688. La synthèse chimique, par BERTHELOT. *Paris*, 1876, in-8°, 1 vol.

1689. La synthèse chimique, par M. BERTHELOT. *Paris*, 1879, in-8°, 1 vol.

1690. La théorie atomique, par Ad. WURTZ. *Paris*, 1879, in-8°, 1 vol.

1691. Principes de chimie fondée sur les théories modernes, par A. NAQUET et M. HANRIOT. *Paris*, 1883, in-12. 2 vol.

c. — Traités spéciaux

1692. Essai sur les attractions moléculaires, par SAMSON Michel. *Douai, An X*, in-8°, 1 vol.

1693. Chimie organique appliquée à la physiologie et à la médecine, par Léopold GMELIN. *Paris*, 1823, in-8°, 1 vol.

1694. Eléments de chimie appliquée à la médecine et aux arts, par ORFILA. *Paris*, 1828, in-8°, 2 vol.

1695. Chimie appliquée à l'agriculture, par J. LIEBIG. *Paris*, 1844, in-8°, 1 vol.

1696. Manuel d'analyse qualitative et quantitative au chalumeau, par H. B. CORNWALL, traduit sur la seconde édition américaine, par M. J. THOULET. *Paris*, 1875, in-8°, 1 vol.

1697. Même ouvrage.

1698. Etudes sur les dynamites, par M. C. CHAUVIN. *Paris*, 1875, in-8°, broch.

1699. Traité d'analyse chimique quantitative, par R. FRESENIUS, cinquième édition traduite de l'allemand, par C. FORTHOMME. *Paris*, 1885, in-12, 1 vol.

1700. Traité d'analyse chimique qualitative, par R. FRESENIUS, septième édition traduite de l'allemand, par le Dr L. GAUTIER. *Paris*, 1885, in-12, 1 vol.

d. — Alchymie

1701. Cœlum philosophorum, seu de secretis naturæ liber a Ph. ULSTADIO. *Friburgi*, 1525, in-4°, 1 vol.

1702. De alchemia dialogi II. *Norimbergæ*, 1548, in-4°, 1 vol.

1703. A. Theoprasti PARACELSI operum latine redditorum tomi duo. *Basileæ*, 1575, in-8°, 1 vol.

1704. Disputatio de auro potabili, a Thoma ERASTO. *Basileæ*, 1578, in-12, 1 vol.

1705. Raymundi LULLII opera. *Argentinæ*, 1598, in-8°, 1 vol.

1706. Caroli WITESTEIN disceptatio philosophica de quinta chymicorum essentia. *Basileæ*, in-12, 1 vol.

1707. Alchymia triumphans de injusta in se collegii Galenici spurii, in academia Parisiensi, censura ab Andrea LIBAVIO. *Francofurti*, 1607, in-8° 1 vol.

1708. Theatrum chemicum præcipuos selectorum auctorum tractatus de chemiæ et lapidis philosophici antiquitate continens. *Argentorati*, 1613, in-8°, 5 vol.

1709. Les douze clefs de philosophie de Frère Basile VALENTIN. *Paris*, 1624, in-12, 1 vol.

1710. Musæum Hermeticum omnes sophospagyricæ artis discipulos fidelissime erudiens. *Francofurti*, 1625, in-4°, 1 vol.

1711. Regina omnium scientiarum, auct. Petro MORESTELLO. *Rothomagi*, 1632, in-8°, 1 vol.

1712. Alchymista Christianus, auct. Perro Joanne FARRO. *Tolosæ*, 1632, in-12, 1 vol.

1713. Clavis philosophiæ et alchymiæ Fluddunæ. *Francofurti*, 1633, in-fol., 1 vol.

1714. Arbor scientiæ Raymundi LULLII. *Lugduni*, 1637, in-4°, 1 vol.

1715. Edouardi RELLÆI tractatus duo de lapide philosophorum, una cum theatro astronomiæ terrestri. *Hamburgi*, 1676, in-12, 1 vol.

e. — Mélanges de physique et de chimie

1716. Opuscules physiques et chimiques, par A. L. LAVOISIER. *Paris*, 1801, in-8°, 1 vol.

1717. Compositions d'analyse et de mécanique données, depuis 1869, à la Sorbonne pour la licence ès-sciences mathémathiques, par E. VILLIÉ. *Paris*, in-8°, 1 vol.

1718. Collection de plusieurs pièces qui regardent différentes parties des mathématiques, contenant 87 gravures. in-4°, 1 vol.

IV. — MÉCANIQUE

a. — Dictionnaires et traités généraux

1719. Franc. Bonamici de motu libri X, quibus generalia philosophiæ naturalis summo studio continentur. *Florentiæ*, 1591, in-fol., 1 vol.

1720. Aristotelis mechanica græca, emendata, latina facta, ab Henrico Monatholio. *Parisiis*, 1599, in-4°, 1 vol.

1721. Guidi Ubaldi mecanicorum liber. *Venetiis*, 1615, in-fol., 1 vol.

1722. Les raisons des forces mouvantes, avec diverses machines par Salomon de Caus. *Francfort*, 1615, in-fol., 1 vol.

1723. Discours du mouvement local. *Paris* 1670, in-12, 1 vol.

1724. Traité du mouvement local et du ressort, par le P. de Chales. *Lyon*, 1682, in-12, 1 vol.

1725. Traité du mouvement local et du ressort, par le P. de Chales. *Lyon*, 1683, in-12, 1 vol.

1726. La mécanique, tirée du cours de mathématiques de Ozanam. 1711, in-8°, 1 vol.

1727. Leçons élémentaires de mécanique, par de la Caille. *Paris*, 1743, in-8°, 1 vol.

1728. Cours de mathématiques. Elémens de méchanique statique, par Camus. *Paris*, 1751, in-8°, 2 vol.

1729. Traité élémentaire de méchanique et de dinamique, par l'abbé Bossut. *Charleville*, 1763, in-8°, 2 vol.

1730. Leçons élémentaires de méchanique, ou traité abrégé du mouvement et de l'équilibre, par l'abbé de la Caille. *Paris*, 1765, in-8°, 1 vol.

1731. Le guide des jeunes mécaniciens, ou commentaire des leçons de mécanique de l'Abbé de la Caille, par Paulian. *Avignon*, 1771, in-8°, 1 vol.

1732. Physique mécanique par E. G. Fischer, traduit de l'allemand, avec des notes de Biot. *Paris*, 1806, in-8°, 1 vol.

1733. Physique mécanique, par Fischer, traduite de l'allemand. *Paris*, 1813, in-8°, 1 vol.

1734. J. A. Borgnis, traité complet de mécanique appliquée aux arts, avec un dictionnaire. *Paris*, 1818-1820, in-4°, 10 vol.

1735. Traité de mécanique industrielle, par Christian. *Paris*, 1822, in-4°, 4 vol.

1736. Géométrie et méchanique des arts et métiers et des beaux-arts, par le baron Charles Dupin. *Paris*, 1825, in-8°, 3 vol.

1737. Même ouvrage.

1738. Cours de mécanique pure et appliquée, professé par M. C. Viry. *Paris*, 1870, in-4°, 4 vol.

1739. Aide-mémoire de mécanique pratique, par Arthur Morin. *Paris*, 1871, in-8°, 1 vol.

1740. Traité de mécanique générale, comprenant les leçons professées à l'Ecole polytechnique, par Résal. *Paris*, 1873, in-8°, 6 vol.

1741. Cours de mécanique à l'usage des écoles d'arts et métiers, par Pascal Dulos. *Paris*, 1876, in-8°, 4 vol.

1742. Traité de mécanique rationnelle, à l'usage des candidats à la licence et à l'agrégation, par H. Laurent. *Paris,* 1878, in-8°, 2 vol.

1743. Essai de mécanique chimique, fondée sur la termochimie, par M. Berthe-

lot. *Paris,* 1879, in-8°, 2 vol.

1744. Même ouvrage.

1745. Traité de mécanique, par Edouard Collignon. *Paris,* 1880, in-8°, 1 vol.

b. — *Traités spéciaux*

1746. Gasparis Schotti mechanica hydraulico-pneumatica. *Herbipoli,* 1657, in-4°, 1 vol.

1747. P. Gasparis Schotti anatomia physico-hydrostatica fontium ac fluminum libri vi. *Herbipoli,* 1663, in-12. 1 vol.

1748. Machines approuvées par l'Académie royale des sciences, depuis 1666. *Paris,* 1735, in-4°, 6 vol.

1749. Architecture hydraulique, par Bélidor. *Paris,* 1750, in-4°, 2 vol.

1750. Traité élémentaire des machines, par M. Hachette. *Paris,* 1809, in-4°, 1 vol.

1751. Traité théorique et pratique des

machines à vapeur, par C. E. Jullien. *Paris,* 1847, in-4°, 1 vol.

1752. Revue des progrès récents de l'exploitation des mines et de la construction des machines à vapeur, par Hatou de la Goupillière. *Paris,* 1879, in-8°, 1 vol.

1753. J. A. Normand. Augustin Normand et Frédéric Sauvage. *Paris,* 1881, in-4°, brochure.

1754. C. Paillart. Frédéric Sauvage, sa vie, ses inventions. — Hélice. *Paris* 1881, in-8°, 1 vol.

1755. Traité élémentaire des quaternions, par P. G. Tait, traduit de l'anglais par Gustave Plarr. *Paris,* 1882, in-8°, 2 vol.

V. — ASTRONOMIE

a. — *Bibliographie et histoire*

1756. Histoire du calendrier romain, par F. Blondel. *Paris,* 1682, in-4°, 1 vol.

1757. Histoire du ciel considéré selon les idées des poëtes, des philosophes et de Moïse, par Pluche. *Paris,* 1739, in-12, 2 vol.

1758. Révision de l'histoire du ciel. *Paris,* 1740, in-12, 1 vol.

1759. Histoire de l'astronomie ancienne depuis son origine, par M. Bailly. *Paris,* 1775, in-4°, 1 vol.

1760. Histoire de l'astronomie moderne, depuis la fondation de l'école d'Alexandrie jusqu'à 1730, par Bailly. *Paris,* 1779, in-4°, 3 vol.

1761. Histoire de l'astronomie moderne, par M. Bailly. *Paris,* 1782, in-4°, 3 vol.

1762. Traité de l'astronomie Indienne et Orientale, par BAILLY. *Paris*, 1787, in-4°, 1 vol.

1763. Bibliographie astronomique, avec l'histoire de l'astronomie, depuis 1781 jusqu'à 1802, par Jérôme DE LA LANDE. *Paris*, 1803, in-4°, 1 vol.

1764. Histoire de l'astronomie, depuis ses origines jusqu'à nos jours, par Ferdinand HOEFER. *Paris*, 1873, in-8°,1 vol.

b. — OEuvres d'astronomes anciens

1765. Claudii PTOLEMÆI magnæ constructionis, id est perfectæ cœlestium motuum pertractationis libri XIII. *Basileæ*, 1538, in-f°., 1 vol.

1766. PROCLI DIADOCHI hypotyposis astronomicarum positionum. *Basileæ*, 1540, in-4°, 1 vol.

1767. In PTOLEMÆI magnam compositionem quam Almagestum vocant. *Norimbergæ*, 1550, in-f°., 1 vol.

1768. Julii FIRMICI MATERNI astronomicon libri VIII, PTOLEMÆI opera, MANILII opera. *Basileæ*, 1551, in-f°., 1 vol.

1769. Astronomica veterum scripta isagogica græca et latina. *In officina Sanctandreana*, 1589, in-12, 1 vol.

1770. PROCLI DIADOCHI paraphrasis in PTOLEMÆI libros de siderum effectionibus a Leone ALLATIO. *Lugd. Batav.*, 1635, in-12, 1 vol.

c. — Traités généraux

1771. CLEOMEDIS circulorum theorica contemplatio (græce). *Parisiis*, 1539, in-4°, 1 vol.

1772. Guidonis BONATI de astronomia tractatus X. *Basileæ*, 1550, in-f°, 1 vol.

1773. Mauricii BRESSII metrices astronomicæ libri quatuor. *Parisiis*, 1581, in-f°, 1 vol.

1774. Les principes d'astronomie et cosmographie, traduit du latin, par Claude DE BOISSIÈRE. *Paris*, 1582, in-12, 1 vol.

1775. La doctrine des temps et de l'astronomie universelle, par Ch. LAURET de Provins. *Paris*, 1598, in-f°, 1 vol.

1776. Exercitationis astronomicæ tomi quatuor, autore Adriano METIO. *Franecaræ*, in-4°, 4 vol.

1777. Uranoscopia, seu de cœlo, authore Redempto BARANZANO. 1617, ...in-8°, 1 vol.

1778. Guilielmi BLAEU institutio astronomica. *Amstelædami*, 1655, in-12. 1 vol.

1779. Astronomia geometrica, auth. Setho WARDO. *Londini*, 1556, in-12, 1 vol.

1780. Eléments d'astronomie, par M. CASSINI. *Paris*, 1740, in-4°, 2 vol.

1781. Astronomie nautique, ou élémens d'astronomie, par DE MAUPERTUIS. *Paris*, 1743, in-8°, 1 vol.

1782. Leçons élémentaires d'astronomie, par l'abbé DE LA CAILLE. *Paris*, 1780, in-8°, 1 vol.

1783. Astronomie, par M. DE LA LANDE. *Paris*, 1771, 1781, in-4°, 4 vol.

1784. Abrégé d'astronomie, par Jérome LALANDE. *Paris*, 1795, in-8°, 1 vol.

1785. Astronomie populaire, par François ARAGO. *Paris*, 1854, in-8°, 4 vol.

1786. Astronomie populaire, par François

Arago. OEuvre posthume. *Paris, 1871,* in-8°, 1 vol.

1787. L'astronomie pratique et les observations en Europe et en Amérique, par

André, Rayet et Angot. *Paris, 1878,* in-12, 4 vol.

1788. Cours d'astronomie de l'Ecole Polytechnique, par H. Faye. *Paris, 1881,* in-8°, 2 vol.

d. — *Cosmographie ou système du monde*

1789. Eratosthenes Batavus de terræ ambitus vera quantitate, a Villebrordo Skellio. *Lugduni Batavorum,* 1517, in-8°, 1 vol.

1790. Philosophicarum et astronomicarum institutionum Guilelmi Hirsaugiensis libri tres. *Basileæ.* 1531, in-4°, 1 vol.

1791. Cœlestium rerum disciplinæ a Johanne Stoflerino. 1535, in-fol., 1 vol.

1792. Laurentii Bonincontri rerum naturalium et divinarum, sive de rebus cœlestibus libri tres. *Basileæ,* 1540, in-4°, 1 vol.

1793. Orantii Finei Delphinatis de mundi sphera, sive cosmographia. *Parisiis,* 1542, in-fol., 1 vol.

1794. Nic. Copernici de revolutionibus orbium cœlestium libri vi. *Norimbergæ,* 1543, in-fol., 1 vol.

1795. Elementa doctrinæ de circulis cœlestibus et primo motu, autore Gasparo Peucero. *Witterbergæ,* 1551, in-12, 1 vol.

1796. Cosmographia Petri Apiani. *Antuerpiæ,* 1553, in-4°, 1 vol.

1797. Ludovici Fidelis Nervii de mundi structura opusculum. *Parisiis,* 1556, in-12, 1 vol.

1798. Nic. Copernici de revolutionibus orbium cœlestium libri vi. *Basileæ,* 1566, in-fol., 1 vol.

1799. Paulli Merulæ, cosmographiæ generalis libri tres. *Antuerpiæ,* 1595, in-4°, 1 vol.

1800. G. Galilæi systema cosmicum. dialogi. In-4°, 1 vol.

1801. Thaumatographiæ naturalis classis prima, in qua cœli admiranda. in-18, 1 vol.

1802. M. Blundeville. Exercises containing eight treatises... in cosmographie, astronomie, etc. (texte anglais). *London,* 1606, in-4°, 1 vol.

1803. Nic. Copernici astronomia instaurata. *Amstelodami,* 1617, in-4°, 1 vol.

1804. Cosmographie, ou traicté général des choses tant célestes qu'élémentaires, par D. Henrion. *Paris,* 1626, in-12, 1 vol.

1805. Liberti Fromondi Ant-Aristarchus, sive orbis terræ immobilis, liber unicus. *Antuerpiæ,* 1631, in-4°, 1 vol.

1806. Nova demonstratio immobilitatis terræ petita ex virtute magnetica, a Jacobo Grandamico. *Flexiæ,* 1645, in-4°, 1 vol.

1807. De duplici terra dissertatio Don Josephi Antonii Goncalez de Salas. *Lugduni Batav.,* 1650, in-4°, 1 vol.

1808. Athanasii Kircheri itinerarium exstaticum, hoc est mundi opificium, seu telluris et siderum consideratio. *Romæ,* 1656, in-4°, 1 vol.

1809. Le système du monde selon les trois hypothèses par Gadroys. *Paris,* 1665, in-12, 1 vol.

1810. Entretiens sur la pluralité des mondes, par M. de Fontenelle. *Paris,* 1687, in-12, 1 vol.

1811. Nouveau traité de la pluralité des mondes, par feu Hughens. *Paris, 1702,* in-12, 1 vol.

1812. Entretiens sur la pluralité des mondes, par M. de Fontenelle. *Paris,* 1703, in-12, 1 vol.

1813. Entretiens sur la pluralité des mondes, par M. de Fontenelle. *Paris, 1708,* in-12, 1 vol.

1814. Nouveau traité de la pluralité des mondes, par Hughens. *Amsterdam,*1718, in-12, 1 vol.

1815. Principes du système des petits tourbillons, mis à la portée de tout le monde, par l'abbé de Launay. *Paris,* 1743, in-12, 1 vol.

1816. Théorie des tourbillons cartésiens, avec des réflexions sur l'attraction. *Paris,* 1752, in-12, 1 vol.

1817. Tableau précis du globe terrestre, par l'abbé Lebeau. *Paris, 1767,* in-12, 1 vol.

1818. La création du monde, ou système d'organisation primitive par un Austrasien. *Givet,* 1816, in-8°, 1 vol.

1819. Exposition du système du monde, par de Laplace. *Paris,* 1836, in-8°, 2 vol.

1820. Entretiens familiers sur la cosmographie, par M. Audoynaud. *Paris,* in-12, 1 vol.

e. — Des étoiles, des planètes et des comètes

1821. Antonii Mizaldi cometographia. *Parisiis,* 1549, in-4°, 1 vol.

1822. Antitycho Scipionis Claramontii in quo contra Thychonem Brahe demonstratur cometas esse sublunares, non cœlestes. *Venetiis,* 1620, in-4°, 1 vol.

1823. Ratio ponderum libræ et simbellæ a Lothario Sarsio, in qua quid e libra astronomica,quidquid Galilei simbellatore de cometis statuendum, etc. *Lutetiæ Parisiorum.* 1626, in-4°, 1 vol.

1824. Apologia Scipionis Claramontii pro Antitychone suo adversus Hyperaspistem J. Kepleri. *Venetiis,* 1626, in-4°, 1 vol.

1825. Discours sur les comètes, suivant les principes de Descartes. *Paris,* 1665, in-18, 1 vol.

1826. Theatri cometici, auctore Stanislao de Lubienietz. *Amstelodami,* 1667, in-fol., 2 vol.

1827. Tractatus de eclipsibus solis et lunæ, a Jac. Grandamico. *Parisiis,* 1668, in-4°, 1 vol.

1828. J. Hevelii cometographia, sive tractatus de cometis. *Gedani,* 1668, in-fol., 1 vol.

1829. Tractatus de cometis, collectore Malonoxio. *Leodii,* 1687, in-12, 1 vol.

1830. La figure de la terre, déterminée par les observations de Maupertuis, Clairaut, Camus, faites par ordre du Roi, par M. de Maupertuis. *Paris,* 1738, in-8°, 1 vol.

1831. Analyse ou exposition abrégée du système général des influences solaires, par D^{lle} de ***. *Paris,* 1771, in-12, 1 vol.

1832. Même ouvrage.

1833. Traité de géodésie, par L. Puissant, avec un supplément. *Paris,* 1819, in-4°, 3 vol.

1834. Le soleil, par le P. A. Secchi. *Paris,* 1870, in-8°, 1 vol.

1835. La marine et l'observation du passage de Vénus sur le soleil. *Paris,* 1875, in-8°, brochure.

1836. Camille FLAMMARION, les étoiles et les curiosités du ciel ; supplément de l'astronomie populaire. *Paris*, 1882, in-8°, 1 vol.

f. — Des sphères, des instruments et des cartes astronomiques

1837. L'usage de l'astrolabe, avec un traicté par Dominique JACQUINOT, Champenois. *Paris*, 1545, in-4°, 1 vol.

1838. D. Joannis DE ROIAS commentariorum in astrolabium quod planisphœrium vocant libri sex. *Lutetiæ*, 1551, in-4°, 1 vol.

1839. Editione tertia della sfera del mondo di M. Alisandro PICCOLOMINI. *In Venegia*. 1553. in-4°, 1 vol.

1840. Sphæra Joannis DE SACRO BOSCO emendata. *Lutetiæ*, 1559, in-12, 1 vol.

1841. Traité de la composition et fabrique de l'astrolabe, traduit du latin de Jean STOFLER. *Paris*, 1560, in-12, 1 vol.

1842. Alex. PICOLHOMINEI de sphæra libri quatuor. *Basileæ*, 1568, in-4°, 1 vol.

1843. Même ouvrage.

1844. The mathematical Jewel, by John BLAGRAVE. *London*, 1585, in-f°., 1 vol.

1845. EMPEDOCLIS sphæra. *Lutetiæ*, 1586, in-4°, 1 vol.

1846. Christophori CLAVII in sphæram Joannis DE SACRO Bosco commentarius. *Lugduni*, 1594. in-4°, 1 vol.

1847. Sphæra Joannis DE SACRO BOSCO emendata. *Lugduni*, 1606, in-12, 1 vol.

1848. Même ouvrage.

1849. Christophori CLAVII in sphæram Joannis DE SACRO Bosco commentarius. *Lugduni*, 1618, in-4°, 1 vol.

1850. L'usage de l'un et l'autre astrolabe, particulier et universel, par Dominique JACQUINOT. *Paris*, 1625, in-12, 1 vol.

1851. Traicté de la sphère et de ses parties. *Rouen*, 1651, in-4°, 1 vol.

1852. Traicté de la sphère du monde, par BOULANGER. *Paris*, 1664, in-12, 1 vol.

1853. Le cadran des cadrans universel et très commode pour trouver en tous lieux les heures du jour et de la nuit, par le P. BOBYNET. *Paris*, 1677, in-12, 1 vol.

1854. Le grand arsenal des tems, avec un traité de la sphère et les principes de la navigation, par Guill. BLONDEL. *Rouen*, 1693, in-4°, 1 vol.

1855. L'usage des astrolabes tant universels que particuliers, par Nic. BION. *Paris*, 1702, in-12, 1 vol.

1856. L'usage des globes céleste et terrestre, et des sphères, par BION. *Paris*, 1710, in-8°, 1 vol.

1857. Traité de la sphère, par RIVARD. *Paris*, 1741, in-8°, 1 vol.

1858. Traité de la sphère, par RIVARD. *Paris*, 1743, in-8°, 1 vol.

1859. Carte des déclinaisons et inclinaisons de l'aiguille aimantée, depuis l'année 1775. In-fol., 1 vol.

1860. Traité des instruments astronomiques des Arabes, par J.-J. SÉDILLOT. *Paris*, 1834, in-4°, 2 vol.

1861. Atlas de cosmographie par SOULIER et NICOLLET. *Paris*, 1839, in-fol., 1 vol.

g. — Tables et éphémérides

1862. Tabulæ astronomicæ. *Venetiis*,1518, in-4°, 1 vol.

1863. Petri PITATI. Almanach novum. *Tubingæ*, 1544, in-4°, 1 vol.

1864. Prutenicæ tabulæ cœlestium motuum, autore Erasmo REINHOLDO. *Witebergæ*. 1547, in-4°, 1 vol.

1865. Luminarium atque planetarum motuum tabulæ octoginta quinque, auctoribus diversis. *Basileæ*, 1553, in-fol., 1 vol.

1866. Primus liber tabularum directionum discentibus prima elementa astronomiæ necessarius, autore Erasmo RHEINOLDO. *Tubingæ*, 1554, in-4°.

1867. Joannis DE MONTE REGIO tabulæ directionum,profectionumque astrologiæ, etc.. *Tubingæ*, 1550, in-4°, 1 vol.

1868. Johannis STADII ephemerides. *Lugduni*, 1585, in-4°, 1 vol.

1869. Philippi LANSBERGI tabulæ motuum cœlestium perpetuæ. *Middelburgi*, 1632, in-fol., 1 vol.

1870. Même ouvrage.

1871. Calendrier et éphémérides pour l'année 1683. *Paris*, 1683, in-18, 1 vol.

1872. Tabularum astronomicarum pars prior de motibus solis et lunæ,autore Ph. DE LA HIRE. *Parisiis*, 1687, in-4°, 1 vol.

1873. Almanach de Milan, pour l'année 1690. *Milan*, 1690, in-32, 1 vol.

1874. Connaissance des temps, ou calendrier et éphémerides pour l'année 1695. *Paris*, 1695, in-18, 1 vol.

1875. La connaissance des temps, ou calendrier pour l'année 1696. *Paris*, 1696, in-12, 1 vol.

1876. Almanach ofte oprechten etc.Theodor CŒSMES.Te *Gendt*,1696, in-12,1 vol.

1877. Calendrier et éphémérides pour l'année 1699. *Paris*, 1699, in-18, 1 vol.

1878. Connaissance des temps pour l'année 1703, par LIEUTAUD. *Paris*, 1703, in-8°, 1 vol.

1879. Connaissance des temps pour l'année bissextile 1704, par LIEUTAUD. *Paris*, 1704, in-12, 1 vol.

1880. Connaissance des temps pour l'année 1743, calculée par MARALDI. *Paris*, 1742, in-12, 1 vol.

1881. Almanach et calendrier journalier, perpétuel et universel,par Noël LARCHER. *Paris*, 1745, in-12, 1 vol.

1882. Même ouvrage.

1883. Connaissance des temps pour l'année 1750, par MARALDI. *Paris*, 1749, in-8°, 1 vol.

1884. Connaissance des temps pour l'année bissextile 1752, par MARALDI. *Paris*, 1751, in-12, 1 vol.

1885. Connaissance des mouvemens célestes pour l'année bissextile 1764, par DE LA LANDE *Paris*, 1762, in-12, 1 vol.

1886. Connaissance des mouvements célestes pour l'année 1767, par DE LA LANDE. *Paris*, 1765, in-12, 1 vol.

1887. Connaissance des temps pour l'année bissextile 1768, par DE LA LANDE. *Paris*, 1766, in-12, 1 vol.

1888. Même ouvrage.

1889. The Bengalee annual almanac. In-12, 1 vol.

1890. Tables des principales positions géonomiques du globe, par J. COULIER. *Paris*, 1828, in-8°, 1 vol.

1891. Annuaire de l'an 1830 à 1860, par le bureau des longitudes. *Paris*, in-18, 40 vol.

h. — *Mélanges*

1892. Frederici Nauseæ libri mirabilium septem. *Coloniæ*, 1532, in-4°, 1 vol.

1893. Jon. Baptistæ Silvatici de anno climacterico tractatus. *Ticini*, 1615, in-12, 1 vol.

1894. L'astronomie pratique et les observatoires en Europe et en Amérique, par C. André et A. Angot. *Paris.* 1884, in-12, 1 vol.

VI. — SCIENCES PHYSICO-MATHÉMATIQUES

a. — *Optique et acoustique*

1895. Vitellionis mathematici de optica libri X. *Norimbergæ*, 1551, in-fol., 1 vol.

1896. Opticæ thesaurus Alhazeni Arabis libri septem. *Basileæ*, 1572, in-fol., 1 vol.

1897. Perspectivæ pictorum atque architectorum a Fr. Andrea Puteo. *Augustæ Vindelicorum*, 1693, in-fol., 1 vol.

1898. Optica Aguilonii. 1611, in-fol., 1 vol.

1899. Francisci Aguilonii opticorum libri sex. *Antuerpiæ*, 1613, in-fol., 1 vol.

1900. La perspective curieuse par le P. J. Fr. Niceron. *Paris*, 1652, in-fol., 1 vol.

1901. La dioptrique oculaire, par le Père Cherubin d'Orléans. *Paris*, 1671, in-fol., 1 vol.

1902. Même ouvrage.

1903. La vision parfaite, ou le concours des deux axes de la vision en un seul point de l'objet, par le P. Cherubin d'Orléans. *Paris*, 1677, in-fol., 1 vol.

1904. L'optique, divisée en trois livres, par le P. Ango. *Paris*, 1682, in-12, 1 vol.

1905. Micrographia nova, sive nova et curiosa variorum minutorum corporum singularis cujusdam et noviter ab autore inventi microscopi ope descriptio, a J. Franc. Griendelio. *Norimbergæ*, 1687, in-4°, 1 vol.

1906. Traité d'optique sur les réflexions, réfractions, inflexions et couleurs de la lumière, par Newton, traduit de l'anglois par Coste. *Amsterdam*, 1720, in-12, 2 vol. en un seul.

1907. L'optique des couleurs, par le P. Castel. *Paris*, 1740, in-12, 1 vol.

1908. Nouvelles observations microscopiques, par Needam, *Paris*, 1750, in-12, 1 vol.

1909. Le microscope à la portée de tout le monde, traduit de l'anglais de Henry Backer. *Paris*, 1754, in-8°, 1 vol.

1910. Leçons élémentaires d'optique, par l'Abbé de la Caille. *Paris*, 1766, in-8°, 1 vol.

1911. Traité d'optique par M. Smith, traduit de l'allemand. *Brest*, 1767, in-4°, 1 vol.

1912. La chambre noire et le microscope, par Jules Girard. *Paris*, 1869, in-12, 1 vol.

1913. Le son, par John Tyndall, traduit de l'anglais par l'Abbé Moigno. *Paris*, 1869, in-8°, 1 vol.

b. — *Gnomonique et horlogerie*

1914. Compositio horologiorum in plano, muro, truncis, etc; a Sebastiano Munstero. *Basileæ*, 1531, in-4°, 1 vol.

1915. Horographum catholicum, seu universale, etc ; a Joan. Sarazino. *Parisiis*, 1630, in-4°, 1 vol.

1916. Horloge magnétique, elliptique, ou ovale nouveau, par le P. Pierre Georges. *Toul*, 1660, in-12, 1 vol.

1917. Traité d'horlogiographie, par Pierre de Sainte Marie-Magdeleine. *Paris*, 1665, in-12, 1 vol.

1918. L'horographie curieuse, par le P. Bobinet. *Paris*, 1665, in-12, 1 vol.

1919. Christiani Hugenii horologium oscillatorium. *Parisiis*, 1673, in-f°, 1 vol.

1920. Nouvelle méthode pour apprendre à tracer facilement les cadrans solaires sur toutes sortes de surfaces planes. *Paris*, 1679, in-12, 1 vol.

1921. Méthode générale pour tracer des cadrans sur toute sorte de plans, par Ozanam. *Paris*, 1685, in-12, 1 vol.

1922. La gnomonique, ou méthodes universelles pour tracer des horloges solaires, ou cadrans, sur toutes sortes de sur-

faces, par de la Hire. *Paris*, 1698, in-12, 1 vol.

1923. Traité d'horlogiographie, par Dom Pierre de Ste Marie-Madeleine. *Paris*, 1701, in-12, 1 vol.

1924. La gnomonique universelle, ou la science de tracer les cadrans solaires, par Richer. *Paris*, 1701, in-12, 1 vol.

1925. Traité général des horloges, par le P. Jacques Alexandre. *Paris*, 1734, in-8°, 1 vol.

1926. La gnomonique, ou l'art de faire des cadrans, par Rivard. *Paris*, 1742, in-8°, 1 vol.

1927. Traité d'horlogerie pour les montres et les pendules, traduit de l'anglais, par Derham. *Paris*, 1746, in-12, 1 vol.

1928. La gnomonique, tirée du cours de mathématiques de M. Ozanam. *Paris*, 1746, in-8°, 1 vol.

1929. L'art de conduire et de régler les pendules et les montres, par Ferdinand Berthoud. *Paris*, 1759, in-12, 1 vol.

1930. Essai sur l'horlogerie, par Ferdin. Berthoud. *Paris*, 1763, in-4°, 2 vol.

c. — *Mélanges*

1931. Admirandum illud geometricum problema tredecim modis demonstratum, Francisco Barocio autore. *Venetiis*, 1586, in-4°, 1 vol.

1932. L'arithmétique, arpentage universel, géométrie inaccessible, par Jean

Abraham dit Launay. *Rouen*, 1644, in-12, 1 vol.

1933. Récréations mathématiques, avec l'examen de ses problèmes par Henrion et Mydorge. *Paris*, 1660, in-12, 1 vol.

1934. Même ouvrage.

Tome III.

6

1935. Les récréations mathématiques, avec l'examen de ses problèmes, par HENRION et MYDORGE. *Rouen*, 1669, in-12, 1 vol.

1936. Nouveaux élémens d'arithmétique et d'algèbre, ou introduction aux mathématiques, par DE LAGNY. *Paris*, 1697, in-12, 1 vol.

1937. Récréations mathématiques et physiques, par OZANAM. *Paris*, 1690, in-8°, 1 vol.

1938. Observationes mathematicæ et physicæ in India et China factæ a P. Francisco NOEL. *Pragæ*, 1710, in-4°, 1 vol.

1939. Observations mathématiques, astronomiques, géographiques, chronologiques et physiques, tirées des anciens livres chinois, ou faites nouvellement aux Indes et à la Chine par les Pères de la compagnie de Jésus, rédigées par le P. SOUCIET. *Paris*,, 1729, in-4°, 2 vol.

1940. Pensées critiques sur les mathématiques, par CARTAUD. *Paris*, 1733, in-12, 1 vol.

1941. Recueil d'ouvrages curieux de mathématique et de mécanique, par GROLLIER DE SERVIÈRE. *Lyon*, 1733, in-4°, 1 vol.

1942. Récréations mathématiques et physiques, par OZANAM. *Paris*, 1750, in-8°, 4 vol.

1943. Nouveaux élémens d'arithmétique, d'algébre et de géométrie, par CHOMPRÉ. *Paris*, 1785, in-12, 1 vol.

1944. Nouvelles récréations physiques et mathématiques, par GUYOT. *Paris*, 1786, in-8°, 3 vol.

1945. La Langue des calculs, par CONDILLAC. *Paris*, an VI, in-12, 1 vol.

1946. Problèmes curieux d'arithmétique, par H. LECERF. *Arras*, 1866, in-8°, 1 vol.

1947. Même ouvrage.

1948. Compositions d'analyse et de mécanique données depuis 1869 à la Sorbonne, pour la licence ès sciences mathématiques par E. VILLIÉ. *Paris*, 1885, in-8°, 1 vol.

VII. — HISTOIRE NATURELLE

a. — *Histoire et dictionnaires*

1949. Dictionnaire raisonné universel d'histoire naturelle, par VALMONT DE BOMARE. *Paris*, 1765, in-12, 5 vol.

1950. Dictionnaire des merveilles de la nature. *Paris*, 1781, in-8°, 2 vol.

1951. Dictionnaire raisonné universel d'histoire naturelle, par VALMONT-BOMARE. *Lyon*, 1791, in-8°, 15 vol.

1952. Rapport historique sur les progrès des sciences naturelles depuis 1789, par CUVIER. *Paris*, 1810, in-4°, 1 vol.

1953. Nouveau dictionnaire d'histoire naturelle, appliquée aux arts, à l'agriculture, à l'économie rurale et domestique, par une société de naturalistes et d'agriculteurs. *Paris*, 1816, in-8°, 36 vol.

1954. Dictionnaire des sciences naturelles. *Strasbourg*, 1816, in-8°, 60 vol.

1955. Dictionnaire des sciences naturelles; planches. *Strasbourg*, 1816, in-8°, 8 vol.

1956. Histoire des progrès des sciences naturelles, depuis 1789 jusqu'à ce jour par le baron C. Cuvier. *Paris*, 1826, in-8°, 4 vol.

1957. Dictionnaire universel d'histoire naturelle, dirigé par M. C. d'Orbigny. *Paris*, 1861, in-8°, 25 vol. plus 1 vol., planches.

1958. Histoire de la botanique, de la minéralogie et de la géologie, depuis les temps les plus reculés jusqu'à nos jours, par Ferdinand Hœfer. *Paris*, 1872, in-12, 1 vol.

b. — Traités élémentaires

1959. Le spectacle de la nature, ou entretiens sur les particularités de l'histoire naturelle. *Paris*, 1745, in-12, 9 vol.

1960. Principales merveilles de la nature. *Rouen*, 1728, in-12, 1 vol.

1961. Cours d'histoire naturelle, ou tableau de la nature. *Paris*, 1770, in-12, 7 vol.

1962. Traité élementaire d'histoire naturelle, par Constant Duméril. *Paris*, 1807, in-4°, 2 vol.

1963. Elément des sciences naturelles, par Constant Duméril. *Paris*, 1825, in-8°, 2 vol.

1964. Instruction pour les voyageurs et les employés dans les colonies, sur la manière de recueillir, de conserver et d'envoyer les objets d'histoire naturelle. *Paris*, 1860, in-8°, brochure.

1965. Conférences sur l'histoire naturelle, à l'usage des candidats à la licence et des étudiants en médecine, par Paul de Sède. *Paris*, 1887, in-12, 1 vol.

c. — Ouvrages généraux de naturalistes anciens et modernes

1966. Problematum Aristotelis translatio duplex antiqua, cum Petri Apponensis expositionibus nuper correctis. *Venetiis*, 1547, in-fol., 1 vol.

1967. Ludovici Septalii commentaria in Aristotelis problemata. *Lugduni*, 1632, in-fol., 1 vol.

1968. Hermolœi Barbari in C. Plinii naturalis historiæ libros castigationes. *Basileæ*, 1534, in-4°, 1 vol.

1969. Plinii Secundi historiæ mundi libri xxxvii. *Basileæ*, 1535, in-fol., 1 vol.

1970. C. Plinii Secundi historiæ mundi libri xxxvii. *Parisiis*, 1543, in-fol., 1 vol.

1971. C. Plinii liber de mundi historia, cum commentariis Jacobi Milichii. *Francofurti*, 1553, in-4°, 1 vol.

1972. Histoire du monde de C. Pline Second, mise en français par Ant. du Pinet. *Lyon*, 1566, in-fol., 2 vol.

1973. C. Plinii Secundi historiæ mundi libri xxxvii. *Lugduni*, 1561, in-fol., 1 vol.

1974. Même ouvrage.

1975. C. Plinii Secundi naturalis historiæ libri, cum selectis doctorum virorum commentariis. *Lyon*, 1669. in-8°, 3 vol.

1976. C. Plinii Secundi naturalis historiæ libri xxxvii, in usum Delphini. *Parisiis*, 1685, in-4°, 5 vol.

1977. C. Plinii Secundi historiæ naturalis libri xxxvii, quos recensuit Gabriel Brotier. *Parisiis*, 1779, in-12, 6 vol.

1978. Naturalis historiæ opus novum per Adamum Lonicerum. *Francofurti*, 1551, in-fol., 1 vol.

1979. Joh. Jonstoni Thaumatographia naturalis, in classes decem divisa. *Amstelodami*, 1632, in-16, 1 vol.

1980. Eusebii Nieremberghi historia naturæ, maxime peregrinæ, libris xvi distincta. *Antuerpiæ*, 1635, in-fol., 1 vol.

1981. Histoire naturelle générale des quadrupèdes, des oiseaux, des minéraux, avec la description du cabinet du roi, par Buffon, ; et le 1er vol. des ovipares par Lacepède. *Paris*, 1749, in-8°, 35 vol.

1982. Histoire naturelle générale et particulière, par De Buffon. *Paris*, 1769, in-12, 12 vol.

1983. Histoire naturelle générale et particulière, par Leclerc de Buffon. *Paris*, an vii, in-8°, 126 vol.

1984. Lettres à un Américain sur l'histoire naturelle, générale et particulière de M. De Buffon, par l'Abbé Le Large de Lignac. *Hambourg*, 1751, in-12, 1 vol.

1985. Observations de Lamoignon-Malesherbes sur l'histoire naturelle, générale et particulière de Buffon et Daubenton. *Paris*, 1798, in-8°, 2 vol.

1986. La nature dévoilée, ou théorie de la nature. *Paris*, 1772, in-12, 2 vol.

1987. Recueil de divers traités sur l'histoire naturelle, par Bertrand. *Avignon*, 1764, in-4°, 1 vol.

d. — Histoire naturelle des divers pays

1988. Les observations de plusieurs singularités et choses mémorables, par Pierre Belon du Mans. *Anvers*, 1555, in-12, 1 vol.

1989. Mémoires pour servir à l'histoire naturelle des Pyrénées, et du pays adjacents, par M. Palassou. *Pau*, 1815, in-8°, 2 vol.

1990. L. Martinez y Regnera. La fauna de Sierra-Morena. *Madrid*, 1881, in-4°, 1 vol.

1991. Catalogue raisonné des plantes vasculaires du département du Pas-de-Calais, par l'Abbé A. Masclef. *Arras*, 1886, in-8°, 1 vol.

§ I. — GÉOLOGIE ET MINÉRALOGIE

e. — Géologie, traités généraux et systèmes

1992. L'art et science de trouver les eaux et fontaines cachées sous terre, autrement que par les moyens vulgaires des agriculteurs et architectes, par Jacques BESSON. *Orléans*, 1659, in-4°, 1 vol.

1993. La conjonction des mers, par Charles BERNARD. 1613, in-4°, 1 vol.

1994. Claudii DAUSQUII terra et aqua, seu terræ fluitantes. *Tornaci Nerviorum*, 1633, in-4°, 1 vol.

1995. Athanasii KIRCHERI mundus subterraneus, in XII libros digestus. *Amsterodami*, 1665, in fol., 1 vol.

1996. Prodromo apologetico alli studi Chircheriani, opera di Gioseffo PETRUCCI. *Amsterdam*, 1677, in-4°, 1 vol.

1997. Discours sur les causes du débordement du Nil, par DE LA CHAMBRE. *Paris*, 1665, in-12, 1 vol.

1998. Historia et meteorologia incendii Ætnæi, anni 1669, Jo. Alph. BORELLI. *Regio julio*, 1670, in-4°, 1 vol.

1999. Histoire du mont Vésuve, avec l'explication des phénomènes qui ont coutume d'accompagner les embrasements de cette montagne, par DUPERRON DE CASTERA. *Paris*, 1741, in-12, 1 vol.

2000. Telliamed, ou entretiens d'un philosophe indien, par J. A. GUER, sur la diminution de la mer, la formation de la terre, l'origine de l'homme. *Amsterdam*, 1748, in-8°, 1 vol.

2001. Théologie de l'eau, ou essai sur la bonté, la sagesse et la puissance de Dieu manifestée dans la création de l'eau, traduit de l'allemand de M. Jean-Albert FABRICIUS, par le docteur BURNAUD. *Paris*, 1743, in-8°, 1 vol,

2002. Dissertation sur les tremblements de terre, et les éruptions de feu, par WARBURTON. *Paris*, 1754, in-12, 1 vol.

2003. De l'air, de la terre et des eaux de Boulogne-sur-Mer et des environs, par DESMARS. *Paris*, 1761, in-8°, 1 vol.

2004. Dictionnaire universel des fossiles propres et des fossiles accidentels, par BERTRAND. *La Haye*, 1763, in-8°. 2 vol.

2005. Même ouvrage.

2006. Recueil de divers traités sur l'histoire naturelle de la terre et des fossiles, par M. BERTRAND. *Avignon*, 1766, in-4°, 1 vol.

2007. Monde primitif comparé avec le monde moderne, par COURT DE GÉBELIN. *Paris*, 1773, in 4°, 1 vol.

2008. Lettres sur l'histoire de la terre et de l'homme, par J. A. DE LUC. *Paris*, 1770, in-8°, 5 vol.

2009. OEuvres complètes de M. le chevalier HAMILTON, commentées par M. l'Abbé GIRAUD SOULAVIE; volcans de l'Italie. *Paris*, 1781, in-8°, 1 vol.

2010. Renouvellemens périodiques des continens terrestres, par Louis BERTRAND. *Paris, au VIII*, in-8°, 1 vol.

2011. Essai de géologie, ou mémoires pour servir à l'histoire naturelle du globe, par B. FAUJAS ST-FOND. *Paris*, 1809, in-8°, 3 vol.

2012. Recherches sur les dernières révolutions du globe, par E. G. LENGLET. *Paris*, 1812, in-8°, 1 vol.

2013. Introduction à la géologie, par Sc. BREISLAK. *Paris*, 1812, in-8°. 1 vol.

2014. Traité de géognosie, par D'AUBUISSON DE VOISINS. *Strasbourg*, 1819. in-8°, 2 vol,

2015. De l'art du fontenier sondeur et des puits artésiens, par F. GARNIER. *Paris*, 1822, in-4°, 1 vol.

2016, Même ouvrage.

2017. Discours sur les révolutions de la surface du globe, par G. CUVIER. *Paris*, 1825, in-8°, 1 vol.

2018. Tableau des terrains qui composent l'écorce du globe, par Alexandre BRONGNIART. *Paris*, 1829, in-8°, 1 vol.

2019. Guide du géologue voyageur, par Aimé BOUÉ. *Paris*, 1835, in 12, 2 vol.

2020. Recherches sur la partie théorique de la géologie, par Henri de la BÊCHE, traduite de l'anglais, par DE COLLEGNO. *Paris*, 1838. in-8°. 1 vol,

2021. Même ouvrage.

2022. Etudes sur l'histoire de la terre, par F. BOUCHEPORN. *Paris*, 1844, in-4°, 1 vol.

2023. Recherches sur les roches, les eaux et les gîtes minéraux d'Oran et d'Alger, par M. VILLE. *Paris*, 1852, in-4° 1 vol,

2024. Notice minéralogique sur les provinces d'Oran et d'Alger, par M. VILLE. *Paris*, 1858. in-4°, 1 vol.

2025. Exploration géologique du Beni Mzab, du Sahara, etc., par M. VILLE. *Paris*, 1872, in-4°, 1 vol.

2026. Le monde avant la création de l'homme, par ZIMMERMANN. *Paris*, 1857, in-8°. 1 vol.

2027. Etude sur l'harmonie des formes terrestres, par M. H. DE VILLENEUVE FLAYOSC. *Paris*, 1865, in-8°, brochure.

2028. La chaleur intérieure du globe, son origine, ses effets, par DAUBRÉE. *Paris*, 1866, in-12, 1 vol.

2029. Principes de géologie, ou illustrations de cette science, par sir Charles LYELL, traduit de l'anglais par GINESTOU. *Paris*, 1873, in-8°, 4 vol.

2030. Eléments de géologie, ou changements anciens de la terre et des habitants par sir Charles LYELL, traduit de l'anglais par GINESTOU. *Paris*, in-8°, 2 vol.

2031. La terre avant le déluge, par Louis FIGUIER. *Paris*, 1874, in-8°, 1 vol.

2032. Les glaciers et les transformations de l'eau, par TYNDALL. *Paris*, 1876, in-8°, 1 vol.

2033. Les soulèvements et dépressions du sol sur les côtes, par Jules GIRARD. *Paris*, 1876, in-8°, 1 vol.

2034. Coup d'œil historique sur la géologie, et sur les travaux d'Elie DE BEAUMONT. *Paris*, 1878, in-8°, 1 vol.

2035. Calcul des probabilités et théorie des erreurs, avec des applications aux sciences d'observation en général et à la géodésie en particulier, par J. B. J. LIAGRE. *Bruxelles*, 1879, in-8°, 1 vol.

2036. Etudes synthétiques de géologie expérimentale, par A. DAUBRÉE. *Paris*, 1879, in-8°, 1 vol.

2037. Les enchaînements du monde animal dans les temps géologiques fossiles primaires, par Albert GAUDRY. *Paris*, 1883, in-8°, 2 vol.

2038. Traité de géologie, par A. DE LAPPARENT ; deuxième édition, revue et très augmentée. *Paris*, 1885, in-8°, 1 vol.

2039. Géodésie, ou traité de la figure de la terre et de ses parties, par L. B. FRANCOEUR. *Paris*, 1886, in-8°, 1 vol.

2040. Recueil de pièces diverses (sciences géologie, astronomie, médecine). in-4°, 1 vol·

f. — Minéralogie

2041. MARBODŒI Galli poetæ de lapidibus preciosis. *Parisiis*, 1531, in-12, 1 vol.

2042. MARBODŒI Galli de gemmarum lapidumque pretiosorum formis. *Coloniæ*, 1539, in-8°, 1 vol.

2043. De re metallica, hoc est, de origine, varietate et natura corporum metallicorum, autore Christophoro ENCELIO. *Francofurti*, 1542, in-12, 1 vol.

2044. Georgii AGRICOLÆ de re metallica libri XII. *Basileæ*, 1558, in-f°, 1 vol.

2045. Georgii AGRICOLÆ de re metallica libri XII. *Basileæ*, 1561, in-f°, 1 vol.

2046. Georgii AGRICOLÆ de re metallica libri XII. *Basileæ*, 1657, in-f°, 1 vol.

2047. Speculum lapidum Camilli LEONARDI. *Parisiis*, 1610, in-8°, 1 vol.

2048. Gemmarum et lapidum historia, quam olim edidit Ans. Bœtius DE BOOT. *Ludg. Batavorum*, 1646, in-8°, 1 vol.

2049. Fossilium metalla et res metallicas concernentium glebæ suis coloribus expressæ, quas descripsit Casimurus Christoph. SCHMIEDEL. (Latin Allemand) *Norimbergæ*, 1753, in-4°, 1 vol.

2050. Traité des pierres de THÉOPHRASTE, traduit du grec, etc. *Paris*, 1754, in-12, 1 vol.

2051. L'histoire naturelle éclaircie dans une de ses parties principales, l'oryctologie, qui traite des pierres, des métaux, par DEZALLIER D'ARGENVILLE. *Paris*, 1755, in-4°, 1 vol.

2052. Histoire naturelle des métaux, par le comte DE BUFFON. *Paris*, 1783, in-12, 9 vol.

2053. Cristallographie, ou description des formes propres à tous les corps du règne minéral, par M. DE ROMÉ DE L'ISLE. *Paris*, 1783, in-8°, 5 vol.

2054. Traité de minéralogie, par HAÜY. *Paris*, 1801, in-4°, 4 vol.

2055. Tableau méthodique des espèces minérales, par H. LUCAS. *Paris*, 1806, in-8°, 2 vol.

2056. De la cristallisation, par BROCHANT DE VILLIERS. *Strasbourg*, 1819, in-8°, 1 vol.

2057. Description du musée lapidaire de la ville de *Lyon. Lyon*, 1846-1854 in-4°, 1 vol., figures.

2058. Traité du gisement et de l'exploitation des minéraux utiles, par A. BURAT. *Paris*, 1855, in-8°, 2 vol.

2059. Manuel de minéralogie, par A. DES CLOIZEAUX. *Paris*, 1862, in-8°, 2 vol.

2060. Rose et indicateur des gisements, par M. JAY. *Paris*, 1870, in-8°, broch.

2061. Traité de cristallographie géométrique et physique, par Ernest MALLARE. (Texte) *Paris*, 1879, in-8°, 1 vol.

g. — Métallurgie

2062. Michaelis MERCATI Metallotheca, opus posthumum, e tenebris in lucem eductum, opera et studio Joannis Mariæ LANCISII illustratum. *Romæ*, 1719, in-fol., 1 vol.

2063. L'art de convertir le fer forgé en acier, par DE RÉAUMUR. *Paris*, 1722, in-4°, 1 vol.

2064. Voyages métallurgiques, ou recherches et observations sur les mines et forges de fer, la fabrication de l'acier, par M. G. JARS. *Lyon*, 1774, in-4°, 3 vol.

h. — Traités spéciaux

2065. Traité des tourbes combustibles, par Charles PATIN. *Paris*, 1663, in-8°, 1 vol.

2066. Essai sur la minéralogie des monts Pyrénées. *Paris*, 1784, in-4°, 1 vol.

2067. Essai sur les recherches de houilles dans le nord de la France, par A. DU SOUICH. *Paris*, 1839, in-8°, 1 vol.

2068. De la production des métaux précieux au Mexique, par SAINT CLAIR DUPORT. *Paris*, 1843, in-8°, 1 vol. avec atlas.

2069. Etudes de gites minéraux, Bassin houiller de Brassac, publiées par les soins de l'administration des mines, par BAUDIN. *Paris*, 1851, in-fol., 1 vol.

2070. Etudes géologiques sur le bassin houiller de la Sarre, par E. JACQUOT. *Paris*, 1853, in-8°, 1 vol.

2071. Notices sur les gîtes de houille du département de Saône-et-Loire, par DROUOT. *Paris*, 1857, in-4°, 1 vol.

2072. Topographie souterraine du bassin houiller de Valenciennes, par Emile DORMOY. *Paris*, 1867, in-4°, 1 vol.

2073. Topographie souterraine du bassin houiller de Valenciennes, par E. DORMOY. *Paris*, 1869, in-fol., 1 vol.

2074. Recueil. Le Bassin houiller du Pas-de-Calais. *Lille*, 1873, in-4°, 1 vol.

2075. Les mines de houille d'Aniche, par E. VUILLEMIN. *Paris*, 1878, in-8°, 1 vol.

2076. Les mines de houille d'Aniche, par E. VUILLEMIN (planches). *Paris*, 1878, in-4°, 1 vol.

2077. Etudes sur les gîtes minéraux de la France. Bassin houiller de Valenciennes. partie comprise dans le département du Nord, par A. OLRY. *Paris*, 1886, in-4°, 1 vol.

2078. Tableau général et description des mines métalliques et des combustibles minéraux de la France, par Alfred CAILLAUX. *Paris*, in-8°, 1 vol.

2079. Description du bassin houiller de Decize (Nièvre), par BOULANGER. *Paris*, in-fol., 1 vol.

i. — *Mélanges*

2080. OEuvres de Bernard Palissy, revues sur les exemplaires de la bibliothèque du roi, avec des notes par M. Faujas de Saint Fond. *Paris*, 1777, in-4°, 1 vol.

2081. Les œuvres de Bernard Palissy, par Anatole France. *Paris*, 1880, in-8°, 1 vol.

§ II. — BOTANIQUE

k. — *Dictionnaires*

2082. Lexicon rei herbariæ trilingue per Davidem Kyberum. *Argentinæ*, 1553, in-12, 1 vol.

2083. Dictionnaire botanique et pharmaceutique par le P. Alexandre. *Paris*, 1738, in-8°, 1 vol.

2084. Dictionnaire botanique et pharmaceutique. *Paris*, 1751, in-8°, 1 vol.

2085. Dictionnaire raisonné de botanique, par Sébastien Gérardin, revu et augmenté par N. A. Desvaux. *Paris* 1817, in-8°, 1 vol.

2086. Nouveau dictionnaire de botanique, par E. Germain de saint-Pierre. *Paris*, 1870, in-8°, 1 vol.

l. — *Traités élémentaires*

2087. Anatomie des plantes, traduit de de l'anglais de M. Grew, par M. le Vasseur. *Paris*, 1675, in-12, 1 vol.

2088. Leçons de Flore. Cours complet de botanique, explication de tous les systèmes, introduction à l'étude des plantes par J. L. Poiret. *Paris*, 1819. in-8°, 1 vol.

2089. Manuel des plantes usuelles indigènes, par Loiseleur-Deslongchamps. *Paris*, 1819, in-8°, 2 vol.

2090. Botanographie élémentaire, ou principes de botanique, d'anatomie et de physiologie végétale, par Thém. Lestiboudois. *Paris*, 1826, in-8°, 5 vol.

2091. Nouveaux élémens de botanique et de physiologie végétale, par Achille Richard. *Paris*, 1838, in-8°, 1 vol.

2092. Traité de botanique, par Ph. Van Tieghem. *Paris*, 1884, in-8°, 1 vol.

2093. L'ami Kips, voyage d'un botaniste dans sa maison, par Georges Aston. *Paris*, in-8°, 1 vol.

m. — Physique, physiologie végétales

2094. Physiologie végétale,par Jean SENE-
BIER. *Genève*, in-8°, 5 vol.

2095. Traité d'organogénie comparée de
la fleur,par J. B. PAYER. (Texte et Atlas).
Paris, 1857. in-4° 2 vol.

n. — Systèmes de botanique

2096. Josephi Pitton TOURNEFORT institutiones rei herbariæ. *Parisiis, 1719, in-4°,*
3 vol.

2097. Caroli LINNŒI philosophia botanica.
Tornaci Nerviorum, 1724, in-8°, 1 vol.

2098. Caroli LINNŒI species plantarum,
exhibentes plantas rite cognitas ad genera
relatas. *Holmiæ,* 1762, in-8°, 2 vol.

2099. Caroli LINNŒI philosophia botanica,
in qua explicantur fundamenta botanica
cum definitionibus partium. *Berolini,*
1780, in-8°, 1 vol.

2100. Phytographie universelle, ou nouveau système de botanique, par DE LAS.
Stockolm, 1783, in-12, 1 vol.

2101. La botanique, par M. DE LANESSAN.
Paris, 1883, in-12, 1 vol.

o. — Histoire des plantes

2102. THEOPHRASTI de historia et causis
plantarum libri quindecim, Theodoro
GAZA interprete. *Parisiis,* 1529, in-8°,
1 vol.

2103. THEOPHRASTI Eresii græce et latine
opera omnia. *Lugd. Batav.,* 1613, in-f°,
1 vol.

2104. Herbarum vivæ eicones, per Oth.
BRUNFELSIUM. (tomus primus). *Argentorati,* 1530, in-f°, 1 vol.

2105. De natura stirpium libri tres,Joanne
RUELLIO authore. *Basileæ, 1537,* in-f°,
1 vol.

2106. De historia stirpium commentarii a
Leonharto FUCHSIO. *Parisiis,*1546, in-8°,
1 vol.

2107. Herbarum, arborum, etc. imagines
ad visum recens depictæ. *Francofurti,*
1552, in-4°, 1 vol.

2108. Histoire des plantes, par Rembert
DODOENS. *Anvers,* 1557, in-f°, 1 vol.

2109. Remberti DODONŒI stirpium historiæ. *Antuerpiæ,* 1583, in-f°, 1 vol.

2110. Remberti DODONÆI stirpium historiæ pemptades sex, sive libri xxx. *Antuerpiæ,* 1583, in-f°, 1 vol.

2111. Remberti DODONÆI stirpium historiæ pemptades sex, sive libri xxx. *Antuerpiæ,* 1616, in-f°, 1 vol.

2112. Même ouvrage.

2113. Même ouvrage.

2114. Caroli CLUSII Atrebatis rariorum
aliquot stirpium per Hispanias observata-
rum historia. *Antuerpiæ,* 1576, in-12,
1 vol.

2115. Caroli CLUSII aliquot notæ in Gar-
ciæ aromatum historiam. *Antuerpiæ,*
1582, in-12, 1 vol.

2116. Caroli CLUSII Atrebatis rariorum aliquot stirpium historia. *Antuerpiæ,* 1583, in-8°, 1 vol.

2117. Icones stirpium, seu plantarum tam exoticarum quam indigenarum. *Antuerpiæ,* 1591, in-12, 4 vol.

2118. C. CLUSII Atrebatis rariorum plantarum historia. *Antuerpiæ,* 1601, in-fol. 1 vol.

2119. Caroli CLUSII Atrebatensis Exoticorum libri decem. *Antuerpiæ,* 1605, in-f°, 1 vol.

2120. Même ouvrage.

2121. Même ouvrage.

2122. L'histoire des plantes, mise en commentaires, par Léonart FUOCHS. *Lyon,* 1558, in-4°, 1 vol.

2123. Historia plantarum. *Lugduni,* 1567, in-18, 2 vol.

2124. Florum et coronariarum odoratarumque non nullarum herbarum historia a Remberto DODONOEO. *Antuerpiæ,* 1566, in-12, 1 vol.

2125. Plantarum seu stirpium historia Matthiæ DE LOBEL. *Antuerpiæ,* 1576, in-4°, 1 vol.

2126. Pauli RENEALMI specimen historiæ plantarum. *Parisiis,* 1611, in-4°, 1 vol.

2127. ALDROVANDI dendrologiæ naturalis scilicet arborum historiæ libri duo. *Bononiæ,* 1668, in-fol., 1 vol.

2128. Icones et descriptiones rariorum plantarum Siciliæ, Melitæ, Galliæ et Italiæ a P. BOCCONE. *Londini,* 1674, in-4°, 1 vol.

2129. Phytographia curiosa per **Abraham** MUNTINGIUM. *Amstelodami,* 1727, in-fol., 1 vol.

p. — *Flores et jardins botaniques*

2130. Historia hortensium quatuor opusculis methodicis contexta, auct. Antonio MIZALDO. *Coloniæ Agrippinæ,* 1576, in-12, 1 vol.

2131. Hortus Eystellensis, sive diligens et accurata omnium plantarum, florum, stirpium ex variis orbis terræ partibus singulari studio collectarum quæ in celeberrimis viridariis.... in-fol., 1 vol.

2132. Fabii COLUMNÆ Lyncei minus cognitarum variorumque nostro cœlo orientium stirpium descriptio. *Romæ,* 1616, in-4°, 1 vol.

2133. Horti medici Amstelodamensis rariorum plantarum historia, à Joanne COMMELINO. *Amstelodami,* 1697, in-fol., 2 vol.

2134. Histoire des plantes de l'Europe et des plus usitées venant d'Asie, d'Afrique et d'Amérique, par Nic. DE VILLE. *Lyon,* 1726, in-12, 2 vol.

2135. Botanographie Belgique, par François-Joseph LESTIBOUDOIS fils. *Lille,* 1781, in-8°, 1 vol.

2136. Flore française, par MM. DE LAMARCK et DE CANDOLLE. *Paris,* 1805, in-8°, 4 vol.

2137. Plantes de la France, par Jaume SAINT-HILAIRE. *Paris,* 1808, in-4°, 4 vol.

2138. Flore médicale décrite par F. P. CHAUMETON, peinte par Mme E. P. et par F. TURPIN. *Paris,* 1814, in-8°, 8 vol.

2139. Flora Brasiliæ meridionalis, auctore A. DE SAINT-HILAIRE, Ad. DE JUSSIEU et J. CAMBESSEDES. *Parisiis,* 1824, in-4°, 2 vol.

2140. Illustrationes plantarum orientalium, ou choix de plantes de l'Asie orientale, par le comte Jaubert. *Paris*, 1842, in 4°, 3 vol.

2141. Flore du Morbihan, par Le Gall. *Vannes*, 1852, in-8°, 1 vol.

2142. Les arbres et les arbrisseaux d'Europe et leurs insectes, par J. Macquart. *Lille*, 1852, in-8°, 1 vol.

2143. Note sur la flore de la Kroumirie centrale, explorée en 1883, par E. Cosson. *Paris*, 1885, in-8°, brochure.

q. — Traités spéciaux

2144. Historia moschi a Luca Schrockio. *Augustæ Vindelicorum*, 1682, in-4°, 1 vol.

2145. Histoire naturelle du froment, par l'Abbé Poncelet. *Paris*, 1779, in-8°, 1 vol.

2146. Les roses, peintes par Redouté, décrites par Thorry. *Paris*, 1824, in-8°, 1 vol.

2147. Guide de la culture des bois, par J. B. Duchesne. *Paris*, 1826, in-8°, 1 vol.

2148. Guide de la culture des bois, par J. B. Duchesne. (Atlas), in-fol., 1 vol.

2149. Monographie de la canne à sucre de la Chine, dite sorgho à sucre, par Adrien Sicard. *Paris*, 1858, in-8°, 2 vol.

2150. Les plus belles plantes de la mer, par F. Stenfort. *Paris*, 1874, in-8°, 1 vol.

2151. Plantes grasses peintes par Redouté. In-4°, 2 vol.

2152. Fleurs (atlas). In-fol., 1 vol.

2153. La vie des fleurs par M. Eugène Noel, précédée d'une préface par P. J. Stahl. *Paris*, in-18, 1 vol.

§ III. — ZOOLOGIE

r. — Dictionnaires, histoire et traités généraux

2154. Dictionnaire raisonné et universel des animaux, par M. Aubert de la Chenaye des Bois. *Paris*, 1759, in-4°, 4 vol.

2155. Aristotelis de historia animalium libri ix, Theodoro Gaza interprete. *Parisiis*, 1542, in-12, 1 vol.

2156. Aristotelis historia de animalibus, Scaligero interprete. *Tolosæ*, 1619, in-fol., 1 vol.

2157. Histoire des animaux d'Aristote, avec la traduction française par M. Camus. *Paris*, 1783, in-4°, 2 vol.

2158. Edoardi Wottoni de differentiis animalium libri decem. *Lutetiæ*, 1552, in-fol., 1 vol.

2159. Conradi Gesneri historia animalium. *Tiguri*, 1551, in-fol., 3 vol.

2160. Differentiæ animalium quadrupedum, Joanne Fabricio Montano autore. *Tiguri*, 1555, in-12, 1 vol.

2161. Historia animalium sacra a Wolfgango Franzio. *Witebergæ*, 1613, in-12, 1 vol.

2162. Historiæ naturalis de quadrupedibus libri iv. Joannes Jonstonas concinnavit. *Amstelodami*, 1657, in-fol., 2 vol.

2163. Observationes circa viventia quæ in rebus non viventibus reperiuntur, a P. Philippo Bonanno. *Romæ*, 1691, in-4°, 1 vol.

2164. Histoire générale des animaux, des végétaux et des minéraux, (Partie Ire), par Pierre Buchoz. *Paris*, in-fol., 1 vol.

2165. Phile de animalium proprietate, a Cornelio de Pauw. *Trajecti ad Rhenum*, 1730, in-4°, 1 vol.

2166. Discours sur la nature des animaux par M. de Buffon. *Genève*, 1754, in-12, 1 vol.

2167. Traité des animaux, par l'Abbé de Condillac. *Amsterdam*, 1755, in-12, 1 vol.

2168. Le règne animal distribué d'après son organisation, par G. Cuvier. *Paris*, 1817, in-8°, 4 vol.

2169. Eléments de Zoologie, ou leçons sur l'anatomie, la physiologie, la classification et les mœurs des animaux, par Milne Edwards. *Paris*, 1834, in-8°, 2 vol.

2170. Le règne animal, par Georges Cuvier. *Paris*, 1837, in-8°, 20 vol.

2171. Histoire de la Zoologie, depuis les temps les plus reculés jusqu'à nos jours, par Ferdinand Hœfer. *Paris*, 1873, in-12, 1 vol.

2172. Traité de Zoologie, par C. Claus, de l'Université de Vienne, deuxième édition française, traduite de l'allemand et considérablement augmentée, par G. Moquin-Tandon. *Paris*, 1884, in-8°, 1 vol.

s. — *Anatomie comparée*

2173. Leçons sur l'économie animale, par Sigaud de la Fond. *Paris*, 1767, in-12, 2 vol.

2174. De l'organisation des animaux, par de Blainville. *Paris*, 1822, in-8°, 1 vol.

2175. Histoire générale et particulière du développement des corps organisés par Coste, 4 fascicules (formant 2 vol. avec atlas). *Paris*, 1847-1859, in-4°, 2 vol.

2176. Même ouvrage.

2177. Anatomie comparée, ou recueil de planches dessinées, par Georges Cuvier ou exécutées sous ses yeux, par Laurillard. *Paris*, 1850, in-fol., 1 vol.

2178. La Biologie, par le docteur Charles Letourneau. *Paris*, 1877, in-12, 1 vol.

2179. Leçons sur les phénomènes de la vie, communs aux animaux et aux végétaux, par Claude Bernard. *Paris*, 1878, in-8°, 2 vol.

2180. Les colonies animales et la formation des organismes, par Edmond Perrier. *Paris*, 1881, in-8°, 1 vol.

t. — *Anthropologie, systèmes divers*

2181. Histoire naturelle du genre humain, par J.-J. Virey. *Paris, an IX*, in-8°, 2 vol.

2182. Même ouvrage.

2183. Même ouvrage.

2184. Histoire naturelle de l'homme, par le Comte de Lacépède. *Paris, 1827*, in-8°, 1 vol.

2185. Essai sur l'inégalité des races humaines, par M. A. de Gobinau. *Paris, 1853*, in-8°. 4 vol.

2186. Recherches sur l'ancienneté de l'homme, et la période quaternaire, par Paul Gervais. *Paris, 1867*, in-4°, 1 vol.

2187. Charles Darwin, de l'origine des espèces par sélection naturelle. *Paris, 1870*, in-8°, 1 vol.

2188. Charles Darwin et ses précurseurs français. Etude sur le transformisme, par de Quatrefages. *Paris, 1870*, in-8°, 1 vol.

2189. L'homme, selon la science, son passé, son présent, son avenir, par le docteur Louis Buchner, traduit de l'allemand, par le docteur Ch. Letourneau. *Paris, 1874*, in-8°, 1 vol.

2190. Les races humaines, par Figuier. *Paris, 1875*, in-8°, 1 vol.

2191. L'homme primitif, par Louis Figuier. *Paris, 1876*, in-8°, 1 vol.

2192. L'homme préhistorique, étudié d'après les monuments retrouvés dans les différentes parties du monde, suivi d'une description comparée des mœurs des sauvages modernes, par sir John. Lubbock. *Paris, 1876*, in-8°, 1 vol.

2193. L'espèce humaine, par A. de Quatrefages. *Paris, 1877*, in-8°, 1 vol.

2194. L'anthropologie, par le docteur Paul Topinard. *Paris, 1877*, in-12, 1 vol.

2195. La sociologie d'après l'ethnographie, par le docteur Charles Letourneau. *Paris, 1880*, in-12, 1 vol.

2196. L'homme à travers les âges, essais de critique historique. par André Lefèvre. *Paris, 1880*, in-12, 1 vol.

2197. Les premiers hommes et les temps préhistoriques, par le marquis de Nadaillac. *Paris, 1881*, in-8°, 2 vol.

2198. Le préhistorique, antiquité de l'homme, par G. de Mortillet. *Paris, 1882*, in-12, 1 vol.

u. — *Mammologie*

2199. Nicolai Nancelii medici analogia Microcosmi ad Macrocosmon. *Lutetiæ Parisiorum, 1611*, in-fol., 1 vol.

2200. Histoire naturelle des mammifères, par Geoffroy Saint-Hilaire et Frédéric Cuvier. *Paris, 1824*, in-fol., 3 vol.

2201. Histoire naturelle des mammifères, par Geoffroy Saint-Hilaire. *Paris, 1829*, in-fol., 1 vol.

2202. Traité du castor, par Jean Marius. *Paris, 1746*, in-12, 1 vol.

v. -- *Ornithologie*

2203. Conradi Gesneri historiæ animalium liber, qui est de avium natura. *Tiguri,* 1525, in-fol., 1 vol.

2204. Icones avium quæ in historia avium Conradi Gesneri describuntur. *Tiguri,* 1555, in-fol., 1 vol.

2205. Aldrovandi de quadrupedibus soli-dipedibus ornithologia. *Bononiæ,* 1616, in-fol., 10 vol.

2206. Nouveau traité des serins de Cana-rie, par Hervieux de Chanteloup. *Paris,* 1745, in-12, 1 vol.

2207. Histoire naturelle des oiseaux. *Paris,* 1770, in-12, 28 vol.

2208. Les oiseaux de la Chine, par l'abbé Armand David et E. Oustalet. *Paris,* 1877, in-8°, 1 vol,

2209. Nouveau recueil des planches colo-riées d'oiseaux, par MM. Temming et Meinfred Laugier. *Paris,* in-4°, 5 vol.

2210. Les pigeons par madame Knip. Texte par Florent Prévost. Tome deuxième (incomplet). *Paris,*in-fol., 1 vol.

x. — *Erpétologie*

2211. Nouvelles expériences sur la vi-père, ou l'on verra une description exacte de toutes ses parties, la source de son venin, ses divers effets, etc., par Moyse Charas. *Paris,* 1672. in-12, 1 vol.

y. — *Ichthyologie*

2212. Pauli Jovii de romanis piscibus li-bellus vere aureus. *Basileæ,* 1531, in-12, 1 vol.

2213. L'histoire naturelle des étranges poissons marins, par Pierre Belon. *Paris,* 1551, in-4°, 1 vol.

2214. Petri Bellonii de aquatilibus, libri duo. *Parisiis,* 1553, in-8°, 1 vol.

2215. Gulielmi Rondeletii libri de pisci-cibus marinis. *Lugduni,* 1554, in-f°, 1 vol.

2216. La nature et diversité des poissons, par Pierre Belon. *Paris,* 1555, in-4°, 1 vol.

z. — *Entomologie*

2217. Métamorphoses naturelles, ou his-toire des insectes par Jean Goedart. *Amsterdam,* 1700, in-12, 3 vol.

2218. Même ouvrage.

2219. Dissertation sur la génération et les transformations des insectes de Surinam, par Mérian. *La Haye,* 1726, in-f°, 1 vol.

2220. Histoire abrégée des insectes, par M. Geoffroy. *Paris,* 1764, in-4°, 2 vol.

2221. Même ouvrage.

2222. Mémoires pour servir à l'histoire des insectes, par M. DE RÉAUMUR. *Paris,* 1734, in-4°, 6 vol.

2223. Histoire naturelle des lépidoptères, ou papillons de France par GODART. *Paris,* 1821, in-8°, 16 vol.

aa. — *Crustacées, mollusques, Zoolithes, Zoophytes*

2224. Recreatio mentis et oculi in observatione animalium testaceorum, a P.Philippo BONANNO. *Romæ,*1684, in-4°, 1 vol.

2225. L'histoire naturelle dans une de ses parties principales, la conchyliologie.*Paris,* 1757, in-4°, 1 vol.

2226. Description des zoolithes, par Jean Fred. ESPER. *Nuremberg,* 1774, in-f°, 1 vol.

2227. Histoire naturelle du corail ; organisation, reproduction, pêche en Algérie, industrie et commerce, par Henri LACAZE-DUTHIERS. *Paris,* 1864, in-8°, 1 vol.

2228. Même ouvrage.

bb. — *Paléontologie*

2229. Mémoires sur quelques fossiles d'Artois, par un membre de la société littéraire d'Arras. (Le P. WARTEL), 1765, in-8°, 1 vol.

2230. Description des coquilles fossiles des environs de Paris, par G. P. DESHAYES. *Paris,* 1824, in-4°, 3 vol.

2231. Recherches sur les ossements fossiles, par Georges CUVIER. *Paris,* 1836, in-4°, 10 vol.

2232. Recherches sur les ossements fossiles, par G. CUVIER. *Paris,* 1854, in-8°, 10 vol.

cc. — *Collections et cabinets*

2233. Le jardin des plantes. Description complète du Muséum d'histoire naturelle par M. BERNARD, L. COUAILHAC, GERVAIS et LEMAOUT. *Paris,* 1842, in-8°, 2 vol.

2234. Le Valhalla des sciences pures et appliquées,galerie commémorative à créer au château de Blois, par Léopold HUGO. *Paris,* 1875, in-8°, brochure.

2235. Instructions pour MM. les officiers de la marine, qui voudraient faire des collections d'histoire naturelle destinées au Muséum de Paris. *Paris,* 1882, in-8°, brochure.

dd. — *Mélange d'histoire naturelle*

2236. Honorati FABRI tractatus duo : prior de plantis et de generatione animalium ; posterior de homine. *Parisiis,* 1666, in-4°, 1 vol.

2237. Joannis CAII Britanni de canibus britannicis et de rariorum animalium et stirpium historia. *Londres,* 1729,in-8°, 1 vol.

2238. Observations sur l'histoire naturelle, (années 1752 à 1757). *Paris*, 1753, in 4°, 6 vol.

2239. Considérations sur les corps organisés, par C. BONNET. *Amsterdam*, 1762, in-8°, 2 vol.

2240. Mélanges d'histoire naturelle. *Lyon*, 1763, in-12, 6 vol.

2241. Contemplation de la nature, par C. BONNET. *Amsterdam*, 1764, in-8°, 2 vol.

2242. Contemplation de la nature, par C. BONNET. *Amsterdam*, 1769, in-8°, 2 vol.

2243. Génie de M. DE BUFFON, par M. FERRY DE SAINT-CONSTANT. *Paris*, 1778, in-12, 1 vol.

2244. Etudes de la nature, par Bernardin DE SAINT-PIERRE. *Paris*, 1804, in-8°, 5 vol.

2245. Aristide REY. Travailleurs et malfaiteurs microscopiques, microbes, ferments. *Paris*, in-8°, 1 vol.

VIII. — SCIENCES MÉDICALES

SECTION PREMIÈRE

SCIENCES MÉDICALES EN GÉNÉRAL

a. — Sciences médicales en général

2246. Les anciens et renommés auteurs de la médecine et de la chirurgie. *Lyon*, 1555, in-12, 1 vol.

2247. Primera y secunda y tercera partes de la historia medicinal. Doctor MONARDES. *In Sevilla*, 1580, in-4°, 1 vol.

2248. ZACUTI Lusitani de medicorum principum historia libri sex. *Lugduni*, 1667, in-fol., 1 vol.

2249. Histoire de la médecine, par J. FREIND. *Leide*, 1727, in-12, 3 vol.

2250. Histoire de la médecine, par Daniel LE CLERC. *La Haye*, 1729, in-4°, 1 vol.

2251. Essai sur la conformité de la médecine des anciens et des modernes, par M. J. BARKER, traduit de l'anglais de R. SCHOMBERG. *Amsterdam*, 1749, in-12, 1 vol.

2252. Dictionnaire historique de la médecine, par ELOY. *Liége*, 1755, in-12, 2 vol.

2253. Caractères des médecins d'après Pénelope de feu DE LA METTRIE. *Paris*, 1760, in-12, 1 vol.

2254. Artis medicæ principes : Hippocrates, Aretæus, Alexander, Aurelianus,

TOME III.

7

Celsus, Rhazis ; recensuit, præfatus est Albertus DE HALLER. *Lausannæ*, 1769, in-8°, 11 vol.

2255. Eloges historiques composés pour la société médicale de Paris, par J. L. ALIBERT. *Paris*, 1806, in-8°, 1 vol.

2256. Annuaire médical et pharmaceutique de la France, par Félix ROUBAUD. *Paris*, 1853, in-12, 2 vol.

2257. Les médecins au temps de Molière, par Maurice RAYNAUD. *Paris*, 1862, in-8°, 1 vol.

2258. Les hautes études pratiques dans les universités allemandes, rapport par M. Adolphe WURTZ. *Paris*, 1870, in-4°, 1 vol.

2259. Histoire des sciences médicales, comprenant l'anatomie, la physiologie, la médecine, la chirurgie et les doctrines de pathologie générale, par Ch. DAREMBERG. *Paris*, 1870. in-8°, 2 vol.

2260. Etude sur l'organisation de la médecine en France et à l'étranger, par Léon LEFORT. *Paris*, 1874, in-8°, 1 vol.

2261. Estudo sobre o ensino medico na Austria e na Allemanha, pelo D^or MOLTA MAIA. *Paris*, 1877, in-8°, 1 vol.

2262. Lois, décrets, réglements et circulaires concernant les facultés et les écoles préparatoires de médecine (de 1598 au second empire), par M. A. PINET. *Paris*, 1882, in-8°, 2 vol.

b. — *Ecrits relatifs à l'étude et à l'enseignement des sciences médicales*

2263. Amicus medicorum Magistri Joannis GANIVETI. *Lugduni*, 1550, in-18, 1 vol.

2264. Aloisii MUNDELLÆ Brixiani dialogi medicinales decem. *Tiguri*, 1551, in-8°, 1 vol.

2265. SANCTORII medici methodi vitandorum errorum omnium qui in arte medica contingunt. *Genevæ*, 1631, in-4°, 1 vol.

2266. Novæ methodi pro explanandis Hippocrate et Aristotele specimen scholæ Parisiensis medicis. M. CURÆUS DE LA CHAMBRE. *Parisiis*, 1655, in-4°, 1 vol.

2267. Jacobi PRIMEROSI de vulgi erroribus in medicina libri IV. *Roterodami*, 1658, in-18, 1 vol.

2268. La religion du médecin, c'est-à-dire, description nécessaire par Thomas BROWN, touchant son opinion accordante avec le pur service divin d'Angleterre. *La Haye*, 1668, in-18, 1 vol.

2269. Réflexions critiques sur la médecine, par LE FRANÇOIS. *Paris*, 1714, in-12, 2 vol.

2270. Le brigandage de la médecine réformée, par Philippe HECQUET. *Utrecht*, 1733, in-12, 1 vol.

2271. Le brigandage de la chirurgie, ou la médecine opprimée par le brigandage de la chirurgie, par Philippe HECQUET. *Utrecht*, 1733, in-12, 1 vol.

2272. Lettres intéressantes pour les médecins de profession. *Avignon*, 1759, in-12, 2 vol.

2273. Application des sciences à la médecine, par le docteur Edouard FOURNIÉ. *Paris*, 1878, in-8°, 1 vol.

2274. La géographie médicale, par le docteur A. BORDIER, avec un cahier de 21 cartes explicatives. *Paris*, 1884, in-12, 1 vol.

2275. La méthode graphique dans les sciences expérimentales et particulièrement en physiologie et en médecine, par E. J. MAREY. *Paris*, in-8°, 1 vol.

c. — *Dictionnaires de médecine*

2276. Dictionarium medicum, vel expositiones vocum medicinalium, ad verbum excerptæ, cum latina interpretatione, græce et latine. 1564, in-8°, 1 vol.

2277. Même ouvrage.

2278. Lexicon medicum græco-latinum a Bartholomæo Castello. *Tolosæ*, 1669, in-16, 1 vol.

2279. Lexicon medicum etymologicum a J. B. Callard de la Duquerie. *Parisiis*, 1692, in-12, 1 vol.

2280. Bartholomæi Castelli lexicon medicum græco latinum. *Lipsiæ*, 1713, in-4°, 1 vol.

2281. Dictionnaire universel de médecine par MM. Diderot, Lidous et Toussaint. *Paris*, 1746, in-f°., 6 vol.

2282. Dictionnaire médicinal. *Paris*, 1757, in-12, 1 vol.

2283. Dictionnaire médical portatif. *Paris*, 1763, in-12, 1 vol.

2284. Dictionnaire portatif de médecine, d'anatomie, de chirurgie, de pharmacie, etc, par Jean Fr. Lavoisien. *Paris*, 1793, in-8°, 1 vol.

2285. Dictionnaire des sciences médicales, par une société de médecins et de chirurgiens. *Paris*, 1812, in-8°, 60 vol.

2286. Même ouvrage.

2287. Dictionnaire de médecine, et des sciences accesssoires à la médecine, avec l'étymologie de chaque terme, par P. H. Nysten. *Paris*, 1814, in-8°, 1 vol.

2288. Même ouvrage.

2289. Dictionnaire des sciences médica'es. Biographie médicale. *Paris*, 1820, in-8°, 7 vol.

2290. Dictionnaire abrégé des sciences médicales. *Paris*, 1821, in-8°, 15 vol.

2291. Même ouvrage.

2292. Dictionnaire de médecine, ou répertoire général des sciences médicales considérées sous le rapport théorique et pratique. *Paris*, 1832, in-8°, 30 vol.

2293. Dictionnaire de médecine, de chirurgie, de pharmacie, des sciences accessoires et de l'art vétérinaire de P. H. Nysten. *Paris*, 1839, in-8°, 1 vol.

2294. Dictionnaire des dictionnaires de médecine français et étrangers, par une société de médecins, sous la direction du docteur Fabre. *Paris*, 1840, in-8°, 8 vol.

2295. Dictionnaire de médecine, de chirurgie, de pharmacie et de l'art vétérinaire de P. H. Nysten, onzième édition revue par E. Littré et Ch. Robin. *Paris*, 1858, in-8°, 2 vol.

2296. Dictionnaire encyclopédique des sciences médicales, publié sous la direction de MM. Raige-Delorme et A. Dechambre. *Paris*, 1854, in-8°, 15 vol.

2297. Nouveau dictionnaire de médecine et de chirurgie pratiques, illustré de figures intercalées dans le texte, directeur de la rédaction le docteur Jaccoud. *Paris*, 1883, in-8°, 35 vol.

d. — *Médecins anciens avec leurs interprètes, commentaires et critiques*

2298. Hippocratis Coi medici libri omnes. *Basileæ*, 1538, in-fol., 1 vol.

2299. Même ouvrage.

2300. Traduction des œuvres médicales d'Hippocrate, sur le texte grec, d'après l'édition de Foës. *Toulouse*, 1801, in-8°, 4 vol.

2301. OEuvres complètes d'Hippocrate, traduit par E. Littré. *Paris*, 1839, in 8°, 10 vol.

2302. Hippocratis Coi medici libri omnes. *Basileæ*, 1538, in-fol., 1 vol.

2303. Æconomia Hippocratis alphabeti serie distincta. *Genevæ*, 1662, in-fol., 1 vol.

2304. Hippocratis Coi de genitura, de natura pueri. Interprete J. Gorræo. *Parisiis*, 1545, in-4°, 1 vol.

2305. Hippocratis Coi aphorismorum selectiones septem. *Parisiis*, 1545, in-8°, 1 vol.

2306. Hippocratis medicorum principis, de flatibus liber. *Parisiis*, 1557, in-12, 1 vol.

2307. Pantheum hygiasticum Hippocratico-hermeticum a Claudio Deodato. *Bruntruti*, 1629. in-4°, 2 vol.

2308. Hippocratis aphorismi versibus græcis et latinis expositi, per M. Gerardum Denisotum. *Parisiis*, 1634, in-8°, 1 vol.

2309. Cl. Salmasii interpretatio Hippocratei aphorismi de calculo. *Lugduni Batavorum*, 1640, in-12, 1 vol.

2310. Hippocratis Coi sententiæ definitivæ. *Romæ*, 1647, in-12, 1 vol.

2311. Les aphorismes d'Hippocrates, avec le commentaire de Galien sur le premier livre, traduit du grec par J. Breche. *Rouen*, 1660, in-12, 1 vol.

2312. Aphorismes d'Hippocrate, traduits en françois. *Paris*, 1685, in-12, 2 vol.

2313. Aphorismes d'Hippocrates, par De Mercy. *Paris*, 1811, in-12, 1 vol.

2314. Andreæ Canonherii in septem aphorismorum Hippocratis libros. *Antuerpiæ*, 1618, in-4°, 2 vol.

2315. Hippocrate. OEuvres diverses, par le chevalier de Mercy. *Paris*, 1812, in-12, 15 vol.

2316. Prognostics et prorrhétiques d'Hippocrate, par De Mercy, *Paris*, 1813, in-12, 1 vol.

2317. Les aphorismes, les pronostics, et le traité de l'air, des eaux et des lieux d'Hippocrate, par Guillemeau. *Niort*, 1818, in-12, 1 vol.

2318. Nouvelle traduction des aphorismes d'Hippocrate, et commentaires, par M. De Mercy. *Paris*, 1821, in-12, 2 vol.

2319. Hippocratis et aliorum medicorum veterum reliquiæ — edidit Fr. Zacharias Ermerins (Tome 2 et 3). *Trajecti ad Rhenum*, 1862, in-f°, 2 vol.

2320. Etude sur Hippocrate, au point de vue de la méthode dosimétrique, par le docteur Ad. Burggraeve. *Paris*, 1881, in-f°, 1 vol.

2321. Hippocratis et Galeni opera Renatus Chartesius edidit. *Lutetiæ Parisiorum*, in-f°, 9 vol.

2322. Galeni Pergameni opera. *Basileæ*, 1536, in-f°, 1 vol.

2323. Galeni Pergameni opera omnia. (Græce). *Basileæ*, 1538, in-f°, 5 vol.

2324. Même ouvrage.

2325. Galeni Claudii opera. *Venetiis*, 1541, in-f°, 6 vol.

2326. Galeni opera ex nova Juntarum editione. *Venetiis*. 1625, in-f°, 6 vol.

2327. Novus index in omnia quæ extant Cl. Galeni opera bipartitus. *Basileæ*, 1562, in-f°, 1 vol.

2328. Claudii Galeni opus de usu partium corporis humani, libri xvii. *Parisiis*, 1528, in-4°, 1 vol.

2329. Galeni de constitutione artis medicæ. *Lugduni*, 1552, in-18, 1 vol.

2330. In Cl. Galeni Pergameni librum de inæquali intemperie commentarii Antonii Busennii Brædani. *Antuerpiæ*, 1553, in-12, 1 vol.

2331. Joannis Baptistæ Montani in artem parvam Galeni explanationes. *Lugduni,* 1556, in-18, 1 vol.

2332. Jacobi Peletarii de conciliatione locorum Galeni sectiones duæ. *Parisiis,* 1560, in-4°, 1 vol.

2333. Galeni Pergameni quinta classis eam medicinæ partem quæ ad pharmaciam spectat, etc. *Basileæ,* 1561, in-f°, 1 vol.

2334. Jacobi Hollerii ad libros Galeni de compositione medicamentorum periochæ. *Parisiis,* 1571, in-12, 1 vol.

2335. Francisci Valleriolæ doctoris medici commentarii in librum Galeni. *Augustæ Taurinorum,* 1576, in-f°, 1 vol.

2336. De chymicorum cum Aristotelicis et Galenicis consensu ac dissensu liber a Daniele Sennerto. *Wittebergæ,* 1629, in-4°, 1 vol.

2337. Aurelii Celsi de re medica libri octo. *Parisiis,* 1529, in-f°, 1 vol.

2338. Aurelii Cor. Celsi de re medica libri octo. *Lugduni,* 1542, in-8°, 1 vol.

2339. Cornelii Celsi medicinæ libri octo. *Lugd. Batav.,* 1785, in-4°, 1 vol.

2340. A. C. Celsi de medicina libri viii. *Parisiis,* 1826, in-8°, 1 vol.

2341. Traité de médecine de A. C. Celse, traduction nouvelle par le dr A. Vedrenes, précédée d'une préface par Paul Broca. *Paris,* 1876, in-8°, 1 vol.

2342. Cælii Aureliani de acutis et diuturnis morbis libri. *Lugduni,* 1567, in-8°, 1 vol.

2343. OEuvres d'Oribase, texte grec, en grande partie inédit, collationné sur les manuscrits, traduit pour la première fois en français, par Bussemaker et Daremberg. *Paris,* 1851, in-8°, 4 vol.

2344. Liber canonis medicinæ Avicenne revisus ab omni errore, etc. *Venetiis,*1507, in-4°, 1 vol.

2345. Primus canonis Avicenne principis, cum explanatione Jacobi. .... 1552, in-f°, 3 vol.

2346. Disputationes medicæ et commentaria in fen primam libri quarti Avicennæ a Petro Ferriol. *Burdigalæ,* 1628, in-f°, 1 vol.

2347. Continens Rasis ordinatus et correctus per Hier. Surianum. *Venetiis,* 1509, in-f°, 2 vol.

2348. Leonardi Jacchini in novum librum Rasis Arabis medici de partium morbis commentaria. *Lugduni,* 1577, in-8°, 1 vol.

2349. Pauli Æginetæ præcepta salubria, Guilielmo Copo interprete. *Basileæ,*1512, in-4°, 1 vol.

2350. Pauli Æginetæ præcepta salubria, Guglielmo Copo Basileiensi interprete. *Paris,* 1527, in-4°, 1 vol.

2351. Pauli Æginetæ opus de re medica. *Parisiis,* 1532, in-f°, 1 vol.

2352. Pauli Æginetæ medicinæ totius enchiridion. *Basileæ,* 1551, in-8°, 1 vol.

2353. De re medica huic volumini insunt Sorani, Oribasii, C. Plinii, Apuleii opera. *Basilæ,* 1528, in-f°, 1 vol.

2354. Nicolai Leoniceni Vicentini medici opuscula. *Basilæ,* 1532, in-f°, 1 vol.

2355. Quinti Sereni Sammonici de re medica,sive morborum curationibus.*Tiguri,* 1540, in-8°, 1 vol.

2356. Joannis Mesuæ Damasceni de re medica, libri tres. *Parisiis,* 1542, in-f°, 1 vol.

2357. Aetii medici Græci quaternio, id est libri universales quatuor, singuli sermones complectentes,id est sermones xvi. *Basilæ,* 1549, in-f°, 1 vol.

2358. Aretæi Cappadocis de acutorum ac diuturnorum morborum causis. *Parisiis,* 1554, in-12, 1 vol.

e. — Médecins modernes

2359. Scrinium medicine, authore Joanne Diurio Bellovaco, ipsius artis professore. 1519, in-18, 1 vol.

2360. Isagoge Joannitii medicinæ. *Lugduni*, 1527, in-fol., 1 vol.

2361. Pratica Michaælis Savonarole. *Venetiis*, 1539, in-fol., 1 vol.

2362. Joannis Fernelii Ambianatis de naturali parte medicinæ libri septem. *Parisiis*, 1542, in-fol., 1 vol.

2363. Joannis Fernelii Ambiani universa medicina. *Viennæ*, 1580, in-fol., 1 vol.

2364. Joannis Fernelii de morbis universalibus et particularibus. *Lugd. Batav.*, 1646, in-8°, 1 vol.

2365. Hieronymi Cardani medici libelli quinque. *Norimbergæ*, 1547, in-4°, 1 vol.

2366. Les livres de Hiérome Cardanus médecin Milanois, traduits du latin en français, par Richard Leblanc. *Paris*, 1566, in-12, 1 vol.

2367. Hieronymi Cardani Mediolanensis opera omnia, aucta et emendata cura Caroli Sponii. *Lugduni*, 1663, in-fol., 10 vol.

2368. Joannis Manardi medici epistolarum medicinalium libri viginti. *Basileæ*, 1549, in-fol., 1 vol.

2369. Parva naturalia Augustini Niphi medices philosophi Suessani. *Venetiis*, in-fol., 1 vol.

2370. De morbis internis curandis liber unus, D. Joanne Mesue auctore. *Lugduni*, 1551, in-8°, 1 vol.

2371. Levini Lemnii libelli tres perelegantes ac festivi. *Anvers*, 1554, in 18, 1 vol.

2372. Morborum internorum prope omnium curatio, per Jacobum Sylvium. *Parisiis*, 1554, in-12, 1 vol.

2373. Joannis Caii Britanni opera, de medendi methodo libri duo. *Lovanii*, 1586, in-12, 1 vol.

2374. Antonii Fumanelli opera multa et varia, cum ad tuendam sanitatem tum ad profligandos morbos conducentia. *Tiguri*, 1557, in-fol., 1 vol.

2375. Bernardi Gordonii opus lilium medicinæ inscriptum. *Lugduni*, 1574, in-8°, 1 vol.

2376. Memorabilium, utilium, ac jucundorum centuriæ novem, auct. Antonio Mizaldo medico. *Lutetiæ*, 1584, in-12, 1 vol.

2377. D. Sempronii Gracchi Massiliensis medicus hujus sæculi. *Dresdæ*, 1593, in-8°, 1 vol.

2378. Universæ medicinæ compendia per Joannem Riolanum. *Parisiis*, 1598, in-8°, 1 vol.

2379. Les loix de médecine pour procéder méthodiquement à la guérison des maladies, par de la Framboisière. *Paris*, 1608, in-12, 1 vol.

2380. Les œuvres de N. Abraham de la Framboisière. *Paris*, 1631, in-fol., 1 vol.

2381. Johannis Argentirii philosophi ac medici opera. *Hanoviæ*, 1610, in-fol., 1 vol.

2382. Christophori a Vega Complutensis medici opera omnia. *Lugduni*, 1626, in-f°, 1 vol.

2383. Jacobi Fontani practica curandorum morborum corporis humani. *Parisiis*, 1612, in-8°, 1 vol.

2384. Bricii Bauderoni praxis medicinæ liber. *Lutetiæ Parisorum*, 1620, in-4°, 1 vol.

2385. Joannis Gorræi medici Parisiensis opera. *Parisiis*, 1622, in-fol., 1 vol.

2386. Petri Foresti opera omnia. *Francofurti*, 1623, in-fol., 1 vol.

2387. Medicinæ theoricæ et practicæ libri XXIX a Petro Foresto. *Francofurti*, 1631, in-fol., 1 vol.

2388. Hortensii manuductio per omnes medicinæ partes, aut. Ludovico du Gardin. *Duaci*, 1626, in-8°, 1 vol.

2389. Thomæ Campanellæ medicinalium libri septem. *Lugduni*, 1635, in-4°,1 vol.

2390. Mercurii Van Helmont opera omnia. *Antuerpiæ*, 1641, in-fol., 1 vol.

2391. V. Fortunati Plempii fundamenta medicinæ. *Lovanii*, 1644, in-fol., 1 vol.

2392. Bartholomæi Perdulcis universa medicina. *Parisiis*, 1649, in-4°, 1 vol.

2393. Nicolai Tulpii observationes medicæ. *Amstelredami*, 1652, in-12, 1 vol.

2394. Alexandri Deodati Valetudinarium, seu observationum, curationum et consiliorum medicinalium satura. *Luyd. Batav.*, 1660, in-18, 1 vol.

2395. Danielis Sennerti opera omnia in quatuor tomos divisa. *Lugduni*, 1666, in-fol., 2 vol.

2396. Diatribæ duæ medico-philosophicæ, quarum prior agit de fermentatione, altera de febribus, studio Thomæ Willis. *Amstelodami*, 1669, in-16, 1 vol.

2397. Thomæ Willis opera omnia. *Genevæ*, 1695, in-4°, 2 vol.

2398. Lazari Riverii opera medica universa. *Lugduni*, 1672, in-f°., 1 vol.

2399. La pratique de médecine, avec la théorie de Lazare Rivière. *Lyon*, 1682, in-8°, 1 vol.

2400. Le cours de médecine théorique et practique, par L. Guyon. *Lyon*, 1673, in-4°, 1 vol.

2400. (*bis*) Fr. Ignatii Thiermairii scholia medica in duos libros distincta. *Monachii*, 1673, in-4°, 1 vol.

2401. Regneri de Graaf opera omnia. *Lyon*, 1677, in-12, 1 vol.

2402. Praxis Barbettiana cum notis Frederici Deckers. *Amstelodami*, 1678, in-16, 1 vol.

2403. Même ouvrage.

2404. Francisci Deleboe Sylvii opera medica. *Amstelodami*, 1679, in-4°, 1 vol.

2405. Francisci Deleboe Sylvii medicinæ practicæ in Academia Lugduno-Batava professoris opera medica. *Genevæ*, 1681, in-f°., 1 vol.

2406. Francisci Deleboe Sylvii opera medica, hoc est, disputationum medicarum decas. *Amstelodami*, 1689, in-4°, 1 vol.

2407. Petri Petiti medici miscellanearum observationum libri quatuor. *Trajecti ad Rhenum*, 1682, in-8°, 1 vol.

2408. Arnaldi Villanovani praxis medicinalis. *Lugduni*, 1686, in-f°., 1 vol.

2409. Labyrinthi medici extricati a Gulielmo Ballonio et Lud. Septalio. *Coloniæ Allobrogum*, 1687, in-4°, 1 vol.

2410. Thesaurus medicinæ practicæ, Thomas Burnet. *Genevæ*, 1698, in-4°, 1 vol.

2411. Nouveaux élémens de médecine, ou réflexions physiques sur les divers états de l'homme, par Corneille Bontekoe. *Paris*, 1698, in-12, 2 vol.

2412. Nouvelles découvertes en médecine, ou ancienne médecine développée, par de Marconnay. *La Haye*, 1731, in-12, 1 vol.

2413. Institutionum medicarum libri duo a Servatio Augustino de Villers. *Lovanii*, 1736.

2414. Accurata medendi methodus ab Henrico Josepho Rega. *Lovanii*, 1737, in-4°, 1 vol.

2415. Antonii de Haen ratio medendi in nosocomio practico. *Parisiis*, 1761, in-12, 6 vol.

2416. Is. Frederici Cartheuser fundamenta materiæ medicæ, curante Jo. Car. Desessartz. *Parisiis*, 1769, in-12, 4 vol.

2417. Pauli Josephi Barthez nova doctrina de functionibus naturæ humanæ. *Monspelii*, 1774, in-4°, 1 vol.

2418. Joannis Huxhami opera physico-medica, curante Georgio Christiano Reichel. *Lipsiæ*, 1784, in-8°, 2 vol.

2418 *bis*. Médecine pratique de Sydenham, ouvrage traduit de l'anglais par A. F. Jault. *Paris*, 1784, in-8°, 1 vol. (3 exemplaires.)

2419. Maximiliani Stoll ratio medendi. *Parisiis*, 1787, in-8°, 2 vol.

2420. Médecine expectante par C. Vitet. *Lyon*, 1803, in-8°, 5 vol.

2421. OEuvres de Vicq-d'Azyr, recueillies et publiées par Jacq. L. Moreau. *Paris*, 1805, in-8°, 6 vol.

2422. OEuvres complètes de Bordeu, précédées d'une notice sur sa vie et ses ouvrages, par Richerand. *Paris*, 1812, in-8°, 2 vol.

2423. OEuvres complètes de Cabanis. *Paris*, 1823, in-8°, 5 vol.

2424. OEuvres médico-philosophiques et pratiques de G.-E. Stahl, traduites et commentées par Th. Blondin. *Paris*, 1863, in-8°, 5 vol.

f. — Mémoires des sociétés et mélanges

2425. Berryat. Collection de pièces académiques concernant la médecine, l'anatomie et la chirurgie, etc. *Dijon*, 1754, in-4°, 6 vol.

2426. Mémoires de l'académie royale de chirurgie. *Paris*, 1761, in-4°, 5 vol.

2427. Anecdotes de médecine ..... 1762, in-18, 1 vol.

2428. Mélanges de médecine. *Paris*, 1821-1829, in-8°, 12 vol.

2429. Mémoires de l'académie royale de médecine. Avec des planches. *Paris*, 1828, in-4°, 28 vol.

2430. Actes du congrès médical de France, session de 1845. *Paris*, 1846, in-8°, 1 vol.

2431. Comptes rendus de diverses sociétés médicales. *Paris*, 1850, in-8°, 8 vol.

2432. Mémoires de l'académie royale de chirurgie. *Paris*, 1764, in-12, 15 vol.

2433. Séances annuelles des facultés et des écoles préparatoires de médecine. *Paris*, 1867, in-8°, 6 vol.

2434. Bulletins et mémoires de la société médicale des hôpitaux de Paris. *Paris*, 1865-1877, in-8°, 13 vol.

2435. Même ouvrage.

2436. Mémoires de l'académie de médecine, de 1841 à 1866. *Paris*, in-4°, 22 vol.

2437. Recueil de mémoires de médecine et de pharmacie militaire. — 2° et 3° séries, s'arrête à 1867, avec trois volumes d'éloges. *Paris*, in-8°, 42 vol.

2438. Bulletins et mémoires de la société de thérapeutique. *Paris*, 1868, in-8°, 4 vol.

2439. Bulletins et mémoires de la société de chirurgie de Paris, publiés par M. F. Guyon et MM. Marc Sée et Paulet. (tome premier). *Paris*, 1875, in-8°, 1 vol.

2440. Mélanges. Recueil de pièces diverses. (médecine) in-12, 1 vol.

2441. Recueil de pièces diverses. Médecine. (Latine) *Basileæ*, in-4°, 1 vol.

2442. Mélanges de médecine. In-8°, 6 vol.

2443. Recueil de pièces diverses sur la médecine. In-8°, 1 vol.

2444. Recueil de pièces diverses sur la médecine. In-8°, 1 vol.

2445. Recueil de pièces diverses sur la médecine. In-8, vol.

g. — Journaux et recueils périodiques

2446. Journal de chirurgie, par M. DESAULT. *Paris,*, 1791, in-8°, 4 vol.

2447. Journal des sciences médicales. *Paris* 1816-1822, in-8°, 7 vol.

2448. Nouveau journal de médecine, chirurgie, pharmacie. etc., faisant suite au journal de MM. CORVISART, LEROUX et BOYER. *Paris*, 1818, in-8°, 15 vol.

2449. Journal complémentaire, ou dictionnaire des sciences médicales. *Paris,*1818, in-8°, 13 vol.

2450. Archives générales de médecine, journal publié par une société de médecine. (1823-1824.) *Paris*, 1823, in-8°, 6 vol.

2451. Journal des connaissances médico-chirurgicales publié par MM. TROUSSEAU LEBAUDY et GOURAUD. *Paris*, 1833, in-8°, 21 vol.

2452. Journal universel et hebdomadaire de médecine pratique et des institutions médicales, par MM. BÉGIN, BÉRARD, BOUILLAUD, TROUSSEAU, VELPEAU, etc. *Paris*, 1830, in-8°, 13 vol.

2453. Journal de médecine et de chirurgie pratiques à l'usage des médecins praticiens. *Paris*, 1830, in-8°, 5 vol.

2454. Journal de médecine et de chirurgie pratiques à l'usage des médecins praticiens. *Paris*, 1830, in-8°, 4 vol.

2455. Journal des connaissances médico-chirurgicales, publié par MM. Armand TROUSSEAU, Jacques LEBAUDY et Henri GOURAUD. *Paris*, 1833, in-8°, 25 vol.

2456. Journal des connaissances médico-chirurgicales, publié par MM. TROUSSEAU, LEBAUDY et GOURAUD. *Paris*, 1833, in-8°, 2 vol.

2457. Journal hebdomadaire des progrès des sciences et institutions médicales, rédigé par MM. BOUILLAUD, DUBOIS, FORGET et VIDAL. *Paris*, 1834, in-8°, 6 vol.

2458. Journal de chimie médicale, de pharmacie, et de toxicologie, par les membres de la société de chimie médicale. *Paris*, 1835, in-8°, 15 vol.

2459. Bulletin général de thérapeutique médicale et chirurgicale, recueil pratique publié par J.-E.-M. MIGUEL. *Paris,*1837, in-8°, 17 vol.

2460. L'examinateur médical, rédigé par A.-M. DECHAMBRE et Aug. MERCIER. *Paris*, 1841, in-4°, 1 vol.

2461. Journal de chimie médicale, de pharmacie, de toxicologie, et revue des nouvelles scientifiques nationales et étrangères par les membres de la société de chimie médicale. *Paris*, 1848, in-8°, 21 vol.

2462. Revue de thérapeutique médico-chirurgicale, publiée par le Dʳ A. MARTIN-LAUZER. *Paris*, 1853, in-8°, 25 vol.

2463. Journal de médecine de Bordeaux, publié par MM. BARBET, BITOT, COSTES, CINTRAC, JEANNEL, ORÉ, VENOT. *Bordeaux,* 1856, in-8°, 10 vol.

2464. Le Progrès, journal des sciences et de la profession médicales. Annales de l'hydrothérapie rationnelle, par Louis FLEURY. *Paris*, 1858, in-8°, 5 vol.

2465. Revue des sciences médicales en France et à l'étranger, rédigée par Georges HAYEM. *Paris,* 1879, in-8°, 23 vol.

2466. Revue internationale des sciences biologiques, par DE LANESSAN. *Paris,* 1879, in-8°, 6 vol.

2467. La presse médicale. in-4°, 1 vol.

2468. Gazette médicale. in-4°, 50 vol.

2469. Gazette des hôpitaux civils et militaires. in-fol., 16 vol.

2470. Journal de l'anatomie et de la physiologie normales et pathologiques de l'homme et des animaux, par Ch ROBIN et G. POUCHER. *Paris,* 1879, in-8°, en cours de publication.

2471. Journal de l'anatomie et de la physiologie normales et pathologiques de l'homme et des animaux par Ch. ROBIN et G. POUCHET. *Paris,* 1879 et 1880, in-8°, 2 vol.

h. — *Thèses soutenues devant les facultés*

2472. Collection de thèses soutenues à la Faculté de médecine de Paris, depuis le 28 frimaire an VII, jusque et y compris le 6 floréal an XII, avec les tables rédigées par P. SUE. *Paris,* an VII à XII, in-8°.

2473. Collection de thèses soutenues à la Faculté de médecine de Paris, depuis le 24 floréal an XI jusqu'au 30 décembre 1841, avec les tables par SUE. *Paris,* an XI à 1841, in-4°.

2474. Collection de thèses soutenues à la Faculté de médecine de Montpellier. *Montpellier,* in-4°.

2475. Collection de thèses soutenues à la Faculté de médecine de Strasbourg. *Strasbourg,* in-4°.

2476. Collection de thèses soutenues devant la Faculté de médecine de Nancy. *Nancy,* in-4°.

2477. Collection de thèses soutenues devant la Faculté de médecine de Bordeaux. *Bordeaux,* in-4°.

2478. Collection de thèses soutenues devant la Faculté de médecine de Lille. *Lille,* in-4°.

i. — *Systèmes et palémiques*

2479. Medicinalium epistolarum miscellanea varia ac rara a J. Lancio LEMBERGIO. *Basileæ,* 1554, in-4°, 1 vol.

2480. Victoris TRINCAVELII de medicæ artis usu apud Venetos. *Basileæ,* 1571, in-12, 1 vol.

2481. Prosperi ALPINI de medicina Ægyptiorum libri quatuor. *Venetiis,* 1591, in-4°, 1 vol.

2482. Partie troisième des erreurs populaires touchant la médecine, en suite de celles de Laurens JOUBERT. *Lyon,* 1626, in-12, 1 vol.

2483. P. ALPINI de medicina Ægyptiorum, et Jacobi BONTII de medicina Indorum libri quatuor. *Parisiis,* 1645, in-4°, 1 vol.

2484. Ortus medicinæ, id est initia physicæ inaudita, a J.-B. VAN HELMONT. *Amsterodami,* 1648, in-4°, 1 vol.

2485. Le brigandage de la médecine, *Utrecht,* 1732, in-12, 2 vol.

2486. La nature opprimée par la médecine moderne, par M. TOUSSAINT-GUINDANT. *Paris,* 1768, in-12, 1 vol.

2487. Rapport au public de quelques abus

en médecine, par Thomas D'Onglée, *Paris*, 1785, in-8°, 1 vol.

2488. Doctrine médicale simplifiée, ou éclaircissement et confirmation du nouveau système de Brown, par le docteur Weikard. *Paris*, 1798, in-8°, 1 vol.

2489. Des erreurs populaires relatives à la médecine, par A. Richerand. *Paris*, 1812, in-8°, 1 vol.

2490. Même ouvrage.

2491. Examen de la doctrine médicale généralement adoptée, et des systèmes modernes de nosologie, par J.-V. Broussais. *Paris*, 1816, in-8°, 1 vol.

2492. Examen des doctrines médicales et des systèmes de nosologie, par F.-J.-V. Broussais. *Paris*, 1821, in-8°, 2 vol.

2493. Danger et absurdité de la doctrine physiologique du docteur Broussais, par L.-A. Lesage. *Paris*, 1823, in-8°, 1 vol.

2494. Exposition des principes de la nouvelle doctrine médicale, par J. M. A. Goupil. *Paris*, 1824, in 8°, 1 vol.

2495. Le catéchisme de la médecine physiologique, ou dialogue entre un savant et un jeune médecin, élève de Broussais. *Paris*, 1824, in-8°, 1 vol.

2496. Exposition de la doctrine médicale homœopathique, ou organon de l'art de guérir, par S. Hahnemann, nouvelle traduction par J.-L. Jourdan. *Paris*, 1832, in-8°, 1 vol.

2497. Doctrine et traitement homœopathique des maladies chroniques, par S. Hahnemann, traduit de l'allemand par J.-L. Jourdan. *Paris*, 1832, in-8°, 3 vol.

2498. M. Pasteur et la rage, par le docteur Lutaud. *Paris*, 1887, in-12, 1 vol.

k. — *Traités abrégés et compendia*

2499. Institutionum medicinæ libri v a Daniele Sennerto. *Wittebergæ*, 1611, in-4°, 1 vol.

2500. Epitome universam Dan. Sennerti doctrinam summa fide complecteus. *Avenione*, 1654, in-fol., 1 vol.

2501. Histoire naturelle de l'homme considérée dans l'état de maladie, ou la médecine par M. Clerc rappelée à sa première simplicité. *Paris*, 1767, in-8°, 2 vol.

2502. Principes de médecine de M. Home, traduit du latin en français par Gastellier. *Paris*, 1772, in-12, 1 vol.

2503. Eléments de médecine pratique de M. Cullen, traduits de l'anglais par M. Bosquillon. *Paris*, 1785, in-8°, 2 vol.

2504. Manuel médical, par P. H. Nysten. *Paris*, 1816, in-8°, 1 vol.

2505. Enchiridion medicum, ou manuel de médecine pratique, par G. Hufeland, traduit de l'allemand sur la 4ᵉ édition par J. L. Jourdan. *Paris*, 1841, in-8°, 1 vol.

l. — *Médecine populaire*

2506. Le médecin charitable, par Philibert Guibert. *Lyon*, 1674, in-12, 1 vol.

2507. Le médecin des pauvres, par M. Dublé. *Paris*, 1678, in-12, 1 vol.

2508. Recueil de remèdes faciles et domestiques. *Bruxelles*, 1684, in-18, 1 vol.

2509. La pratique de médecine de Théodore Turquet. *Lyon*, 1693, in-12, 1 vol.

2510. La médecine aisée, par LECLERC.
......, 1696, in-12, 1 vol.

2511. La médecine aisée, contenant plusieurs remèdes faciles, par LE CLERC.
Paris, 1703, in-12, 1 vol,

2512. Traité des maladies les plus fréquentes et des remèdes propres à les guérir, par HELVÉTIUS. *Paris*, 1739, in-12,
2 vol.

2513. Le médecin familier et sincère, par
Benoit VOYSIN. *Turin*, 1747, in-8°, 1 vol.

2514. Avis et préceptes de médecine du
docteur MEAD. *Paris*, 1757, in-12, 1 vol.

2515. Dictionnaire portatif de santé. *Paris*,
1762, in-12, 2 vol.

2516. Médecine domestique, par Guill.
BUCHAN. *Paris*, 1783, in-8°, 5 vol.

2517. Médecine domestique, ou traité
complet des moyens de se conserver la
santé, par Guillaume BUCHAN, traduit de
l'anglais par J. DUPLANIL. *Paris*, 1788,
in-8° 5 vol.

2518. Compendium de médecine pratique,
par Louis DE LA BERGE et Ed. MONNERET.
Paris, 1836, in-8°, 8 vol.

2519. Traité de médecine pratique de
Jean-Pierre FRANK, traduit du latin par
J. M. C. GONDAREAU. *Paris*, 1842, in-8°,
2 vol.

SECTION DEUXIÈME

Sciences anatomiques et physiologiques

ANATOMIE

a. — Traités généraux

2520. Isagogæ breves in anatomiam humani corporis per medicum CARPUM. *Lugd.
Batav.* 1530, in-12, 1 vol.

2521. De dissectione partium corporis
humani libri tres a Carolo STEPHANO
editi, una cum figuris et incisionum
declarationibus a Stephano RIVERIO com-
positis. *Parisiis*, 1545. in-fol , 1 vol.

2522. Même ouvrage.

2523. Anatomes totius ære insculpta deli-
neatio. And. VESALIUS. *Lutetiæ*, 1564,
in-fol., 1 vol.

2524. Vivæ imagines partium corporis
humani. *Antuerpiæ*, 1566, in-fol., 1 vol.

2525. Administrations anatomiques de
Claude GALIEN, traduites du grec par Jacques DALÉCHAMPS. *Lyon*, 1573, in-8°,
1 vol.

2526. Adriani SPIGELII de humani corporis fabrica libri decem. *Venetiis*,1587,in fol., 1 vol.

2527. Joannis RIOLANI filii anatomica. *Parisiis*, 1626, in-4°, 1 vol.

2528. Historia anatomica humani corporis et singularum ejus partium, ab Andrea LAURENTIO. *Francofurti*, 1636, in-fol., 1 vol.

2529. Thomæ BARTHOLINI anatomia reformata. *Hagæ-Comitis*, 1660, in-8°, 1 vol.

2530. Guilielmi HARVOEI exercitationes anatomicæ. *Londini*, 1660, in-18, 1 vol.

2531. Joannis VESLINGII syntagma anatomicum a Gerardo BLASIO. *Amstelodami*, 1666, in-4°, 1 vol.

2532. L'anatomie française en forme d'abrégé, par Maître Théophile GELÉE. *Rouen*, 1668, in-12, 1 vol.

2533. Anatomia Bartholiniana. *Lugduni Batavorum*, 1674, in-8°, 2 vol.

2534. Nouvelle description anatomique de toutes les parties du corps humain, par Aimé BOURDON. *Paris*, 1686, in-18, 1 vol.

2535. Steph. BLANCARDI anatomia practica rationalis. *Amstelodami*, 1588, in-16, 1 vol.

2536. L'anatomie de l'homme suivant la circulation du sang et les dernières découvertes, par DIONIS. *Paris*, 1694, in-8°, 1 vol.

2537. Corporis humani anatomiæ liber primus a Philippo VERHEYNEN. *Bruxelles*, 1710, in-4°, 1 vol.

2538. Planches anatomiques du Sieur GAUTIER. *Paris*, 1748, in-fol., 1 vol.

2539. Anatomia corporum humanorum centum et viginti tabulis illustrata a Guilielmo COWPER. *Ultrajecti*,1750,in-fol., 1 vol.

2540. Abrégé de l'anatomie du corps humain, par VERDIER. *Bruxelles*, 1752, in-12, 2 vol.

2541. Dictionnaire anatomique latin-françois. *Paris*, 1754, in-12, 1 vol.

2542. Anatomie générale et particulière du corps humain, par DURAND. *Lille*, 1774, in-8°, 2 vol.

2543. Exposition anatomique de la structure du corps humain, par M. WINSLOW. *Paris*, 1776, in-12, 4 vol.

2544. Traité complet d'anatomie, ou description de toutes les parties du corps humain, par A. BOYER. *Paris*, an 7, in-8°, 4 vol.

2545. Anatomie générale, appliquée à la physiologie et à la médecine, par Xav. BICHAT. *Paris*, 1801, in-8°, 4 vol.

2546. Traité d'anatomie descriptive, par Xav. BICHAT. *Paris*, 1801, in-8°, 5 vol.

2547. Même ouvrage.

2548. Anatomie générale appliquée à la physiologie et à la médecine, par Xavier BICHAT. *Paris*, 1812, in-8°, 4 vol.

2549. Même ouvrage.

2550. Manuel de l'anatomiste, par J. P. MAYGRIER. *Paris*, 1813, in-8°, 1 vol.

2551. Manuel d'anatomie, par J. N. MARJOLIN. *Paris*, 1815, in-8°, 2 vol.

2552. Explication des planches anatomiques du corps humain, exécutées d'après les dimensions naturelles, par F. ANTOMMARCHI. *Paris*, 1826, in-f°, 1 vol.

2553. Anatomie descriptive et physiologique, par BOURGERY et JACOB. *Paris*, 1832, in-f°, 19 vol.

2554. Même ouvrage.

2555. Anatomie descriptive par J. CRUVEILHIER. *Paris*, in-8°, 4 vol.

2556. Nouveaux éléments d'anatomie descriptive, par Fred. BLANDIN. *Paris*,1838, in-8°, 2 vol.

2557. Manuel de dissection, ou éléments d'anatomie générale, descriptive et topographique, par E. Coste. *Paris*, 1847, in-8°, 1 vol.

2558. Théorie du squelette humain, par Paul Gervais. *Paris*, 1856, in-8°, 1 vol.

2559. Traité d'anatomie descriptive, avec figures intercalées dans le texte, par Ph. Sappey. *Paris*, 1876, in-8°, 4 vol.

2560. Catalogue des pièces du Musée Dupuytren, par M. Houel. *Paris*, 1877, in-8°, 8 vol.

2561. Tableaux d'anatomie. Le système nerveux, nerfs rachidiens, nerfs craniens et systèmes nerveux périphériques, par J. Alavoine. *Paris*, 1878, in-f°, 1 vol.

2562. Histoire de l'anatomie physiologique, pathologique et philosophique, avec un exposé des principales découvertes de cette science, depuis son origine jusqu'à nos jours, par le docteur Burggraeve. *Paris*, 1880, in-8°, 1 vol.

2563. Catalogue du Musée Orfila, publié par M. Houel. *Paris*, 1881, in-8°, 1 vol.

2564. Précis d'anatomie à l'usage des artistes, par Mathias Duval. *Paris*, 1881, in-8°, 1 vol.

2565. Même ouvrage.

2566. Traité d'anatomie, par Brierre de Boismont. *Paris*, in-8°, 1 vol.

b. — Anatomie comparée

2567. Leçons d'anatomie comparée de Georges Cuvier. *Paris*, 1835, in-8°, 8 vol.

2568. Leçons sur la physiologie et l'anatomie comparée de l'homme et des animaux, faites à la faculté des sciences de Paris, par H. Milne-Edwards. *Paris*, 1857, in-8°, 12 vol.

c. — Anatomie pathologique

2569. L'anatomie du corps humain avec ses maladies, et les remèdes pour les guérir. *Paris*, 1684, in-8°, 1 vol.

2570. Précis d'anatomie pathologique, par G. Andral. *Paris*, 1829, in-8°, 3 vol.

2571. Recherches anatomico-pathologiques sur l'encéphale et ses dépendances, par F. Lallemand. *Paris*, 1830, in-8°, 3 vol.

2572. Traité complet d'anatomie chirurgicale, générale et topographique du corps humain, par Alf. M. Velpeau. *Paris*, 1833, in-8°, 2 vol.

2573. Traité d'anatomie médico-chirurgicale et topographique, par J. E. Pétrequin. *Paris*, 1844, in-8°, 1 vol.

2574. Nouveaux éléments d'anatomie chirurgicale, par Benjamin Anger ; accompagné d'un atlas. *Paris*, 1869, in-8°, 1 vol.

2575. Même ouvrage.

2576. Atlas d'anatomie pathologique, par le Dr Lancereaux et M. Lackerbauer, avec un volume de texte. *Paris*, 1871, in-8°, 1 vol.

2577. Traité complet d'anatomie chirurgicale. Explication des planches. Velpeau. In-f°., 1 vol.

2578. Médecine et anatomie, par M. de Bugny. (manuscrit). In-4°, 1 vol.

d. — *Mélanges*

2579. Franc. Glissonii anatomia hepatis. *Amstelodami*, 1659, in-16, 1 vol.

2580. Structure de la dent humaine, par F. G. Lemercier. *Paris*, 1877, in-f°, 1 vol.

PHYSIOLOGIE

Traités généraux

2581. Ex physiologia Aristotelis libri duo de triginta, Fr. Vatablo interprete. *Parisiis*, in-fol., 1 vol.

2582. Aristotelis aliorumque philosophorum ac medicorum problemata. *Duaci*, 1638, in-18, 1 vol.

2583. Eléments de physiologie de Alb. de Haller. *Paris*, 1769, in-12, 1 vol.

2584. Essai sur la physiologie, ou physique du corps humain, par Bordenave. *Paris*, 1778, in-12, 2 vol.

2585. De la division la plus naturelle des phénomènes physiologiques considérés chez l'homme, par F. R. Buisson. *Paris*, 1802, in 8°, 1 vol.

2586. OEuvres de Pierre Camper, ayant pour objet l'histoire naturelle, la physiologie et l'anatomie. *Paris*, 1803, in-8°, 3 vol.

2587. Planches pour les œuvres de P. Camper, qui ont pour objet l'histoire naturelle, la physiologie et l'anatomie comparée. *Paris*, 1803, in-fol., 1 vol.

2588. Nouveaux éléments de physiologie, par M. Richerand. *Paris*, 1817, in-8°, 2 vol.

2589. Annales de la médecine physiologique, par F. J. V. Broussais. *Paris*, 1822, in-8°, 6 vol.

2590. Traité de physiologie appliquée à la pathologie par F.-J.-V. Broussais. *Paris*, 1822, in-8°, 2 vol.

2591. Nouveaux éléments de physiologie, par M. Richerand, dixième édition, revue par M. Bérard ainé. *Paris*, 1835, in-8°, 2 vol.

2592. Précis élémentaire de physiologie, par F. Magendie. *Paris*, 1836, in-8°, 2 vol.

2593. Traité de physiologie cousidérée comme science d'observation, traduit de l'allemand par C.-L. Jourdan. *Paris*, 1837, in-8°, 9 vol.

2594. Manuel de physiologie par J. Mueller, traduit de l'allemand par L. Jourdan, deuxième edition revue et annotée par E. Littré. *Paris*, 1851, in-8°, 2 vol.

2595. Traité de physiologie, par F. A. Longet. *Paris*, 1861, in-8°, 2 vol.

2596. Mélanges d'anatomie, de physiologie et de chirurgie par P. N. Gerdy, publiés par M. Paul Broca et E. Beaugrand. *Paris*, 1875, in-8°, 2 vol.

2597. La science expérimentale, par Claude Bernard. *Paris*, 1898, in-12, 1 vol.

2598. Nouveaux élémens de physiologie, par Richerand. *Paris*, in-8°, 2 vol.

Anatomie et physiologie spéciale, ou phénomènes de la vie animale

a. — *De la vie et des forces vitales*

2599. Nouveaux éléments de la science de l'homme, par M. Barthez. *Montpellier*, 1778, in-8°, 2 vol.

2600. Recherches physiologiques sur la vie et la mort, par Xavier Bichat. *Paris*, 1805, in-8°, 1 vol.

2601. Même ouvrage.

2602. Même ouvrage.

b. — *De la tête et du cerveau*

2603. Cerebri anatome nervorumque descriptio, studio Thomæ Willis. *Amstelodami*, 1664, in-16, 1 vol.

c. — *Des organes des sens*

2604. Anatomie de l'appareil moteur de l'œil de l'homme et des vertébrés, par le docteur Motais. *Paris*, 1887, in-8°, 1 vol.

d. — *Histologie*

2605. Traité des membranes en général et de diverses membranes en particulier, par Xav. Bichat. *Paris*, 1802, in-8°, 1 vol.

2606. Contribuiçao para o estudo dos progressos da histologia em França, pelo Dᵒʳ Motta Maia. *Vienna*, 1877, in-8°, 1 vol.

2607. Même ouvrage.

2608. Laboratoire d'histologie du Collège de France. Travaux de l'année de 1876, publiés sous la direction de L. Ranvier. *Paris*, 1877, in-8°, 1 vol.

2609. Laboratoire d'histologie du Collège de France. Travaux de l'année 1877-1878, publiés sous la direction de L. Ranvier. *Paris*, 1879, in-8°, 1 vol.

2610. Laboratoire d'histologie du Collège de France. Travaux de l'année 1881, 1882, et 1883, publiés sous la direction de L. Ranvier. *Paris*, 1881-83, in-8°, 3 vol.

e. — Ostéologie

2611. Dissertation, en forme de lettres, au sujet des ouvrages de l'auteur du livre sur les maladies des os. *Paris, 1726,* in-12, 1 vol.

2612. Traité d'ostéologie, par BERTIN. *Paris,* 1754, in-12, 4 vol.

2613. Cours abrégé d'ostéologie, par LECAT. *Rouen,* 1768, in-12, 1 vol.

f. — Du cœur et du sang

2614. Tractatus de corde, authore Richardo LOWER. *Amstelodami,* 1671, in-12, 1 vol.

2615. Traité de la structure du cœur, de son action, et de ses maladies, par M. DE SENAC. *Paris, 1777,* in-4°, 2 vol.

2616. Expériences sur le principe de la vie, notamment sur celui du mouvement du cœur et sur le siège de ce principe, par M. LE GALLOIS. *Paris,* 1812, in-8°, 1 vol.

g. — Des vaisseaux lymphatiques et des glandes

2617. Anatomie des vaisseaux absorbans du corps humain, par M. CRUIKSHANK, traduit de l'anglais par M. PETIT-RADEL. *Paris,* 1787, in-8°, 1 vol.

2618. De l'inflammation des vaisseaux absorbans lymphatiques dermoïdes et sous-cutanés, par M. ALART. *Paris,* 1824, in-8°, 1 vol.

h. — Des viscères

2619. Splanchnologie, ou l'anatomie des viscères, par CROISSANT de GARENGEOT. *Paris,* 1742, in-12, 2 vol.

i. — De la digestion

2620. Recherches sur la digestion, l'assimilation et l'oxydation organique ou vitale, par le docteur MIALHE. *Paris,* 1879, in-8°, 1 vol.

k. — Des organes de la génération, de la génération et des fœtus

2621. Exercitationes de genere animalium, quibus accedunt quædam de partu, de membranis ac humoribus uteri et de conceptione, auct. Guil. HARVEO. *Amstelodami,* 1651, in-16, 1 vol.

2622. Les nouvelles découvertes sur toutes les parties principales de l'homme et de la femme, par Louis BARLES. *Lyon,* 1675, in-12, 2 vol.

2623. Tableau de l'amour conjugal considéré dans l'état du mariage, par le docteur Venette. *Londres,*1751, in-12, 2 vol.

2624. Démonstration de la matrice d'une femme grosse et de son enfant à terme, par Charles Nicolas Jenty. *Paris*, 1757, in-f°, 1 vol.

2625. Nouvel essai sur la mégalanthropogénésie, ou l'art de faire des enfants d'esprit, qui deviennent de grands hommes, par Robert, le jeune. *Paris*, 1803, in-8°, 2 vol.

2626. Même ouvrage.

2627. Nouvel essai sur la mégalanthropogénésie, ou l'art de faire des enfants d'esprit qui deviennent des grands hommes, par Robert, le jeune. *Paris*, 1805, in-8°, 2 vol.

2628. Histoire de la génération chez l'homme et chez la femme, par le Dr David Richard. *Paris*, 1875, in-8°, 1 vol.

2629. Eléments d'embryologie, par M. Foster et Francis M. Balfour, traduit de l'anglais par E. Rochefort. *Paris*, 1877, in-8°, 1 vol.

2630. Recherches sur l'anatomie topographique du fœtus, applications à l'obstétrique avec trente planches. par Alban Ribemont. *Paris*, 1878, in-f°, 1 vol.

2631. Leçons sur la génération des vertébrés, par G. Balbiani, recueillies par le Dr F. Henneguy. *Paris*, 1879, in-8°, 1 vol.

2632. Embryologie, ou traité complet du développement de l'homme et des animaux supérieurs, par Albert Kolliker, traduit de l'allemand par Aimée Schneider. *Paris*, 1882, in-8°, 1 vol.

l. — De la virginité

2633. Sev. Pinæus, de virginitatis notis, graviditate et partu. *Lugd. Batav.*, 1641, in-18, 1 volume.

m. — Des monstres

2634. De miraculis virorum, seu de varia natura, variis singularitatibus, proprietatibus, affectionibus, mirandisque virtutibus, facultatibus et signis hominum virorum liber novus et singularis, aut. Henrico Kornmanno. *Neapoli*, 1614, in-12, 1 vol.

2635. Histoire générale et particulière des anomalies de l'organisation chez l'homme et les animaux, des monstruosités, ou traité de tératologie, par Isidore Geoffroy Saint-Hilaire. *Paris*, 1832, in-8°, 2 vol.

2636. Histoire des monstres depuis l'antiquité jusqu'à nos jours, par le docteur Ernest Martin. *Paris*, 1880, in-8°,1 vol.

PHYSIOLOGIE PHILOSOPHIQUE

a. — De l'homme physique et moral

2637. Système physique et moral de la femme, suivi du système physique et moral de l'homme, par Roussel. *Paris,* 1813, in-8°, 1 vol.

2638. Inductions morales et physiologiques, par A. H. Kératry. *Paris,* 1817, in-8°, 1 vol.

b. — Rapport du physique et du moral, physiognomonie, phrénologie

2639. J. B. Portæ physiognomoniæ naturalis libri sex. *Lugd. Batav.,* 1645, in-18, 1 vol.

2640. Essai sur les opérations de l'entendement humain et sur les maladies qui les dérangent, par J. Fr. Dufour. *Amsterdam,* 1770, in-12, 1 vol.

2641. Physiologie intellectuelle ou développement de la doctrine du professeur Gall sur le cerveau et ses fonctions, par J. B. Demangeon. *Paris,* 1808, in-8°, 1 vol.

2642. Rapports du physique et du moral de l'homme, par G. Cabanis. *Paris,* 1815, in-8°, 2 vol.

2643. L'art de connaître les hommes par la physionomie, par Gaspard Lavater. *Paris,* 1820, in-8°, 10 vol.

2644. Sur l'origine des qualités morales et des facultés intellectuelles de l'homme et sur les conditions de leur manifestation, par F. J. Gall. *Paris,* 1825, in-8°, 6 vol.

2645. Cours de phrénologie spiritualiste, par B. Victor Idjiez. *Paris,* 1847, in-8°, 1 vol.

HYGIÈNE

Traités généraux

2646. De conservanda bona valetudine scholæ Salernitanæ opusculum. *Franco-furti*, 1553, in-12, 1 vol.

2647. De conservanda bona valetudine opusculum scholæ Salernitanæ. *Parisiis*, 1575, in-18, 1 vol.

2648. Conservandæ bonæ valetudinis præcepta Salernitana, per Joannem Curionem. *Lugduni*, 1577, in-18, 1 vol.

2649. De vitæ humanæ prorogatione, a Georgio Cornel. Schmiedel. *Witembergæ*, in-4°, 1 vol.

2650. Le trésor de santé, ou ménage de la vie humaine, divisé en dix livres. *Lyon*, 1607, in-12, 1 vol.

2651. Medicina Salernitana per Joannem Curionem. *Duaci*, 1611, in-18, 1 vol.

2652. Schola Salernitana, hoc est de valetudine tuenda opus Joannis Milanensis. *Parisiis*. 1625, in-8°, 1 vol.

2653. Engelberti Lamelin de vita longa libri duo. *Insulis*, 1628, in-18, 1 vol.

2654. Traité pour la conservation de la santé, par David l'Aigneau. *Paris,* 1650, in-4°, 1 vol.

2655. Commentaire en vers françois sur l'école de Salerne. *Paris*, 1671, in-12, 1 vol.

2656. Dialogues de la santé. *Amsterdam*, 1684, in-18, 1 vol.

2657. L'art de se conserver la santé, ou le médecin de soi-même, par Flamant. *Paris*, 1692, in-12, 1 vol.

2658. Conseils pour vivre longtemps, traduit de l'italien de Louis Cornaio, par De Prémont. *Paris*, 1701, in-12, 1 vol.

2659. Moyens faciles et assurés pour conserver la santé, par Domergue. *Paris*, 1706, in-12, 1 vol.

2660. Règles sur la santé et sur les moyens de prolonger la vie, traduit de l'anglais. *Paris*, 1726, in-12, 1 vol.

2661. Méthode aisée pour conserver sa santé, traduite de l'anglois, par De Préville. *Paris*, 1752, in-12, 1 vol.

2662. L'art de conserver sa santé, composé par l'école de Salerne. *Paris*, 1753, in-12, 1 vol.

2663. Essai sur la manière de perfectionner l'espèce humaine, par Vandermonde. *Paris*, 1756, in-12, 2 vol.

2664. Histoire de la santé et de l'art de la conserver, par Mackenzie. *Liège*, 1762, in-12, 2 vol.

2665. Le conservateur de la santé, par Le Bègue de Presle. *La Haye*. 1763. in-12, 1 vol.

2666. De la santé, ouvrage utile à tout le monde, par l'abbé Jacquin. Paris, 1763, in-12, 1 vol.

2667. Elémens d'hygiène, ou de l'influence des choses physiques et morales sur
l'homme, et des moyens de conserver la
santé, par Etienne Tourtelle. *Paris,*
1815, ln-8°, 2 vol.

2668. Même ouvrage.

2669. Gymnastique médicale, ou l'exercice appliqué aux organes de l'homme,
par Charles Londe. *Paris,* 1821, in-8°,
1 vol.

2670. Nouveaux élémens d'hygiène, rédigés suivant les principes de la nouvelle
doctrine médicale, par Charles Londe.
Paris, 1827, in-8°, 2 vol.

2671. Hygiène publique, ou mémoire sur
les questions les plus importantes de
l'hygiène, appliquée aux professions et
aux travaux d'utilité publique, par J.-B.
Parent-duchatelet. *Paris,* 1836, in-8°,
2 vol.

2672. De la prostitution dans la ville de
Paris, considérée sous le rapport de
l'hygiène publique, de la morale et de
l'administration, par B. Parent-Duchatelet. *Paris,* 1836, in-8°, 2 vol.

2673. Histoire naturelle de la santé et de
la maladie, chez les végétaux et les animaux en général, et en particulier chez
l'homme, par F. V. Raspail. *Paris,*
1845, in-8° 2 vol.

2674. Dictionnaire d'hygiène publique et
de salubrité, ou répertoire de toutes les
questions relatives à la santé publique,
par Ambroise Tardieu. *Paris,* 1862,
in-8°, 4 vol.

2675. Traité d'hygiène publique et privée,
par Michel Lévy. *Paris,* 1869, in-8°,
2 vol.

2676. Traité d'hygiène, par A. Proust.
Paris, 1881, in-8°, 1 vol.

2677. Manuel d'hygiène industrielle, par
le docteur Henri Napias. *Paris,* 1882,
in-8°, 1 vol.

2678. De l'administration de l'hygiène
publique à l'étranger et en France, par
Henri-Ch. Monod. *Caen,* 1884, in-4°,
1 vol.

TRAITÉS SPÉCIAUX

a. — Des agents extérieurs

2679. Recherches expérimentales sur les
effets physiologiques de l'augmentation
de la pression atmosphérique, par C. T.
Pravaz. *Paris,* 1875, in-8°, 1 vol.

b. — Du régime alimentaire

2680. Traicté de la nature des viandes et
du boire, traduit de l'italien du docteur
Baltazar Pisanelli. *Arras,* 1596, in-16,
1 vol.

2681. J. W. Viringi de jejunio et absti-
nentia medico-ecclesiastici libri v. *Rigiaci
Atrebatium,* 1597, in-4°, 1 vol.

2682. Fortunii Liceti medici de his qui

diu vivunt sine alimento libri quatuor. *Patavii*, 1612, in-fol., 1 vol.

2683. Balthasaris Pisanelli de alimentorum facultatibus libellus aureus. *Bruxellis*, 1662, in-16, 1 vol.

2684. De l'usage du café, du thé et du chocolat, par Jean Girin. *Lyon*, 1671, in-18, 1 vol.

2685. Hygiène alimentaire des malades, des convalescents et des valétudinaires, ou régime envisagé comme moyen théra-peutique, par J. B. Fonssagrives. *Paris*, 1861, in-8°, 1 vol.

2686. Hygiène alimentaire des malades, des convalescents et des valétudinaires, ou régime envisagé comme moyen thérapeutique, par J. B. Fonssagrives. *Paris*, 1867, in-8°, 1 vol.

2687. Le lait, la crème et le beurre, au point de vue de l'alimentation, de l'allaitement naturel, de l'allaitement artificiel, et de l'analyse chimique, par C. Husson. *Paris*, 1878, in-12, 1 vol.

c. — Hygiène des différents âges et des diverses professions

2688. Dissertatio de valetudine senum tuenda a Friderico Nitschio. *Halæ Magdeburgicæ*, 1725, in-4°, 1 vol.

2689. Traité de la vieillesse, hygiénique, médical et philosophique, par J. H. Réveillé-Parise. *Paris*, 1853, in-8°, 1 vol.

2690. De la santé des gens de lettres, par Tissot. *Lausanne*, 1758, in-12, 1 vol.

2691. Physiologie et hygiène des hommes livrés aux travaux de l'esprit, par J. H. Réveillé-Parise. *Paris*, 1839, in-8°, 2 vol.

2692. Dissertation sur l'éducation physique des enfants, par Ballexserd. *Paris*, 1762, in-12, 1 vol.

2693. De la conservation des enfants, ou les moyens de les fortifier, de les préserver et guérir des maladies, depuis l'instant de leur existence jusqu'à l'âge de puberté, par Raulin. *Paris*, 1768, in-8°, 3 vol.

2694. Education physique des jeunes filles, ou hygiène de la femme avant le mariage, par A. M. Bureaud-Riofrey. *Paris*, 1835, in-8°, 1 vol.

2695. Hygiène de la première enfance, par E. Bouchut. *Paris*, 1862, in-12, 1 vol.

2696. Traité pratique des maladies des nouveau-nés, des enfants à la mamelle et de la seconde enfance, par E. Bouchut. *Paris*, 1867, in-8°, 1 vol.

2697. La médecine militaire, ou l'art de conserver la santé des soldats dans les camps, par Portius. *Paris*, 1744, in-12, 1 vol.

2698. La médecine d'armée, par De Meyseroy. *Paris*, 1744, in-12, 3 vol.

2699. Description abrégée des maladies qui règnent le plus communément dans les armées, avec la méthode de les traiter, par Van-Sureten. *Paris*, 1760, in-12, 1 vol.

2700. Avis au peuple sur sa santé, par Tissot. *Paris*, 1782, in-12, 2 vol.

2701. Mémoires sur les hôpitaux de Paris, par Tenon. *Paris*, 1788, in-4°, 1 vol.

2702. Etude sur les hôpitaux, considérés sous le rapport de leur construction, de la distribution de leurs bâtiments, de l'ameublement, de l'hygiène et du service des salles de malades, par Armand Husson. *Paris*, 1862, in-4°, 1 vol.

2703. Rapport sur l'assainissement des fabriques, ou des procédés d'industries insalubres en Angleterre, par Ch. de Freycinet. *Paris*, 1864, in-8°, 1 vol.

2704. Rapport sur l'assainissement industriel et municipal dans la Belgique et la Prusse Rhénane, par Ch. DE FREYCINET. *Paris*, 1865, in-8°, 1 vol.

2705. Rapport supplémentaire sur l'assainissement industriel et municipal en France et à l'étranger, par M. Ch. DE FREYCINET. *Paris*, 1868, in-8°, 1 vol.

2706. Statistique médicale de l'armée, 1863 à 1869. *Paris*, in-4°, 4 vol.

SECTION IV

PATHOLOGIE

Traités généraux et nosographie

2707. Jodoci LOMMII observationum medicinalium libri tres. *Francofurti*, 1643, in-12, 1 vol.

2708. Jodoci LOMMII observationum medicinalium libri tres, quibus omnium morborum signa, et quæ de his haberi possunt præsagia, accuratissime pertractantur. *Amstelodami*, 1714, in-12, 1 vol.

2709. Nosographie philosophique, ou la méthode de l'analyse appliquée à la médecine, par Ph. PINEL. *Paris*, 1813, in-8°, 3 vol..

2710. Traité de l'expérience en général et en particulier dans l'art de guérir, par George ZIMMERMANN. *Paris*, 1817, in-8°, 2 vol.

2711. Elémens de pathologie générale, par A. F. CHOMEL. *Paris*, 1817, in-8°, 1 vol.

2712. Nosographie philosophique, ou la méthode de l'analyse appliquée à la médecine, par Ph. PINEL. *Paris*, 1818, in-8°, 3 vol.

2713. Cours de pathologie interne, professé à la faculté de médecine de Paris, par G. ANDRAL, recueilli et rédigé par Amédée LATOUR. *Paris*, 1836, in-8°, 3 vol.

2714. Cours de pathologie interne, par M. G. ANDRAL, recueilli et publié par Amédée LATOUR. *Paris*, 1848, in-8°, 3 vol.

2715. Traité élémentaire et pratique de pathologie interne, par A. GRISOLLE. *Paris*, 1852, in-8°, 2 vol.

2716. Traité élémentaire de pathologie interne, par MM. J. BÉHIER et A. HARDY. *Paris*, 1858, in-8°, 1 vol.

2717. Traité élémentaire de pathologie externe, par E. FOLLIN. *Paris*, 1861, in-8°, 3 vol.

2718. Traité de pathologie interne, par S. JACCOUD. *Paris*, 1862, in-8°, 2 vol.

2719. Traité de pathologie interne, par A. GRISOLLE. *Paris*, 1862, in-8°, 2 vol.

2720. Eléments de pathologie interne et de thérapeutique, par NIEMEYER, traduction de l'allemand, par L. CULMANN et Ch. SENGEL. *Paris*, 1865, in-8°, 2 vol.

2721. Les grands processus morbides, par J. J. Picot, avec un préface de M. le professeur Robin. *Paris*, 1876, in-8°, 2 vol.

ETIOLOGIE, OU CAUSES DES MALADIES

a. — De l'air et de son influence

2722. Des maladies occasionnées par les promptes et fréquentes variations de l'air, par Joseph Raulin. *Paris*, 1752, in-12, 1 vol.

2723. Consultations de médecine et mémoire sur l'air de Gémenos, par F. B. Ramel, fils. *La Haye*, 1783, in-12,1 vol.

2724. Même ouvrage.

b. — Du climat

2725. Traité sur le climat de l'Italie, considéré sous ses rapports physiques, météorologiques et médicinaux,par P.Thouvenel. *Vérone*, 1797, in-8°, 2 vol.

2726. Topographie médicale de Paris,par C. Lachaise. *Paris*, 1822, in-8°, 1 vol.

2727. De l'influence des voyages sur l'homme et sur ses maladies, par Dancel. *Paris*, 1846, in-8°, 1 vol.

2728. Etude climatologique du département du Cher, par H. Duchaussoy. *Bourges*, 1884, in-8°, brochure.

2729. Climats et endémies. Esquisses de climatologie comparée, par Ch. Pauly. *Paris*, in-8°, 1 vol.

SEMÉIOLOGIE, OU SIGNES DES MALADIES

2730. Actuarii Joannis de urinis libri septem de græco sermone in latinum conversi, in quibus omnia quæ de urinis dici possunt, sive theoriam, sive cognitionem, sive prognostica quæsiveris. *Basileæ*, 1529, in-12, 1 vol.

2731. Sphygmicæ artis libri v, a Josepho Struthio. *Basileæ*, 1555, in-12, 1 vol.

2732. Recueil alphabétique de prognostics dangereux et mortels sur les différentes maladies de l'homme. *Paris*,1736, in-18, 1 vol.

2733. Recueil alphabétique des prognostics. *Paris*, 1759, in-18, 1 vol.

2734. Dictionnaire des pronostics dans les maladies, par M. D. T. docteur. *Paris*, 1770, in-12, 1 vol.

2735. Même ouvrage.

2736. Nouvelle méthode pour reconnaître

les maladies internes de la poitrine par la percussion de cette cavité, par AVENBRUGGER, traduit du latin et commenté par J. N. CORVISART. *Paris*, 1808, in-8°, 1 vol.

2737. Séméiotique ou traité des signes des maladies, par A. J. LANDRÉ-BEAUVAIS. *Paris*, 1818, in-8°, 1 vol.

2738. Même ouvrage.

2739. De l'auscultation médiate, ou traité du diagnostic des maladies des poumons et du cœur, fondé principalement sur ce nouveau moyen d'exploration, par H. LAENNEC. *Paris*, 1819, in-8°, 2 vol.

2740. Atlas de plessimétrie, ouvrage indispensable pour apprendre soi-même la plessimétrie, par P. A. PIORRY. *Paris*, 1851, in-8°, 1 vol.

2741. Dictionnaire de diagnostic médical, par E. J. WOILLEZ. *Paris*, 1870, in-8°, 1 vol.

SECTION V

PATHOLOLOGIE ET THÉRAPEUTIQUE

Traités généraux

2742. Institutionum medicinæ libri quinque, auctore Leonharto FUCHSIO. *Lugduni*, 1555, in-8°, 1 vol.

2743. Medicæ syntaxes per Jacobum WECKER. *Basileæ*, 1562, in-f°, 1 vol.

2744. Praxis medicinæ theorica et empirica familiarissima Gualtheri BRUELE. *Antuerpiæ*, 1579, in-f°, 1 vol.

2745. Jacobi HOLLERII de morbis internis liber. *Parisiis*, 1611, in-4°, 1 vol.

2746. Danielis SENNERTI medicina practica. *Parisiis*, 1632, in-4°, 3 vol.

2747. ZACUTI Lusitani de praxi medica admiranda libri tres. *Amstelodami*, 1634, in-8°, 1 vol.

2748. Michaelis ETTMULLERI opera omnia medico-physica. *Lugduni*, 1690, in-f°, 2 vol.

2749. La médecine et la chirurgie des pauvres. *Paris*, 1741, in-12, 1 vol.

2750. Abrégé de toute la médecine pratique, traduit de l'ouvrage de J. ALLEN. *Paris*, 1741, in-12, 7 vol.

2751. Précis de la médecine pratique, par M. LIEUTAUD. *Paris*, in-8°, 1 vol.

2752. La médecine et la chirurgie des pauvres, qui contiennent les remèdes faciles à préparer et sans dépense, par ALEXANDRE. *Paris*, 1763, in-12, 1 vol.

2753. La médecine pratique, par LE CAMUS. *Paris*, 1769, in-12, 1 vol.

2754. Elémens de médecine théorique et pratique, par Etienne TOURTELLE. *Strasbourg*, 1799, in-8°, 3 vol.

2755. Esquisse de la vie, ou mon mince traitement médical, par A. A. DEBONNINGUE. *Calais*, 1831, in-8°, 2 vol.

2756. Nouveaux élémens de pathologie médico-chirurgicale, ou traité théorique et pratique de médecine et de chirurgie, par L. Ch. Roche et L J. Sanson. *Paris*, 1833, in-8°, 5 vol.

2757. Traité de thérapeutique et de matière médicale, par A. Trousseau et H. Pidoux. *Paris*, 1836, in-8°, 3 vol.

2758. Traité de médecine pratique et de pathologie iatrique ou médicale, par P.A. Piorry. *Paris*, 1842, in-8°, 8 vol.

2759. Traité de médecine pratique de Jean-Pierre Frank, traduit du latin par J. M. C. Goudareau. *Paris*, 1842, in-8°, 2 vol.

2760. Etudes de l'homme dans l'état de santé, et dans l'état de maladie, par J.H. Réveillé-Parise. *Paris*, 1845, in-8°, 2 vol.

2761. Guide du médecin praticien, ou résumé général de pathologie interne et de thérapeutique appliquée, par F. L. Valleix. *Paris*, 1853, in-8°, 5 vol.

2762. Leçons de thérapeutique du professeur A. Gubler, recueillies et publiées par le docteur F. Leblanc. *Paris*, 1877, in-8°, 1 vol.

CLINIQUE ET OBSERVATIONS

2763. Consultations choisies de plusieurs médecins célèbres de l'Université de Montpellier, sur des maladies aigues et chroniques. *Paris*, 1748, in-12, 4 vol.

2764. La médecine clinique rendue plus précise et plus exacte par l'application de l'analyse, par Ph. Pinel. *Paris*, 1815, in-8°, 1 vol.

2765. Clinique médicale, ou choix d'observations recueillies à la clinique de M. Lerminier, par G. Andral fils. *Paris*, 1823, in-8°, 4 vol.

2766. Clinique médicale ou choix d'observations recueillies à l hôpital de la Charité, par G. Andral. *Paris*, 1834, in-8°, 5 vol.

2767. Clinique médicale de l'hôpital de la Charité, par J. Bouillaud. *Paris*, 1837, in-8°, 3 vol.

2768. Traité expérimental et clinique d'auscultation, appliquée à l'étude des maladies du poumon et du cœur, par J. H. S. Beau. *Paris*, 1856, in-8°, 1 vol.

2769. Eléments de médecine clinique, par A. Trumet de Fontarce. *Paris*, 1857. in-8°, 2 vol.

2770. Clinique médicale de l'Hôtel-Dieu de Paris, par A. Trousseau. *Paris*, 1861, in-8°, 2 vol.

2771. Leçons de clinique médicale de R. J. Graves, ouvrage traduit et annoté par Jaccoud. *Paris*, 1863, in-8° 2 vol.

2772. Conférences de clinique médicale faites à la Pitié (1861-1862), par J. Béhier, recueillies par Menjaud et Proust. *Paris*, 1864, in-8°, 1 vol.

2773. Leçons de clinique médicale faites à l'hôpital de la Charité, par S. Jaccoud. *Paris*, 1867, in-8°, 1 vol.

2774. Clinique photographique de l'hôpital Saint-Louis, par MM. A. Hardy et A. de Montméja. *Paris*, 1868, in-4°, 1 vol.

2775. Traité clinique et expérimental des embolies capillaires, par V. Feltz. *Paris*, 1870, in 8°, 1 vol.

2776. Leçons de clinique médicale de R. J. Graves, ouvrage traduit et annoté par Jaccoud. *Paris*, 1871, in-8°, 2 vol.

2777. Clinique médicale par le docteur Noël Gueneau de Mussy. *Paris*, 1874, in-8°, 2 vol.

2778. De la température du corps humain et de ses variations dans les diverses maladies, par P. LORAIN, publication faite par les soins de P. BROUARDEL. *Paris*, 1877, in-8°, 2 vol.

2779. Même ouvrage.

2780. Clinique des nouveau-nés, l'athrep-sie, par J. PARROT. *Paris*, 1802, in-8°, 1 vol.

2781. Expériences physiologiques et observations cliniques, par M. HARDY. *Paris*, in-12, 1 vol.

2782. Observations de médecine et chirurgie faites dans les hôpitaux, par Wagret. *Mons.* in-12, 1 vol.

TRAITÉS PARTICULIERS

I. — MALADIES GÉNÉRALES

a. — Maladies chroniques

2783. Essais sur neuf maladies également dangereuses, par M. DE MALON. *Paris*, 1770, in-12, 1 vol.

2784. Recherches sur les maladies chroniques, par Théophile BORDEU. *Paris*, an IX, in-8°, 1 vol.

2785. Maladies chroniques dues à l'épuisement, par le docteur SALLÉNAVE. *Paris* 1855, in-8°, 1 vol.

b. — Maladies épidémiques

2786. Observations sur les maladies épidémiques, par LEPECQ DE LA CLOTURE. *Paris*, 1776, in-4°, 1 vol.

2787. Histoire des maladies, épidémics qui ont régné dans le Dauphiné, depuis 1775, par NICOLAS. *Grenoble*, 1780, in-8°, 1 vol.

2788. Leçons sur les épidémies et l'hygiène publique, faites à la faculté de médecine de Strasbourg, par Fr. Emm. FODÉRÉ. *Paris*, 1822, in-8°, 4 vol.

2789. Histoire de l'épidémie de suette miliaire, qui a régné, en 1821, dans les départements de l'Oise et de Seine-et-Oise, par P. RAYER. *Paris*, 1822, in-8°, 1 vol.

2790. Causes des maladies épidémiques, par M. LASSIS. *Paris*, 1822, in-8°, 1 vol.

2791. Rapport sur le choléra-morbus, lu à l'Académie royale de médecine, en séance générale, les 26 et 30 juillet 1831. *Paris*, 1831, in-8°, 1 vol.

2792. Recherches et observations sur le prurigo, faites à l'hôpital Saint-Louis et dans les départements du Pas-de-Calais et de la Somme, par J. Mouronval. *Paris*, 1836, in-8°, 1 vol.

2793. Traité des maladies et épidémics des armées, par A. Laveran. *Paris*, 1875, in-8°, 1 vol.

2794. Del processo morboso del colora Asiatico memoria del Dott. Filippo Pacini. *Firenze*, 1879, in-8°, 1 vol.

2795. Rapport sur l'épidémie cholérique de la Guadeloupe. 1865-1866, par M. le Dr Walther. *Paris*, 1885, in-8°, 1 vol.

2796. Les bactéries et leur rôle dans l'anatomie et l'histologie pathologiques des maladies infectieuses, par A. V. Cornil et V. Babes. (avec atlas) *Paris*, 1885, in-8°, 1 vol.

c. — Des fièvres

2797. Liber de ratione victus in singulis febribus, Brudo Lusitano autore. *Venetiis*, 1544, in-12, 1 vol.

2798. Alexandri Tralliani Rhazæ de pestilentia libellus. *Lutetiæ*, 1548, in-f°, 1 vol.

2799. De febribus commentarius ex libris aliquot Hippocratis et Galeni a J. Sylvio. *Parisiis*, 1554, in-fol., 1 vol.

2800. De febribus commentarius. *Venetiis*, 1555, in-12, 1 vol.

2801. Traicté de la peste et de sa guérison. *Poitiers*, 1566, in-12, 1 vol.

2802. Johannis Jessenii a Jessen adversus pestem consilium. *Giesso*, 1614, in-16, 1 vol.

2803. Alexilœmos, sive de pestis natura, causis, etc., auct. Ludovico du Gardin. *Draci*, 1617, in-12, 1 vol.

2804. Traité de la peste, de ses causes et de sa cure, par Jean de Lampérière. *Rouen*, 1620, in-12, 1 vol.

2805. Ath. Kircherii scrutinium contagiosæ luis, quæ pestis dicitur. *Romæ*, 1658, in-4°, 1 vol.

2806. Remèdes contre la peste. *Paris*, 1721, in-12, 1 vol.

2807. Histoire de la dernière peste de Marseille, Aix, Arles, Toulon, divisée en deux parties, par Martin. *Paris*, 1732, in-12, 1 vol.

2808. Palladii de febribus concisa synopsis, (græce et latine) cum notis J. Stephani Bernard. *Lugduni Batav.* 1745, in-8°, 1 vol.

2809. Traité des fièvres, traduit du latin de Fizes. *Paris*, 1759, in-12, 1 vol.

2810. Traité des fièvres pernicieuses et intermittentes, par J. L. Alibert. *Paris*, in-8°, 1 vol.

2811. Même ouvrage.

2812. Traité de la fièvre entéro-mésentérique, par MM. A. Petit et R. A. Serres. *Paris*, 1813, in-8°, 1 vol.

2813. Observations sur la fièvre jaune, par MM. Pariset et Mazet. *Paris*, 1820, in-fol., 1 vol.

2814. Traité des fièvres rémittentes et des indications qu'elles fournissent pour l'usage du quinquina, par Th. Baumes. *Paris*, 1821, in-8°, 2 vol.

2815. Pyrétologie physiologique, ou traité des fièvres considérées dans l'esprit de la nouvelle doctrine médicale, par F. G. Boissean. *Paris*, 1823, in-8°, 1 vol.

2816. Traité anatomico-pathologique des fièvres intermittentes simples et pernicieuses, par E. M. Bailly. *Paris*, 1825, in-8°, 1 vol.

2817. Des fièvres intermittentes et continues, par Raymond Faure. *Paris*, 1838, in-8°, 1 vol.

II. — MALADIES LOCALES

a. — Maladies des voies respiratoires

2818. Traité de quelques maladies de la poitrine, avec leur diagnostic, prognostic et pansement par M. CRENDAL. *Paris*, 1739, in-12, 1 vol.

2819. De la cause immédiate de la phthisie pulmonaire et des maladies tuberculeuses, par J. Francis CHURCHILL. *Paris*, 1864, in-8°, 1 vol.

2820. Thérapeutique de la phthisie pulmonaire, basée sur les indications, ou l'art de prolonger la vie des phthisiques par les ressources combinées de l'hygiène et de la matière médicale, par J.-B. FONSSAGRIVES. *Paris*, 1866, in-8°, 1 vol.

2821. Etudes générales et pratiques sur la phthisie, par M. PIDOUX. *Paris*, 1873, in-8°, 1 vol.

b. — Maladies des voies circulatoires

2822. Traité du scorbut, divisé en trois parties, traduit de l'anglais de M. LIND. *Paris*, 1756, in-12, 2 vol.

2823. Histoire des phlegmasies, ou inflammations chroniques, par F. J. V. BROUSSAIS. *Paris*, 1816, in-8°, 3 vol.

2824. Essai sur les maladies et les lésions organiques du cœur et des gros vaisseaux, par J.-N. CORVISSART. *Paris*, 1828, in-8°, 1 vol.

2825. Leçons du docteur BROUSSAIS sur les phlegmasies gastriques, par E. DE CAIGNOU et A. QUÉMONT. *Paris*, 1819, in-8°, 1 vol.

2826. Histoire des phlegmasies ou inflammations chroniques, fondée sur de nouvelles observations de clinique et d'anatomie pathologique, par F.J.V. BROUSSAIS. *Paris*, 1822, in-8°, 3 vol.

2827. Du traitement des hémorrhoïdes, par J. FONTAN. *Paris*, 1877, in-8°, 1 vol.

c. — Affections du système circulatoire et respiratoire

2828. Grégorii NYMMANI de apoplexia tractatus. *Wittebergœ*, 1629, in-4°, 1 vol.

2829. Recherches sur l'apoplexie et sur plusieurs autres maladies de l'appareil nerveux cérébro-spinal, par J.-A. ROCHOUX. *Paris*, 1833, in-8°, 1 vol.

2830. Etude physiologique et expérimentale sur l'asphyxie par submersion, par HOUZÉ DE L'AULNOIT. *Lille*, 1887, in-8°, 1 vol.

d. — Maladies du système lymphatique

2831. Traité des scrophules, vulgairement appelées écrouelles ou humeurs froides, par Pierre LALOUETTE. *Paris*, 1788, in-12, 1 vol.

e. — Maladies des voies digestives et leurs annexes (foie, rate, etc.)

2832. Kelegraphia, sive descriptio herniarum per Malachiam GEIGER. *Monachii,* 1631, in-12. 1 vol.

2833. L'art de guérir les hernies, par Nicolas DE BLEGNY. *Paris,* 1676, in-12, 1 vol.

2834. Le chirurgien dentiste, ou traité des dents, par Pierre FAUCHARD. *Paris,* 1746, in-12, 2 vol.

2835. Traité pratique des hernies, déplacements et maladies de la matrice, par P. L. VERDIER. *Paris,* 1750, in-8°, 1 vol.

2836. Traité des entozoaires et des maladies vermineuses de l'homme et des animaux domestiques, par C. DAVAINE. *Paris,* 1860, in-8°, 1 vol.

2837. Des infiniment petits rencontrés chez les cholériques, étiologie, prophylaxie et traitement du choléra, par G. DANET. *Paris,* 1873, in-8°, 1 vol.

2838. Présence de bactéries dans la sérosité péritonéale et de la hernie étranglée et de l'occlusion intestinale, par le docteur G. NEPVEU. *Paris,* 1883, in-8°, brochure.

f. — Maladies des voies genito-urinaires

2839. Traité des pierres qui s'engendrent dans les terres et les animaux, où l'on parle des causes qui les forment dans les hommes, par VENETTE. *Paris,* 1701, in-12, 1 vol.

2840. Des maladies de l'utérus ou de la matrice, par M. NAUCHE. *Paris,* 1816, in-8°, 1 vol.

2841. Traité pratique des maladies de l'utérus et de ses annexes, fondé sur un grand nombre d'observations cliniques, par Madame BOIVIN et A. PAGÈS ; avec atlas. *Paris,* 1833, in-f°, 2 vol.

2842. Traité pratique des maladies de l'utérus et de ses annexes, par Madame BOIVIN et A. DUGÈS. *Paris,* in-8°, 2 vol.

2843. Traité des maladies des voies urinaires, par M. VOILLEMIER. *Paris,* 1868, in-8°, 2 vol.

2844. Contributions à la chirurgie des voies urinaires, suivies de mémoires sur divers sujets de médecine et de chirurgie, par le Dr F. G. GUILLON. *Paris,* in-8°, 1 vol.

g. — Maladies du système nerveux

2845. Pathologiæ cerebri et nervosi generis specimen, studio Thomæ WILLIS. *Amstelodami,* 1670, in-16, 1 vol.

2846. Tractatus de morbis internis capitis, authore Jacobo LAZERME. *Amstelodami,* 1748, in-12, 1 vol.

2847. L'onanisme. Dissertation sur les maladies produites par la masturbation, par M. TISSOT. *Lausanne,* 1749, in-12, 1 vol.

2848. Tractatus de morbis capitis externis Domini HAGUENOT. *Avenione,* 1751, in-12, 1 vol.

2849. Traité des affections vaporeuses du sexe, par Joseph RAULIN. *Paris,* 1758, in-12, 1 vol.

2850. Traité des affections vaporeuses du sexe, par Raulin. *Paris*, 1759, in-12, 1 vol.

2851. Traité des affections vaporeuses des deux sexes, par Pomme fils. *Lyon*, 1763, in-12, 1 vol.

2852. Traité des affections vaporeuses des deux sexes, par M. Pomme. *Lyon*, 1763, in-12, 1 vol.

2853. L'onanisme, dissertation sur les maladies produites par la masturbation, par Tissot. *Lausanne*, 1778, in-12, 1 vol.

2854. Méthode de traiter les morsures des animaux enragés et de la vipère, par Enaux et par Chaussier. *Dijon*, 1785, in-12, 1 vol.

2855. Traité des affections vaporeuses des deux sexes, ou maladies nerveuses, par Pierre Pomme. *Paris*, an VII, in-8°, 2 vol.

2856. Traité sur les gastralgies et les entéralgies, ou maladies nerveuses de l'estomac et des intestins, par T. Barras. *Paris*, 1827, in-8°, 1 vol.

2857. Du pronostic et du traitement curatif de l'épilepsie, par Th. Herpin. *Paris*, 1852, in-8°, 1 vol.

2858. Des maladies mentales et des asiles d'aliénés, leçons cliniques et considérations générales, par J. P. Falret. *Paris*, 1864, in-8°, 1 vol.

2859. La rage au point de vue physiologique par le colonel E. Belleville. *Toulouse*, 1873, in-8°, brochure.

2860. Etude scientifique sur le somnanbulisme, par Prosper Despine. *Paris*, 1880, in-8°, 1 vol.

h. — *Maladies de l'appareil locomoteur*

2861. Nouveau traité du rhumatisme et des vapeurs, par Dumoulin. *Paris*, 1703, in-12, 1 vol.

2862. Traité de la goutte dans son état naturel, par Aignan. *Paris*, 1707, in-12, 1 vol.

2863. L'orthopédie, ou l'art de prévenir et de corriger dans les enfants les difformités du corps, par Andry. *Paris*, 1741, in-12, 2 vol.

2864. Demetrii Pepagomeni liber de podagra (græce et latine) Joh. Steph. Bernard. *Lugd. Batav.*, 1743, in-8°, 1 vol.

2865. Traité des moyens de dissoudre la pierre et de guérir cette maladie et celle de la goutte, par Théophile Lobb. *Paris*, 1744, in-12, 1 vol.

2866. Traité du rakitis, ou l'art de redresser les enfants contrefaits, par M. Levacher de la Feutrie. *Paris*, 1772, in-8°, 1 vol.

2867. Guide pratique des gouteux et des rhumatisans, par J.-H. Réveillé-Parise. *Paris*, 1837, in-8°, 1 vol.

2868. Physiologie des mouvements démontrée à l'aide de l'expérimentation électrique et de l'observation clinique, et applicable à l'étude des paralysies et des déformations, par G. B. Duchenne. *Paris*, 1867, in-8°, 1 vol.

2869. Du traitement des déviations de la colonne vertébrale, par C. T. Pravaz. 1875, in-8°, 1 vol.

i. — Maladies des organes des sens

2870. Vopisci Fortunati PLEMPII opthalmographia. *Amsterodami*, 1632, in-4°, 1 vol.

2871. Traité des maladies des yeux, par DESHAIS-GENDRON. *Paris,* 1770, in-12, 2 vol.

2872. Cours complet des yeux, suivi d'un traité abrégé d'hygiène oculaire, par F. DELARUE. *Paris*, 1823, in-8°, 1 vol.

2873. Traité théorique et pratique de médecine oculaire, par P. J. VALLEZ. *Bruxelles*, 1853, in-8°, 1 vol.

2874. Physiologie et pathologie fonctionnelle de la vision binoculaire, par F. GIRAUD-TEULON. *Paris*, 1861, in-8°, 1 vol.

2875. Traité pratique des maladies des yeux, par le docteur FANO. *Paris*, 1866, in-8°, 2 vol.

2876. Le mécanisme des osselets de l'oreille et de la membrane du tympan, par H. HELMHOLTZ, traduit par J.-A. RATTEL. *Paris*, 1886, in-8°, 1 vol.

k. — Maladies de la peau

2877. Benedicti VICTORII Faventini de morbo gallico liber. *Florentiæ*, 1551, in-8°, 1 vol.

2878. Nouveau traité du pourpre, de la rougeole et petite vérole, de leur nature et de leurs remèdes, par PORCHON. *Paris*, 1638, in-18, 1 vol.

2879. Aphrodisiacus, sive de lue venerea, vel morbo gallico opus, ab Aloysio LUISINO. *Lugduni Baiavorum*, 1728, in-fol., 1 vol.

2880. Syphilis, ou le mal vénérien, poème latin de Jérome FRACASTOR, avec la traduction en français. *Paris*, 1753, in-12, 1 vol.

2881. Recueil de pièces concernant l'inoculation de la petite vérole. *Paris*, 1756, in-12, 1 vol.

2882. Traité des maladies vénériennes, par M. FABRE. *Paris*, 1773, in-8°, 1 vol.

2883. Traité des maladies vénériennes, par M. PRESSAVIN. *Genève*, 1775, in-12, 1 vol.

2884. Traité des maladies vénériennes, par M. Jean HUNTER, traduit de l'anglais par M. AUDIBERTI. *Paris*, 1787, in-8°, 1 vol.

2885. Traité des maladies vénériennes, par M. FABRE. *Paris*, 1795, in-8°, 1 vol.

2886. Traité complet sur les symptômes, les effets, la nature et le traitement des maladies syphilitiques, par F. SWEDIAUR. *Paris*, 1798, in-8°, 2 vol.

2887. Traité des maladies vénériennes, et méthode de leur guérison par le rob anti-syphilitique, par BOYVEAU-LAFFECTEUR. *Paris*, l'an 8, in-8°, 1 vol.

2888. Aphrodisiographie, ou tableau de la maladie vénérienne, dans lequel on expose ses causes et ses symptômes, par Joseph CAPURON. *Paris*, 1807, in-8°, 1 vol.

2889. Précis théorique et pratique sur les maladies de la peau, par M. ALIBERT. *Paris*, 1810, in-8°, 2 vol.

2890. Cours de maladies syphilitiques, fait aux écoles de médecine de Paris en 1809, par M. PETIT-RADEL. *Paris*, 1812, in-8°, 2 vol.

2891. Traité complet sur les symptômes, les effets, la nature et le traitement des maladies syphilitiques, par F. Swediaur. *Paris*, 1817, in-8°, 2 vol.

2892. Recherches et observations sur la gale, faites à l'Hôpital Saint-Louis, à la clinique de M. Lugol, recueillies par J. F. J. Mouronval. *Paris*, 1821, in-8°, 1 vol.

2893. Traité de la vaccine, par J. B⁺ Bousquet. *Paris*, 1833, in-8°, 1 vol.

2894. Traité théorique et pratique des maladies de la peau, par P. Rayer. *Paris*, 1835, in-8°, 3 vol.

2895. Traité des maladies de la peau, par P. Rayer. Atlas. *Paris*, 1835, in-fol., 1 vol.

2896. Abrégé pratique des maladies de la peau, d'après les auteurs les plus estimés, par MM. Alphée Cazenave, et H. E. Schedel. *Paris*, 1838, in-8°, 1 vol.

2897. Traité pratique des maladies vénériennes, ou recherches critiques et expérimentales sur l'inoculation appliquée à l'étude de ces maladies, par Ph. Ricord. *Paris*, 1838, in-8°, 1 vol.

2898. Manuel du vaccinateur des villes et des campagnes, par Adde-Margras. *Paris*, 1855, in-12, 1 vol.

2899. Traité des maladies syphilitiques, par Giraudeau de St-Gervais. *Paris*, 1858, in-8°, 1 vol.

2900. Traitement des maladies de la peau, dartres, scrofulides, syphilides, calvitie, du docteur Félix Rochard. *Paris*, 1877, in-8°, 1 vol.

2901. Auzias-Turenne. La syphilisation. *Paris*, 1878, in-8°, 2 vol.

2902. Notice historique sur l'introduction, la propagation et l'étude de la vaccine, dans le département de la Creuse, par F. Vincent. *Guéret*, 1880, in-8°, 1 vol.

2903. Des bactéries dans l'érysipèle, par le docteur G. Nepveu. *Paris*, 1885, in-8°, Brochure.

l. — *Transformations organiques et produits morbides accidentels*

2904. Essai sur l'hydropisie et ses différentes espèces, par Monro fils. *Paris*, 1760, in-12, 1 vol.

2905. Recherches et observations sur le cancer, par F. J. Léon Rouzet. *Paris*, 1818, in-8°, 1 vol.

m. — *Intoxication et empoisonnement*

2906. Deux livres des venins par Jacques Grevin. *Anvers*, 1568, in-4°, 1 vol.

2907. Jacobi Grevini de venenis libri duo. *Antuerpiæ*, 1571, in-4°, 1 vol.

2908. Traité des poisons tirés des règnes minéral, végétal et animal, ou toxicologie générale, par M. P. Orfila. *Paris*, 1814, in-8°, 4 vol.

2909. Secours à donner aux personnes empoisonnées ou asphyxiées, par Orfila. *Paris*, 1818, in-12, 1 vol.

2910. Même ouvrage.

2911. Contre-poisons mis à la portée des personnes étrangères à l'art de guérir, par H. Chaussier. *Paris*, 1824, in-8°, 1 vol.

n. — Maladies spéciales

2912. Observations sur les maladies des armées, dans les camps et dans les gar- nisons, par M. Pringle. *Paris*, 1771, in-12, 2 vol.

SECTION VI

CHIRURGIE

a. — Dictionnaires

2913. Dictionnaire portatif de chirurgie, ou tome troisième du dictionnaire de santé, par Sue le jeune. *Paris*, 1772, in-12, 1 vol.

b. — Œuvres des chirurgiens et traités généraux

2914. Practica in chirurgia a Joanne de Vigo. *Romæ*, 1514, in-fol., 1 vol.

2915. Même ouvrage.

2916. Opera Joannis de Vigo. *Moguntiæ*, 1524, in-4°, 1 vol.

2917. Chirurgia. Chirurgiæ scriptores optimi. *Tiguri*, 1555, in-fol., 1 vol.

2918. Les trois premiers livres de la chirurgie d'Hippocrate. *Paris*, 1555, in-18, 1 vol.

2919. Œuvres d'Ambroise Paré. *Paris*, 1575, in-fol., 1 vol.

2920. Œuvres d'Ambroise Paré. *Lyon*, 1661, in-fol., 1 vol.

2921. Chirurgie française recueillie par Jacques Dalechamps. *Paris*, 1610, in-4°, 1 vol.

2922. Thesaurus chirurgiæ per Pet. Uffenbachium. *Francofurti*, 1610, in-fol., 1 vol.

2923. Les œuvres de chirurgie de Jacques Guillemeau. *Paris*, 1612, in-fol., 1 vol.

2924. La quintessence de la chirurgie réduite en cinq parties, par frère Jean Germain. *Lyon*, 1630, in-8°, 1 vol.

2925. La chirurgie complète, par demandes et par réponses, par Le Clerc. *Paris*, 1735, in-12, 1 vol.

2926. Cours de chirurgie dicté aux écoles de médecine de Paris, par Col de Vilars. *Paris*, 1738, in-12, 6 vol.

2927. Chirurgie complète suivant le systèmedes modernes, par François Planque. *Paris*, 1744, in-12, 2 vol.

2928. Réflexions medico - chirurgicales, par Trécourt. *Bouillon,* 1773, in-12, 1 vol.

2929. Traité des maladies chirurgicales et des opérations qui leur conviennent, par L. Petit. *Paris,* 1774, in-8°, 3 vol.

2930. Traité des maladies chirurgicales et des opérations qui leur conviennent, par J. L. Petit, *Paris,* 1783, in-8°, 3 vol.

2931. Principes de chirurgie, par M. George de la Faye. *Paris,* 1797, in-12, 1 vol.

2932. Pathologie chirurgicale, par M. Lassus. *Paris,* 1809, in-8°, 2 vol.

2933. Même ouvrage.

2934. Nouvelle doctrine chirurgicale, ou traité complet de pathologie, de thérapeuthique et d'opérations chirurgicales, par J. B. F. Leveillé. *Paris,* 1812, in-8°, 4 vol.

2935. Manuel médico-chirurgical, ou élémens de médecine et de chirurgie pratique, par S. P. Authenac. *Paris,* 1812, in-8°, 2 vol.

2936. Nosographie chirurgicale, par Anthelme Richerand. *Paris,* 1812, in-8°, 4 vol.

2937. Nosographie chirurgicale, ou nouveaux élémens de pathologie, par M. Richerand. *Paris,* 1815. in-8°, 4 vol.

2938. Précis élémentaire des maladies réputées chirurgicales, par J. Delpech. *Paris,* 1816, in-8°, 3 vol.

2939. Nouveaux principes de chirurgie rédigés suivant le plan de l'ouvrage de G. de la Faye, par F. V. Lagouas. *Paris,* 1817, in-8°, 1 vol.

2940. Traité des maladies chirurgicales et des opérations qui leur conviennent par M. le baron Boyer. *Paris,* 1818, in-8°, 11 vol.

2941. Leçons orales de clinique chirurgicale faites à l'Hôtel-Dieu de Paris, par M. le baron Dupuytren. *Paris,* 1832, in-8°, 4 vol.

2942. Compendium de chirurgie pratique, ou traité complet des maladies chirurgicales, par M. A. Bérard et M. C. Denonvilliers. *Paris,* 1845, in-8°. 3 vol.

2943. Eléments de pathologie chirurgicale, par Chomel. *Paris,* 1856, in-8°, 1 vol.

2944. Traité pratique d'anatomie médicochirurgicale, par A. Richet. *Paris,* 1860, in-8°, 1 vol.

2945. Traité iconographique des maladies chirurgicales, par Benjamin Anger, précédé d'une introduction par M. Velpeau. *Paris,* 1865, in-4°, 1 vol.

2946. Eléments de pathologie chirurgicale, par A. Nélaton. *Paris,* 1868, in-8°, 2 vol.

2947. Leçons de clinique chirurgicale professées à l'Hôpital Saint-Louis, pendant les années 1874 et 1875, par M. le docteur Péan. *Paris,* 1876, in-8°, 3 vol.

2948. Mémoires de chirurgie, par le docteur A. Amussat. *Paris,* 1877, in-8°, 1 vol.

2949. Atlas médico-chirurgical. In-4°, 1 vol.

c. — *Instruments et appareils*

2950. L'arcenal de chirurgie de Jean Scultet, mis en françois par François Deboze. *Lyon,* 1674.

2951. Même ouvrage.

2952. Traité des bandages et appareils par J. B. J. Thillaye. *Paris,* 1815, in-8°, 1 vol.

2953. Même ouvrage.

2954. Traité des bandages et appareils de pansement, par P. N. GERDY. *Paris*, 1826, in-8°, 1 vol.

2955. Atlas du traité des bandages de GERDY. *Paris*, in-4°, 1 vol.

2956. Instruments de chirurgie. (Atlas). in-4°, 1 vol.

MÉDECINE OPÉRATOIRE

a. — Traités généraux

2957. Les opérations de la chirurgie avec une pathologie par J.-B. VERDUC. *Paris*, 1693, in-8°, 2 vol.

2958. Traité des opérations de chirurgie, par LEDRAN. *Paris*, 1742, in-8°, 1 vol.

2959. De la médecine opératoire, par M. SABATIER. *Paris*, 1810, in-8°, 3 vol.

2960. Nouveaux élémens de chirurgie et de médecine opératoire, par L. J. BÉGIN. *Paris*, 1824, in-8°, 1 vol.

2961. Même ouvrage.

2962. Nouveaux éléments de médecine opératoire, par Alf. M. VELPEAU. *Paris*, 1832, in-8°, 3 vol.

2963. Nouveaux éléments de médecine opératoire, par A. M. VELPEAU. (Atlas). *Paris*, 1832, in-4°, 1 vol.

2964. Manuel de médecine opératoire, fondée sur l'anatomie normale et l'anatomie pathologique, par I. F. MALGAINE. *Paris*, 1834, in-12, 1 vol.

2965. Traité de pathologie externe et de médecine opératoire, par Aug. VIDAL. *Paris*, 1839, in-8°, 5 vol.

b. — Traités spéciaux

2966. Bartholomei MAGGII de vulnerum sclopetorum et bombardarum curatione tractatus. *Bononiæ*, 1552, in-4°, 1 vol.

2967. Niew gebouw van de chirurgie of Heel-Konst, Cornelis BONTEKOE. *In S'Gravenhage*, 1680, in-12, 1 vol.

2968. Traité ou réflexions tirées de la pratique sur les playes d'armes à feu, par Henry-François LE DRAN. *Paris*, 1759, in-12, 1 vol.

2969. Observations intéressantes en faveur de la section de la symphise du pubis, par M. RETZ, médecin à Arras. 1778, in-8°, 1 vol.

2970. Cours de chirurgie pratique sur la maladie vénérienne, à l'usage des élèves en chirurgie, par C. A. LOMBARD. *Strasbourg*, 1790, in-8°, 2 vol.

2971. Des moyens de parvenir à la vessie par le rectum, par L. J. SAMSON. *Paris*, 1821, in-8°, 1 vol.

2972. Traité théorique et pratique des maladies chirurgicales du canal intestinal, par A. J. JOBERT DE LAMBALLE. *Paris*, 1829, in-8°, 2 vol.

2973. Histoire de la lithotritie, par LEROY D'ETIOLLES. *Paris*, 1839, in-8°, 1 vol.

2974. Lithotritie moderne, par Henri J. Bigelow. In-8°, 1 vol.

2975. Remarques et observations sur les fractures du crane. S. J. Pingrenon. *Paris.* 1860, in-8°, 1 vol.

2976. Chirurgie de guerre. Manuel de pansements et d'opérations, par le Dr Frédéric Esmarch, traduit par le Dr Rouge de Lausanne. *Paris,* 1870, in-8°, 1 vol.

2977. Traité de chirurgie d'armée, par L. Legouest. *Paris,* 1872, in-8°, 1 vol.

2978. Recherches sur les lésions du centre ovale des hémisphères cérébraux, étudiées au point de vue des localisations cérébrales, par le Dr A. Pitres. *Paris,* 1877, in-8°, 1 vol.

2979. Traité des corps étrangers en chirurgie, par Alfred Poulet. *Paris,* 1879, in 8°, 1 vol.

c. — Mélanges et observations

2980. Plusieurs expériences utiles et curieuses concernant la médecine, la métallique, l'economique, par Le Crom. *Paris,* 1718, in-12, 1 vol.

2981. Relation historique et chirurgicale de l'expédition de l'armée d'Orient en Egypte et en Syrie, par J. Larrey. *Paris,* 1803, in-8°, 1 vol.

2982. Rapport sur le voyage du trois-mats Le Suger, transportant un convoi d'Indiens immigrants de Pondichéry à la Guadeloupe, par L, A. Gaigneron, chirurgien de la marine. *Paris,* 1862, in-8°, broch.

2983. Atlas de syndesmologie ; articulations et ligaments, par le professeur Arnold. In-f°, 1 vol.

OBSTÉTRIQUE, ou ART des ACCOUCHEMENTS

a. — Traités généraux

2984. Cours élémentaire des accouchements distribué en quarante leçons, rédigé pour l'instruction des élèves par ordre des Etats du pays et Comté de Hainau. *Mons,* 1782, in-12, 1 vol.

2985. Traité complet d'accouchement, et des maladies des filles, des femmes et des enfants, par Gardien. *Paris,* 1816, in-8°, 4 vol.

2986. Nouveaux éléments de la science de l'art des accouchements, par J.-P. Maygrier. *Paris,* 1817, in-8°, 2 vol.

2987. L'art des accouchements, par feu J.-L. Baudelocque. *Paris,* 1822, in-8°, 2 vol.

2988. Traité complet d'accouchements, par M. Joulin. 1867, in-8°, 1 vol.

2989. Traité pratique de l'art des accouchements, par les professeurs H.-F. Nægele et W.-L. Grenser, traduit de l'allemand par G.-A. Aubenas. *Paris,* 1869, in-8°, 1 vol.

2990. Clinique chirurgicale, mémoires de chirurgie et d'obstétrique, par F. Rizzoli, traduit de l'italien, par R. Andreini. *Paris*, 1872, in 8°, 1 vol.

2991. Leçons de clinique obstétricale professées à l'Hôpital des cliniques, par J.-A.-H. Depaul, rédigées par le docteur De Soyre. *Paris*, 1872-1876, in-8°, 1 vol.

2992. Clinique obstétricale et gynécologique, par Sir James Y. Simpson, traduit et annoté par le Dr G. Chantreuil. *Paris*, 1874, in-8°, 1 vol.

2993. Atlas de l'art des accouchements, par A. Lenoir, continué par Marc Sée et S. Tarnier, ouvrage contenant 105 planches avec texte explicatif en regard. *Paris*, in-fol., 1 vol.

b. — *Mélanges*

2994. De la tête du fœtus au point de vue de l'obstétrique, recherches cliniques et expérimentales, par le Dr P. Budin. *Paris*, 1876, in-8°, 1 vol.

2995. Mémoires de chirurgie, par le docteur G. Nepveu, avec 2 planches. *Paris*, 1880, in 8°, 1 vol.

c. — *Accouchements difficiles et maladies des femmes en couche*

2996. Traité des maladies des femmes enceintes, des femmes en couche et des enfants nouveau-nés, rédigé sur les leçons d'Antoine Petit, par MM. Baignères et Perral. *Paris*, 1806, in-8°, 2 vol.

2997. Traité pratique des maladies des femmes, hors l'état de grossesse, pendant la grossesse et après l'accouchement, par Fleetwood Churchill, traduit par Al. Wieland. *Paris*, 1866, in-8°, 1 vol.

2998. Leçons sur les opérations obstétricales et le traitement des hémorrhagies, ou guide de l'accoucheur dans les cas difficiles, par Robert Barnes. *Paris*, 1873, in-8°, 1 vol.

2999. Guide du médecin praticien et de la sage-femme pour le diagnostic et traitement des maladies utérines, suivi d'un appendice sur la stérilité, par E. Verrier. *Paris*, 1876, in-12, 1 vol.

Sciences thérapeutiques et pharmaceutiques

Moyens thérapeutiques

3000. Johannis Raphaelis Moxii methodi medendi per venæ sectionem, etc. libri quatuor. *Coloniæ Allobrogum*, 1612, in-8°, 1 vol.

3001. Ludovici Cardinii medicamenta purgantia. *Duaci*, 1631, in-16, 1 vol.

3002. De la médecine efficace, ou la manière de guérir les plus grandes et dange-

reuses maladies par le fer et le feu, divisée en trois livres, par M. A. Séverin.
Paris, 1669, in-4°, 1 vol.

3003. Remarques sur l'abus des purgatifs
et des amers au commencement et à la

fin des maladies, par Philippe Hecquet.
Paris, 1729, in-12, 1 vol.

3004. Observations sur la saignée du
pied et sur la purgation, avec la lettre de
M. Hecquet. *Paris*, 1748, in-12, 1 vol.

MATIÈRE MÉDICALE

a. — *Traités généraux*

3005. Pedanii Dioscoridis de medicinali
materia libri sex, J. Ruellio Suessionensi
interprete. *Lugduni*, 1540, in-8°, 3 vol.

3006. Pedanii Dioscoridis de medicinali
materia libri vi, Joanne Ruellio interprete.
Francofurti, 1549, in-fol., 1 vol.

3007. Même ouvrage.

3008. Andreæ Matthioli commentarii in
libros sex Dioscoridis. *Venetiis*, 1554,
in-fol., 1 vol.

3009. In Dioscoridis de medica materia
libros quinque enarrationes Amati Lusitani. *Argentorati*, 1554, in-4°, 1 vol.

3010. I discorsi di M. Androea Matthioli
ne sei libri della materia medicinale. *In
Vinegia*, 1555, in-fol., 1 vol.

3011. Les commentaires de Pierre Matthiole sur les six livres des simples de
P. Dioscorides. *Lyon*, 1561, in-fol., 1 vol.

3012. Commentaires de Pierre André
Matthiole sur les six livres de Dioscorides. *Lyon*, 1572, in-fol., 1 vol.

3013. Même ouvrage.

3014. Pet. Andreæ Matthioli medici commentarii in libros sex Pedanii Dioscoridis
de medica materia. *Venetiis*, 1590, in-fol.,
1 vol.

3015. Les commentaires de P. Matthiolus
sur les six livres de Ped. Dioscorides.
Lyon, 1520, in-fol., 1 vol.

3016. Antidotarii antitrimastigi, id est.
medelæ trium extremorum Dei flagello-
rum, libri i adumbratio, qui est anchora
famis, sitis, valetudinis mortalium, per
Joach. Struppium. *Francofurti*, 1574,
in-4°, 1 vol.

3017. Les œuvres de Jacques et Paul
Constant, apoticaires de Poictiers. *Poictiers*, 1623, in-fol., 1 vol.

3018. Ant. Guntheri Billichi observationum ac paradoxorum chymiatricorum
libri duo. *Lugd. Batav.*, 1531, in-4°,
1 vol.

3019. Matière médicale (texte allemand).
Strasbourg, 1659, in-12, 1 vol.

3020. Thomæ Willis pharmaceutice rationalis, sive diatriba de medicamentorum operationibus in humano corpore.
Lugduni, 1676, in-4°, 1 vol.

3021. Histoire générale des drogues, traitant des plantes, des animaux et des minéraux, par Pierre Pomet. *Paris*, 1694,
in-f°, 1 vol.

3022. Traité des médicamens et la manière de s'en servir, par Tauvry. *Paris*,
1699, in-12, 2 vol.

3023. Hermanni Boerhaave tractatus de viribus medicamentorum. *Parisiis,*1740, in-12, 1 vol.

3024. Traité de la matière médicale, ou de l'histoire des vertus, du choix et de l'usage des remèdes simples, par Geoffroy. *Paris*, 1743, in-12, 6 vol.

3025. Introduction à la matière médicale, en forme de thérapeutique, par M. D. docteur en médecine. *Paris*, 1753, in-12, 1 vol.

3026. Cours de matière médicale de M. Cullen, traduit de l'anglais, par M. Caullet de Veaumorel. *Paris*, 1787, in-8°, 2 vol.

3027. Même ouvrage.

3028. Matière médicale, ou exposition méthodique des médicamens, par Vitet, père et fils. *Lyon*, 1803, in-8°, 1 vol.

3029. Traité de matière médicale, par C. J. A. Schwilgué. *Paris*, 1805, in-12, 3 vol.

3030. Nouveaux élémens de thérapeutique et de matière médicale, par J. L. Alibert. *Paris*, 1814, in-8°, 2 vol,

3031. Cours élémentaire de matière médicale, suivi d'un précis de l'art de formuler, par Desbois de Rochefort. *Paris*, 1817, in-8°, 2 vol.

3032. Nouveaux élémens de thérapeutique et de matière médicale, suivis d'un essai français et latin sur l'art de formuler et d'un précis sur les eaux minérales les plus usitées, par J. L. Alibert. *Paris*, 1817, in-8°, 2 vol.

3033. Traité élémentaire de matière médicale, par J. B. G. Barbier. *Paris,*1819, in-8°, 3 vol.

3034. Traité de thérapeutique et de matière médicale, par A. Trousseau et H. Pidoux. *Paris*, 1855, in-8°, 2 vol.

3035. La matière médicale chez les Chinois, par Léon Soubeiran et Dubry de Thiersant. *Paris*, 1874, in-f°, 1 vol.

b. — Traités de pharmacie

3036. In antidotarium Joannis filii Mesuæ censura. *Lugduni,*1546, in-8°,1 vol.

3037. Antidotarium generale a Jacobo Weckero. *Basileæ*, 1585, in-4°, 1 vol.

3038. Dispensatorium medicum a Joanne Renodæo. (Renou). *Francofurti*, 1615, in-4°, 1 vol.

3039. Les œuvres pharmaceutiques du sieur de Renou. *Lyon*, 1626, in-f°, 1 vol.

3040. Edmundi Hollyngi medicamentorum œconomia. *Ingolstadii*, 1615, in-12, 1 vol.

3041. La pharmacie théorique nouvelle-ment recueillie par N. Chesneau. *Paris*, 1660, in-4°, 1 vol.

3042. Les remèdes des maladies du corps humain. *Paris*, 1685, in-8°, 1 vol.

3043. Manuel du pharmacien, ou instructions sur les différents objets d'études nécessaires aux élèves en pharmacie, par M. Demachy. *Paris*, 1788. in-8°, 2 vol.

3044. Elémens de pharmacie théorique et pratique, par A. Baumé. *Paris*, 1818, in-8°. 2 vol.

3045. Nouveau traité de pharmacie théorique et pratique, par E. Soubeiran. *Paris*, 1836, in-8°, 2 vol.

c. — *Pharmacopée et formulaires*

3046. Pharmacopœa dogmaticorum restituta pretiosis selectisque hermeticorum floribus abunde illustrata, auct. Jos. QUERCETANO. *Francofurti*, 1615, in-4°, 1 vol.

3047. Petri MORELLI formulæ remediorum, studio J. Jacob a BRUNN. *Rothomagi*, 1650, in-12, 1 vol.

3048. Pharmacopæia Augustana a Joanne ZWELFER. *Dordrechti*, 1672, in-4°, 1 vol.

3049. La pharmacopée raisonnée de SCHRODER, commentée par ETTMULLER. *Lyon*, 1697, in-8°, 2 vol.

3050. Pharmacopæia Bateana e praxi Georgii BATEI. *Amstelædami*, 1709, in-16, 1 vol.

3051. Pharmacopæia extemporanea, per Thom. FULLER. *Roterodami*, 1709, in-12, 1 vol.

3052. Codex medicamentarius, seu pharmacopæa Parisiensis a Theodoro BARON. *Parisiis*, 1732, in-4°, 1 vol.

3053. L'art de dresser les formules de médecine, traduit du latin de Jérome David GAUBIUS. *Paris*, 1749, in-12, 1 vol.

3054. Le manuel des dames de charité, ou formules de médicaments faciles à préparer, par Louis-Daniel ARNAULT de . OBLEVILLE. *Paris*, 1755, in-12, 1 vol.

3055. Pharmacopée universelle, par Nic. LEMERY. *Paris*, 1764, in-4°, 1 vol.

3056. Formules de médicamens, usitées dans les différens hôpitaux de la ville de Paris. Avec leurs vertus, leurs usages et leurs doses. *Paris*, 1767. in-12, 1 vol.

3057. Codex medicamentarius, sive pharmacopæa Gallica, jussu regis optimi et ex mandato summi rerum internarum regni administri editus a facultate medica Parisiensi, anno 1818. *Parisiis*, 1818, in-4°, 1 vol.

3058. Même ouvrage.

3059. Codex, pharmacopée française, rédigée par ordre du gouvernement, par une commission composée de MM. les professeurs de la faculté de Paris et de l'école spéciale de pharmacie de Paris. *Paris*, 1839, in-8°, 1 vol.

3060. Même ouvrage.

3061. Codex medicamentarius. Pharmacopée française, rédigée par ordre du gouvernement. *Paris*, 1866, in-8°, 1 vol.

3062. Codex medicamentarius, Pharmacopée française, rédigée par ordre du gouvernement. *Paris*, 1884, in-8°, 1 vol.

d. — *Agents impondérables*

3063. Du magnétisme animal en France, suivi de considérations sur l'apparition de l'extase dans les traitements magnétiques, par Alexandre BERTRAND. *Paris*, 1826, in-8°, 1 vol.

e. — *Médicaments tirés des différents règnes de la nature*

3064. Matthiæ UNTZERI tractatus medico-chymici septem. *Halæ Saxonum*, 1634, in-4°, 1 vol.

3065. Orthodoxe, ou de l'abus de l'antimoine, par Claude GERMAIN. *Paris*, 1652, in-4°, 1 vol.

3066. L'antimoine justifié et l'antimoine triomphant, par Eusèbe RENAUDOT. *Paris*, 1653, in-4°, 1 vol.

2067. Iodothérapie, ou de l'emploi médico-chirurgical de l'iode et de ses composés, et particulièrement des injections iodées, par A.-A. BOINET. *Paris*, 1855, in-8°, 1 vol.

3068. De l'emploi thérapeutique des préparations arsénicales, par A. MILLET. *Paris*, 1865, in-8°, 1 vol.

3069. Des propriétés physiologiques du bromure de camphre et de ses usages thérapeutiques, par Louis PATHAULT. *Paris*, 1875, in-12, 1 vol.

3070. Georgii WALLÆ Placentini de simplicium natura liber unus. *Argentinæ*, 1528, in-12, 1 vol.

3071. MARCELLI de medicamentis empiricis, physicis, etc., liber. *Basileæ*, 1536, in-f°, 1 vol.

3072. Antonii MUSÆ examen omnium simplicium medicamentorum quorum in officinis usus est. *Lugduni*, 1537, in-8°, 1 vol.

3073. Anton. MUSÆ de herba veronica liber 1. — L. APULÆI de medicaminibus herbarum liber 1. 1537, in-4°, 1 vol.

3074. Medicinæ herbariæ libri duo, autore Joanne Agricola AMMONIO. *Basileæ*, 1539, in-12, 1 vol.

3075. Aromatum et simplicium aliquot medicamentorum apud Indos nascentium historia, a D. GARCIA AB HORTO, nunc primum latina facta et in epitomen contracta a Carolo CLUSIO. *Antuerpiæ*, 1567, in-8°, 1 vol.

3076. Purgantium aliarumque eo facientium tum et radicum convolvutarum ac deleteriarum herbarum historiæ, auctore Remberto DODONÆO. *Anvers*, 1574, in-12, 1 vol.

3077. MACRI ŒMILII de viribus herbarum opusculum. In-16, 1 vol.

3078. Raymundi MINDERERI alœdarium marocostinum. *Augustæ Vindelicorum*, 1626, in-18, 1 vol.

3079. Augerii CLUTII opuscula duo : 1° de nuce medica ; 2° de hemerobio, sive ephemero insecto et majali verme. *Amsterodami*, 1634, in-4°, 1 vol.

3080. Medulla simplicium ex DODENEO SCHRODERO. *Lovanii*, 1702, in-18, 1 vol.

3081. Abrégé de l'histoire des plantes usuelles, dans lequel on donne leurs noms différents, tant français que latins; la manière de s'en servir, la dose et les principales compositions de pharmacie, etc, par P. J. B. CHOMEL. *Paris*, 1761, in-12, 3 vol.

3082. Flore médicale, par CHAUMETON et J. E. TURPIN. *Paris*, 1814, in-8°, 8 vol.

3083. Elément d'histoire naturelle médicale, par M. Achille RICHARD. *Paris*, 1838, in-8°, 3 vol. (manque le 2° vol.)

3084. Histoire naturelle des drogues simples, ou cours d'histoire naturelle professé à l'école de pharmacie de Paris, par G. GUIBOURT. *Paris*, 1869, in-8°, 4 vol.

3085. Trois souverains médicaments bézoardiques, par Angelus SALA. *Leyden*, 1616, in-4°, 1 vol.

f. — *De l'eau et des eaux minérales et thermales*

3086. Historia fontis balneique Bollensis ad acidulas gæpinginses a Johanne BAUHINO. *Montisbeligardi*, 1598, in-4°, 1 vol.

3087. L'usage de la glace, de la neige et du froid par BARRA. *Lyon*, 1676, in-18, 1 vol.

3088. Dom. Du Clos observationes super aquis mineralibus diversarum provinciarum Galliæ. *Lugd. Batav.* 1685, in-18, 1 vol.

3089. Francisci Blondel descriptio thermarum Aquis-Granensium. *Trajecti ad Mosam*, 1685, in-12, 1 vol.

3090. Henricus ab Heers Spadacrène, hoc est Fons Spadanus. *Lugd. Batav.*, 1685, in-16, 1 vol.

3091. Description ou analise des eaux minérales ferrugineuses de la fontaine proche de la ville de Tongre, par J. F. Bresmal. *Liége*, 1701, in-12, 1 vol.

3092. Les vertus médicinales de l'eau commune, par F. Hoffman, Smith, Hecquet, etc. *Paris*, 1730, in-12, 2 vol.

3093. Amusemens des eaux de Spa. *Amsterdam*, 1735, in-12, 2 vol.

3094. Traité des eaux minérales de Bourbonne-les-Bains, par Baudry. *Dijon*, 1736, in-12, 1 vol.

3095. Amusements des eaux d'Aix-la-Chapelle. *Amsterdam*, 1735, in-12, 3 vol.

3096. Spadacrène, ou dissertation physique sur les eaux de Spa, par Henri de Heers. *La Haye*, 1739, in-12, 1 vol.

3097. Recherches sur les vertus de l'eau de goudron, traduit du docteur Georges Berkeley. *Amsterdam*, 1748, in-12, 1 vol.

3098. Traité des eaux minérales de Spa, par Jean-Philippe de Limbourg. *Liége*, 1756, in-12, 1 vol.

3099. Essai sur les eaux minérales et thermales d'Aix-la-Chapelle et de Borset, par Lucas, traduit de l'anglais d'O'Kean. *Liége*, 1762, in-12, 1 vol.

3100. Mémoires et observations sur les effets de Bourbonne-les-bains. *Paris*, 1772, in-12, 1 vol.

3101. Défence des eaux minérales de la Fontaine de Gadot, par Bresmal. *Liége*, in-12, 1 vol.

3102. Recueil de pièces diverses sur la médecine. Eaux minérales et thermales. in-12, 1 vol.

3103. Monographies sur les eaux minérales. Brochures diverses. in-12, 1 vol.

3104. Monographies sur les diverses eaux minérales, 1862-1865. *Paris*, in-8°, 2 vol.

g. — *Secrets de médecine et remèdes spécifiques*

3105. Thesaurus Evonymi Philiatri de remediis secretis. *Tiguri*, 1552, in-8°, 1 vol.

3106. Medicinæ utriusque syntaxes ex Græcorum, Latinorum Arabumque thesauris, per Jacobum Weckerum. *Basileæ*, 1576, in-fol., 1 vol.

3107. Quatre livres des secrets de médecine et de la philosophie chimique, par Jean Liébaut. *Rouen*, 1616, in-12, 1 vol.

3108. Goclenius heautontimorumenos, id est curationis magneticæ ruina. Johannes Robeatti. *Luxembergi*, 1618, in-12, 1 vol.

3109. Medicina catholica, seu mysticum artis medicandi sacrarium a Roberto Fludd. *Froncofurti*, 1629, in-fol., 2 vol.

3110. Integrum morborum mysterium, sive medicinæ catholicæ tomi primi tractatus secundus. *Francofurti*, 1631, in-fol., 1 vol.

3111. Sommaire de la médecine chymique, où l'on voit clairement beaucoup de choses que les autheurs ont tenues jusques icy dans l'obscurité. Avec un recueil de divers secrets de médecine. *Paris*, 1632, in-12, 1 vol.

3112. Triomphe de l'archée, ou la médecine universelle pour la guérison de toutes les maladies les plus désespérées, par Jean D'AUBRY. *Pavis*, 1649, in-4°, 1 vol.

3113. Theatrum sympatheticum. KENELMI oratio de vulnerum per pulverem sympatheticum sanatione. *Amstelodami*, 1661, in-12, 1 vol.

3114. Nouveaux remèdes et rares secrets tirés des mémoires du chevalier DIGBY. *Anvers*, 1678, in-18, 1 vol.

3115. Les remèdes charitables pour guérir à peu de frais toutes sortes de maux, par Mme FOUQUET. *Lyon*, 1696, in-12, 2 vo¹.

3116. Secrets expérimentés pour conserver la beauté des dames, tirés des mémoires du chevalier DIGBY. *La Haye*, 1700, in-12. 1 vol.

3117. L'ami des malades, ou discours sur la poudre purgative, par AILHAUD. *Paris*, 1770, in-12, 1 vol.

h. — *Médecine légale et police*

3118. Pauli ZACCHIÆ medici Romani quæstiones medico-legales. *Avenione*, 1660, in-f°, 1 vol.

3119. Dissertation sur l'incertitude des signes de la mort et l'abus des enterremens et embaumemens précipités, par J. B. WINSLOW. *Paris*, 1742, in-12, 1 vol.

3120. Même ouvrage.

3121. Dissertation sur l'incertitude des signes de la mort, et l'abus des enterremens et embaumemens précipités, par J. J. BRUHIER. *Paris*, 1745, in-12, 1 vol.

3122. Traité de médecine légale et d'hygiène publique, par FODÉRÉ. *Paris*, an 7, in-8°, 6 vol.

3123. Médecine légale, et police médicale de P. A. O. MALON. *Paris*, 1811, in-8°, 3 vol.

3124. Médecine légale, ou considération sur l'infanticide, sur la manière de procéder à l'ouverture des cadavres, etc. par MM. LECIEUX, RENARD, LAISNÉ, et RIEUX. *Paris*, 1819, in-8°, 1 vol.

3125. La médecine légale relative à l'art des accouchemens, par J. CAPURON. *Paris*, 1821, in-8°, 1 vol.

3126. Vues philantropiques sur l'abus des enterrements précipités, par Marin BUNOUST. *Arras*, 1826, in-12, 1 vol.

3127. Même ouvrage.

3128. Leçons de médecine légale, par M. ORFILA. *Paris*, 1828, in-8°, 3 vol.

3129. Leçons faisant partie du cours de médecine légale de M. ORFILA. *Paris*, 1821, in-8°, 1 vol.

3130. Traité des exhumations juridiques, par M. ORFILA et par M. O. LESUEUR. *Paris*, 1831, in-8°, 2 vol.

3131. Traité · de médecine légale et de jurisprudence médicale, par LEGRAND DU SAULE. *Paris*, 1874, in-8°, 1 vol.

i. — *Médecine vétérinaire*

3132. Vegetii RENATI artis veterinariæ libri quatuor. *Basileæ*, 1528, in-4°, 1 vol.

3133. Veterinariæ medicinæ libri II a Joanne RUELLIO. *Parisiis*, 1530, in-fol., 1 vol.

3134. Hippiatria, sive marescalia Laurentii RUSII. *Parisiis*, 1531, in-fol., 1 vol.

3135. La mareschalerie de Laurent RUSE. *Paris*, 1533, in-4°, 1 vol.

3136.   Le maréchal expert, par N. Beaugrand. *Lyon*, 1631, in-12, 1 vol.

3137.   Le grand maréchal françois. *Rouen*,
1668, in-12, 1 vol.

3138.   Le nouveau parfait maréchal, ou la
connaissance générale du cheval, par A.
de Garsault. *Paris*, 1741, in-4°, 1 vol.

3139.   Le parfait mareschal, par de Solleysel escuyer, 1744, in-4°, 1 vol.

3140.   Cours d'hippiatrique, ou traité complet de la médecine des chevaux, par
Lafosse. *Paris*, 1772, in fol., 2 vol.

3141.   Instructions sur les soins à donner
aux chevaux, pour les conserver en santé
sur les routes et dans les camps, etc. *Ba-
paume, an III*, in-8°, 1 vol.

3142.   Le régime du vert, et son application dans les régiments. *Versailles*,
1860, in-8°, 1 vol.

IX. — APPENDICE

Mélanges et recueils relatifs aux sciences mathématiques, physiques et naturelles

3143.   Polydori Vergelii dialogorum de
prodigiis libri tres. *Basileæ*, 1531, in-12,
1 vol.

3144.   Levini Lemnii occulta naturæ mira-
cula, ac varia rerum documenta, proba-
bili ratione atque artifici conjectura explicata. *Antuerpiæ*, 1559, in-12, 1 vol.

3145.   Levini Lemnii occulta naturæ mira-
cula. *Antuerpiæ*, 1567, in-12, 1 vol.

3146.   Aurei velleris, sive sacræ philosophiæ vatum selectæ ac unicæ, mysteri-
orumque Dei, naturæ, et artis admirabi-
lium libri tres, auct. Guil. Mennens. *Antuerpiæ*, 1604, in-4°, 1 vol.

3147.   La curiosité naturelle, rédigée en
questions, selon l'ordre alphabétique, par
Scipion du Pleyx. *Rouen*, 1615, in-12,
1 vol.

3148.   Cornelii Gemmæ de arte cyclogno-
mica tomi iii. *Antuerpiæ*, 1669, in-4°,
1 vol.

3149.   Gasparis Schotti magia universalis
naturæ et artis, opus continet optica, ac-
coustica, mathematica et physica. *Bam-
bergæ*, 1677, in-4°, 4 vol.

3150.   Curiosités de la nature et de l'art.
Paris, 1703, in-12, 1 vol.

3151.   J. Berryat. Collection de pièces
académiques concernant l'histoire naturelle, la médecine, la botanique, etc. *Dijon*, 1754, in-4°, 2 vol.

3152.   Collection académique concernant
l'histoire naturelle, la botanique, la physique, la médecine, etc. *Dijon*, 1755, in-
4°, 5 vol.

3153.   Même ouvrage.

3154.   De la nature, par S. B. Robinet.
Amsterdam, 1761, in-8°, 4 vol.

3155.   Mémoire physique et médicinal.
Londres, 1781, in-8°, 1 vol.

3156.   Observations sur la physique, par
l'Abbé Rozier. *Paris*, 1789, in-4°,
1 vol.

3157.   Cosmos, essai d'une description
physique du monde, par Alex. de Hum-

BOLDT, traduit par FAYE et Ch. GALUSKI. *Paris*, 1846, in-8°, 5 vol.

3158. Tableaux de la nature, par Alexandre DE HUMBOLDT, traduits par Ferd.

HOEFER. *Paris*, 1850, in-8°, 2 vol.

3159. Revue scientifique. Directeur : M. Charles RICHET. en cours de publication. *Paris*, in-4°, 12 vol.

X. — SCIENCES OCCULTES

a. — Magie et cabale, traités généraux

3160. H. C. AGRIPPÆ ab NETTESHEYM opera. *Lugduni*, 1531, in-8°, 2 vol.

3161. De fascino libri tres, in quibus omnes fascini species et causæ describuntur, Leonardo VAIRO auctore. *Parisiis*, 1583, in-4°, 1 vol.

3162. Trois livres des charmes, sorcelages ou enchantements, faits en latin par VAIR, et mis en français par BAUDON. *Paris*, 1583, in-12. 1 vol.

3163. Artis cabalisticæ hoc est reconditæ theologiæ et philosophiæ scriptorum tomus I. *Basileæ*, 1587, in-f°, 1 vol.

3164. Benedicti PERERII Valentini de magia. *Lugduni*, 1592, in-12, 1 vol.

3165. De magia, de observatione somniorum, etc., auct, Benedicto PEREAIO Valentino. *Coloniæ Agrippinæ*, 1592, in-12, 1 vol.

3166. La sextessence dialactique et potentielle, suivant les préceptes de la sainte magie, par J. DE MONS. *Paris*, 1505, in-12, 1 vol.

3167. Disputationum magicarum libri sex, auctore Martino DEL RIO. *Lugduni*, 1608, in-f°, 1 vol.

3168. De idolatria magica dissertatio Joannis FILESACI. *Parisiis*, 1609, in-12, 1 vol.

3169. Les controverses et recherches magiques de Martin DEL RIO. *Paris*, 1611, in-8°, 1 vol.

3170. Même ouvrage.

3171. Utriusque cosmi metaphysica, physica atque technica historia, authore Roberto FLUDD. *Oppenhemii*, 1617, in-f°, 3 vol.

3172. L'économie des trois familles sublunaires contre toute fausse philosophie naturelle, alchymie, cabale, prédictions et sortilèges, par le docteur PAGES. *Paris*, 1626, in 12, 1 vol.

3173. Apologie des grands hommes accusés de magie, par G. NAUDÉ. *Paris*, 1669, in-32, 1 vol.

3174. Entretiens sur le grand scandale causé par un livre intitulé : La cabale chimérique. *Cologne*, 1691, in-18, 1 vol.

3175. Traité des superstitions qui regardent tous les sacrements, par l'abbé THIERS. *Paris*, 1704, in-12, 4 vol.

3176. Lettres cabalistiques, ou correspondance philosophique, historique et critique. *La Haye*, 1754, in-12, 7 vol.

3177. De miraculis quæ Pythagoræ, Apollonio Thyanensi tribuuntur, auct. PHI-

LÉLEUTHERO Helvetio. *Edimburgi*, 1772, in-8°, 1 vol.

3178. L'Albert moderne, ou nouveaux secrets éprouvés et licites. *Paris*, 1769, in-12, 1 vol.

3179. Des sciences occultes, ou essai sur la magie, les prodiges et les miracles, par Eusèbe SALVERTE. *Paris*, 1828, in-S°, 2 vol.

3180. Dictionnaire infernal, ou bibliothèque universelle sur les êtres, les faits et les choses qui tiennent aux apparitions, à la magie, aux sciences secrètes, par COLLIN DE PLANCY. *Paris*, 1825, in-8°, 4 vol.

3181. Même ouvrage.

3182. La magie chez les Chaldéens et les origines Accadiennes, par François LENORMANT. *Paris*, 1874, in-8°, 1 vol.

b. — *Démonologie, ou apparitions des démons et des esprits*

3183. ARETINUS Angelus de maleficiis, cum additionibus Aug. DE ARIMINO. *Lugduni*, 1521, in-4°, 1 vol.

3184. Pneumalogie, ou discours des esprits tant qu'il est besoin pour entendre et résoudre la matière des sorciers, par Sébastien MICHAELIS. *Paris*, 1527, in-12, 1 vol.

3185. Angelus ARETINUS de maleficiis. *Lugduni*, 1530, in-4°, 1 vol.

3186. De præstigiis dæmonum et incantationibus libri v, auct. J. WIERO. *Basileæ*, 1563, in-12, 1 vol.

3187. Les ruses, finesses et impostures des esprits malins, mises en lumière, par Robert DU TRIEZ, de Lille en Flandres. *Cambray*, 1563, in-4°, 1 vol.

3188. Joannis WIERI de præstigiis dæmonum et incantationibus. *Basileæ*, 1568, in-8°, 1 vol.

3189. Michaelis PSELLI dialogus de energia, seu operatione dæmonum e græco translatus, Petro MORELLO interprete. *Parisiis*, 1577, in-12, 1 vol.

3190. Malleus maleficarum in tres divisus partes, auct. Jacobo SPRENGERO. *Francofurti*, 1580, in-12, 1 vol.

3191. De la démonomanie des sorciers, par BODIN, Angevin. *Paris*, 1581, in-4°, 1 vol.

3192. Joan. BODINI Andegavensis de magorum dæmonomania libri iv. *Basileæ*, 1581, in-4°, 1 vol.

3193. Novus malleus maleficarum etc., Bartholomæi SPINEI. *Coloniæ*, 1581, in-12, 1 vol.

3194. De la démonomanie des sorciers, par J. BODIN, Angevin. *Paris*, 1582, in-4°, 1 vol.

3195. Malleorum quorumdam maleficarum etc., J. SPRENGERUS et J. NIDER. *Francofurti*, 1582, in-12, 2 vol.

3196. Flagellum dæmonum exorcismos terribiles remediaque probatissima complectens, auct. Hieronymo MENGO. *Bononiæ*, 1586, in-12, 1 vol.

3197. Tractatus de confessionibus maleficorum et sagarum recognitus et auctus, auct. Petro BINSFELDIO. *Augustæ Trevirorum*, 1591, in-12, 1 vol,

3198. Même ouvrage.

3199. Petri THYRÆI de dæmoniacis liber unus. *Coloniæ Agrippinæ*, 1594, in-4°, 1 vol.

3200. Même ouvrage.

3201. Malleus maleficarum etc. J. SPRENGERUS et J. NIDER. *Francofurti*, 1600, in-12, 1 vol.

3202. Traité de l'apparition des esprits, par F. N. Taillepied. *Rouen*, 1602, in-12, 1 vol.

3203. Même ouvrage.

3204. Discours des sorciers, par Henry Boguet. *Lyon*, 1602, in-12, 1 vol.

3205. Discours des spectres, ou visions d'esprits, comme anges, démons et âmes, par Pierre Le Loyer. *Paris*, 1608, in-4° 1 vol.

3206. Même ouvrage.

3207. Discours des sorciers, avec six advis en fait de sorcellerie, par Henry Boguet. *Lyon*, 1608, in-12, 1 vol.

3208. Thesaurus exorcismorum atque conjurationum cum practica probatissima, etc. *Coloniæ*, 1608, in-12, 1 vol.

3209. L'antidémon historial, par Jude Serclier. *Lyon*, 1609, in-8°, 1 vol.

3210. Tableau de l'inconstance des mauvais anges et démons, où il est amplement traité des sorciers et de la sorcellerie, par Pierre de Lancre. *Paris*, 1613, in-4°, 1 vol.

3211. Même ouvrage.

3212. Histoire admirable de la possession et conversion d'une pénitente, par le P. Domptius. *Douai*, 1613, in-12, 1 vol.

3213. De la Lycanthrophie, transformation et extase des sorciers, par de Ninavid. *Paris*, 1615, in-12, 1 vol.

3214. Epitomes delictorum, in quibus aperta vel occulta invocatio Dæmonis intervenit, auctore D. F. Torreblanca. *Granatæ*, 1618, in-f°, 1 vol.

3215. Manuale exorcismorum Maximiliani ab Eynatten industria collectum. *Antuerpiæ*, 1619, in-12, 1 vol.

3216. L'incrédulité et mescréance du sortilège plainement convaincue, par P. de L'Ancre. *Paris*, 1622, in-4°, 1 vol.

3217. Historia de tribus energumenis in partibus Belgii, etc. *Lutetiæ Parisiorum*, 1627, in-12, 1 vol.

3218. Même ouvrage.

3219. Les satyres brutes, monstres et démons, leur nature et adoration, contre l'opinion de ceux qui ont estimé les satyres être une espèce d'hommes distinctifs et séparés des Adamicques, par F. Hédelin. *Paris*, 1627, in-12, 1 vol.

3220. Même ouvrage.

3221. Equuleus ecclesiasticus aculeatus exorcismis xxiii, auct. Hauzeur. *Leodii*, 1635, in-8°, 1 vol.

3222. Nicolai Remigii dæmonolatreiæ libri tres. *Coloniæ Agrippinæ*, 1696, in-12, 1 vol.

3223. Le Père Désirant, ou histoire de la fourberie de Louvain, 1710, in-12, 1 vol.

3224. Lettres de M. de saint-André au sujet de la magie, des maléfices et des sorciers. *Paris*, 1725, in-12, 1 vol.

3225. Histoire du diable, tiré de l'anglais de Daniel de Foë. *Amsterdam*, 1730, in-12. 2 vol.

3226. Examen et discussion critique de l'histoire des diables de Loudun, par M. de la Ménardaye. *Liège*, 1749, in-12, 1 vol.

3227. Lenglet-Dufresnoy. Recueil de dissertations anciennes et nouvelles sur les apparitions, les visions et les songes. *Avignon*, 1751, in-12, 5 vol.

3228. Traité historique et dogmatique sur les apparitions, visions, par l'abbé Lenglet-Dufresnoy. *Avignon*, 1751, in-12, 2 vol.

3229. Traité sur les apparitions des esprits, et sur les vampires, ou les revenans de Hongrie par le P. Calmet. *Senones*, 1759, in-12, 2 vol.

3230. Recueil de dissertations sur les apparitions, les visions et les songes... in-12, 2 vol.

c. — *Divination*

3231. La géomance du seigneur Christofe DE CATTAN, gentilhomme génevois. *Paris,* 1577, in-4°, 1 vol.

3232. Les devis ou commentaires des principales sortes de devinations, par M. Gaspar PEUCER. *Anvers,* 1584, in-4°, 1 vol.

3233. Même ouvrage.

3234. Commentarius de præcipuis divinationum generibus ab authore ipso Gasparo PEUCERO. *Francofurti,* 1607, in-8°, 1 vol.

3235. Les œuvres de M. Jean BELOT, curé de Milmonts, contenant la chiromance, physionomie, l'art de mémoire de Raymond Lulle, etc. etc. *Rouen,* 1647, in-8°, 1 vol.

3236. La philosophie des images énigmatiques, par le P. Fr. MÉNESTRIER. *Paris,* 1682, in-8°, 2 vol.

3237. La philosophie des images énigmatiques, par le P. Fr. MÉNESTRIER. *Lyon,* 1694, in-12, 1 vol.

3238. Même ouvrage.

3239. C. F. MENESTRERII philosophia imaginum, id est sylloge symbolorum amplissima. *Amstelodami,* 1695, in-8°, 1 vol.

3240. Histoire de la divination dans l'antiquité, par BOUCHÉ-LECLERCQ. *Paris,* 1879, in-8°, 2 vol.

d. — *Rhabdomancie*

3241. La physique occulte, ou traité de la baguette divinatoire, par DE VALLEMONT. *Paris,* 1693, in-12, 1 vol.

3242. Critique sincère de plusieurs écrits sur la fameuse baguette, par André RENAUD. *Lyon,* 1693, in-32, 1 vol.

3243. Lettres qui découvrent l'illusion des philosophes sur la baguette, et qui détruisent leurs systèmes, par Pierre LE BRUN. *Paris,* 1693, in-12, 1 vol.

3244. Même ouvrage.

3245. Lettres qui découvrent l'illusion des philosophes sur la baguette, et qui détruisent leurs systèmes, par P. LE BRUN. *Paris,* 1696, in-32, 1 vol.

3246. La physique occulte, ou traité de la baguette divinatoire, par M. Le Lorrain DE VALLEMONT. *La Haye,* 1747, in-12, 2 vol.

3247. Même ouvrage.

e. — *Onéiromancie*

3248. ARTEMIDORI DALDIANI de somniorum interpretatione libri quinque. *Basileæ,* 1544, in-8°, 1 vol.

3249. Somniorum Synesiorum omnis generis insomnia explicantes libri IV, per Hieronymum CARDANUM. *Basileæ,* 1572, in-4°, 1 vol.

3250. ARTEMIDORI DALDIANI oneirocritica ex duobus codicibus mss. Venetis ; recensuit Joannes Gothofredus REIFF. *Lipsiæ,* 1805, in-8°, 2 vol.

f. — Chiromancie

3251. La chiromance de Patrice Tricasse, Mantouan. *Paris*, 1552, in-12, 1 vol.

3252. La Chiromance, la physionomie et la géomance, par De Perucho. *Paris*, 1657, in-8°, 1 vol.

3253. Familières instructions pour apprendre les sciences de chiromancie et physionomie, par Jean Belot. *Rouen*, 1662, in-12, 1 vol.

3254. La chiromancie, la physionomie et la géomance, par le sieu r De Peruchio *Paris*, 1663, in-4°, 1 vol.

3255. La chyromancie naturelle de Ronphyle. *Lyon*, 1666, in-12, 1 vol.

3256. La science curieuse, ou traité de la chyromance. *Paris*, 1667, in-4°, 1 vol.

3257. Familières instructions pour apprendre les sciences de chiromance et physionomie, par Jean Belot. *Liège*, 1704. in-12, 1 vol.

g. — Physionomie

3258. De humana physiognomonia J. B. Portæ libri iv. *Rothomagi*, 1650, in 8°, 1 vol.

3259. La physionomie humaine de Jean-Baptiste Porta. *Rouen*. 1660, in-12, 1 vol.

3260. La physionomie raisonnée, ou secret curieux pour connaître les inclinations de chacun. *Paris*, 1664, in-32, 1 vol.

3261. La physionomie naturelle et la chiromance de Barthélemy Coclès. *Rouen*, 1700, in-12, 1 vol.

3262. Lettres philosophiques sur les physionomies, par Jacques Pernetti. *La Haye*, 1748.

3263. Dissertation de M. Pierre Camper sur les différences des traits du visage. *Utrecht*, 1791, in-4°, 1 vol.

3264. Dissertation sur les variétés naturelles qui caractérisent la physionomie des hommes des divers climats et des différents âges. OEuvre posthume de Pierre Camper. *Paris*, 1791, in-4°, 1 vol.

3265. Dissertation sur les variétés naturelles qui caractérisent la physionomie par P. Camper. *Paris*, 1792, in-4°, 1 vol.

3266. L'art de connaître les hommes par la physionomie, par Gaspard Lavater. *Paris*, 1820, in-8°, 10 vol.

h. — Astrologie

3267. Apologia astrologiæ Jacobi Schonheint. *Nuremberg*, 1502, in-4°, 1 vol.

3268. Tractatus astrologiæ judiciariæ de nativitatibus virorum et mulierum, compositus per D. Lucam Gauricum. *Norimbergæ*, 1540, in-4°, 1 vol.

3269. Même ouvrage.

3270. Albohazen Haly filii Aben-Ragel de judiciis astrorum. *Basileæ*, 1551, in-f°, 1 vol.

3271. Joannis Garcæi astrologiæ methodus. *Basileæ*, 1576, in-f°, 1 vol.

3272. Tractatus astrologicus, industria H. H. RANZOVII. *Francofurti,* 1615, in-12, 1 vol.

3273. In astrologos conjectores libri quinque, auctore ALEXANDRO DE ANGELIS. *Lugduni,* 1615, in-4°, 1 vo.

3274. Gasparis SCIOPPII astrologia ecclesiastica. 1634, in-4°, 1 vol.

3275. Cl. SALMASII de annis climactericis et antiquæ astrologiæ diatribæ. *Lugd. Batavorum,* 1648, in-8°, 1 vol.

3276. Curiositez inouyes sur la sculpture talismanique des Persans, par M. J. GAFFAREL. 1650, in-8°, 1 vol.

3277. Même ouvrage.

3278. Discours sur les influences des astres, selon les principes de Descartes. *Paris,* 1671, in-18, 1 vol.

3279. Curiositez inouyes, hoc est curiositates inauditæ de figuris Persarum talismannicis, opera Michaelis GREGORII. *Hamburgi,* 1678, in-12, 2 vol.

3280. Explication de divers monuments singuliers qui ont rapport à la religion des plus anciens peuples, avec un traité sur l'astrologie judiciaire, par le R. P. D***, religieux Bénédictin. *Paris,* 1739. in-4°, 1 vol.

3281. Histoire du ciel considéré selon les idées des poëtes, des philosophes et de Moïse, par M. PLUCHE. *Paris,* 1739, in-12, 2 vol.

i. — Prédictions

3282. Vaticinia, sive prophetiæ Abbatis JOACHIMI et ANSELMI Episcopi Marsicani. *Venetiis,* 1589, in-4°, 1 vol.

3283. Oracula magica ZOROASTRIS cum scholiis PLETHONIS et PSELLI nunc primum editi. Studio Joh. OPSOPÆI. *Parisiis,* 1599, in-8°, 1 vol.

3284. Les prophéties de M. Michel Nostradamus, revues et corrigées sur la copie imprimée à Lyon, par Benoist Rigaud, en l'an 1568. *Troyes,* in-12, 1 vol.

3285. Les vraies centuries de Me Michel NOSTRADAMUS. *Paris,* 1652, in-12, 1 vol.

3286. Eclaircissement des véritables quatrains de maistre Michel NOSTRADAMUS... 1656, in-16, 1 vol.

3287. La concordance des prophéties de NOSTRADAMUS avec l'histoire, depuis Henri II jusqu'à Louis-le-Grand, par GUYNAUD. *Paris,* 1693, in-12, 1 vol.

3288. Pratique curieuse, ou les oracles des Sibylles, par COMMIERS. *Paris,* 1750, in-12, 1 vol.

3289. Recueil alphabétique des pronostics. *Paris,* 1760, in-18, 1 vol.

k. — Magie naturelle, prestidigitation

3290. Joh. Baptistæ PORTÆ magiæ naturalis libri viginti in quibus scientiarum naturalium divitiæ et deliciæ demonstrantur. *Lugd. Batav.,* 1650, in-16, 1 vol.

ARTS ET MÉTIERS

PREMIÈRE SECTION

ARTS ET MÉTIERS

Dictionnaires, généralités

3291. Dictionnaire œconomique, par Noël Chomel. *Amsterdam,* 1732, in-f°, 1 vol.

3292. Supplément au dictionnaire œconomique, par Noel Chomel. *Amsterdam,* 1740, in-f°, 1 vol.

3293. Descriptions des arts et métiers faites par MM. de l'Académie royale des sciences. *Paris,* 1761, in-f°, 18 vol.

3294. Dictionnaire œconomique, contenant divers moyens d'augmenter son bien et de conserver sa santé, par Noel Chomel. *Commercy,* 1761, in-f°, 2 vol.

3295. Supplément au Dictionnaire œconomique, par Noel Chomel. *Commercy,* 1761, in-f°, 1 vol.

3296. Dictionnaire portatif des arts et métiers. *Paris,* 1766, in-12, 2 vol.

3297. Dictionnaire raisonné universel des arts et métiers, par l'abbé Jaubert. *Lyon,* 1801, in-8°, 5 vol.

3298. Dictionnaire technologique, ou nouveau dictionnaire universel des arts et métiers, et de l'économie industrielle et commerciale, par une société de savants et d'artistes. *Paris* 1822, in-8°, 22 vol.

3299. Dictionnaire de l'industrie manufacturière, commerciale et agricole, par Baudrimont, Blanqui aîné et autres. *Paris,* 1833, in-8°, 10 vol.

3300. Dictionnaire des arts et manufactures, de l'agriculture, des mines, etc. par Ch. Laboulaye, et I complément. *Paris,* 1864-72, in-8°, 3 vol.

3301. Bulletin de la société d'encouragement pour l'industrie nationale. *Paris,* an xi à 1846, in-4°, 46 vol.

3302. Des classes dangereuses de la population dans les grandes villes et des moyens de les rendre meilleures, par H. A. Frégier. *Paris,* 1840, in-8°, 2 vol.

3303. Etude historique, économique et juridique sur les coalitions et les grèves dans l'industrie, par A. Crouzel. *Paris,* 1887, in-8°, 1 vol.

I. — AGRICULTURE

a. — *Dictionnaires*

3304. Dictionnaire général des temps propres à l'agriculture, par Louis Liger. *Paris,* 1703, in-12, 1 vol.

3305. Dictionnaire universel d'agriculture et de jardinage. *Paris,* 1751, in-4°, 2 vol.

3306. Même ouvrage.

3307. L'agronome, dictionnaire portatif du cultivateur, par Aug. Alletz. *Paris,* 1760, in-12, 2 vol.

b. — *Histoire de l'agriculture, statistique*

3308. Histoire de l'agriculture ancienne, extraite de l'histoire naturelle de Pline, livre xviii. *Paris.* 1675, in-12, 1 vol.

3309. Observations sur les divers moyens de soutenir et d'encourager l'agriculture, principalement dans la Guyenne. ....., 1756, in-12, 1 vol.

3310. Corps d'observations de la société d'agriculture, de commerce et des arts, établie par les Etats de Bretagne, années 1757 et 1758. *Rennes,* 1760, in-12, 2 vol.

c. — *Traités généraux anciens et modernes*

3311. Le livre des prouffits champestres et ruraulx, par Maistre Pierre des Crescens, bourgeois de Boulogne. *Lyon,* 1530, in-4°, 1 vol.

3312. Terrentii Varronis libri de re rustica. *Parisiis,* 1533, in-fol., 1 vol.

3313. Le grand et bon mesnage, composé en latin par Constantin César de Constantinople, lequel traicte de toute l'agriculture. 1544, in-12, 1 vol.

3314. Constantini Cæsaris selectarum præceptionum de agricultura libri viginti. *Basileæ,* 1548, in-12, 1 vol.

3315. De omnibus agriculturæ partibus Petri Crescentiensis libri xii. *Basileæ,* 1548, in-fol., 1 vol.

3316. Rei rusticæ libri quatuor, auct. D. Conrado Heresbachio. *Coloniæ,* 1571, in-12, 1 vol.

3317. Secrets de la vraie agriculture, traduits en françois de l'italien d'Augustin Gallo, par de Belle-Forest. *Paris,* 1572, in-4°, 1 vol.

3318. Methodus rustica Catonis atque Varronis a Theodoro Zuingero typicè delineata. *Basileæ,* 1576, in-8°, 1 vol.

3319. L'agriculture et maison rustique de Charles Estienne et Jean Liébault. *Paris,* 1586, in-4°, 1 vol.

3320. Le théâtre d'agriculture et mesnage des champs d'Olivier de Serres. *Rouen,* 1623, in-4°, 1 vol.

3321. Libri de re rustica M. Catonis et M. Terrentii Varronis, per Petrum Victorium. *Parisiis,* 1643, in-8°, 1 vol.

3322. La nouvelle maison rustique. *Paris,* 1740, in-4°, 2 vol.

3323. Les agrémens de la campagne, ou remarques sur la manière d'arranger et de construire les maisons de campagne, etc. *Leyde,* 1750, in-4°, 1 vol. :

3324. Les agrémens de la campague, ou remarques sur la construction des maisons de campagne. *Paris,* 1754, in-12, 3 vol.

3325. Même ouvrage.

3326. L'agronomie, ou les principes de l'agriculture réduits en pratiques. *Paris,* 1761, in-12, 6 vol.

3327. L'art de s'enrichir promptement par l'agriculture, par Despommiers. *Paris,* 1762, in-12, 1 vol.

3328. Philosophie rurale, ou économie de l'agriculture. *Amsterdam,* 1763, in-4°, 1 vol.

3329. La bonne fermière. ou élémens économiques. *Lille,* 1765, in-12, 1 vol.

3330. Le bon fermier, ou l'ami des laboureurs. *Lille,* 1767, in-12, 1 vol.

3331. Encyclopédie œconomique, ou système général d'œconomie rustique. *Yverdon,* 1770, in-8°, 16 vol.

3332. Scriptores rei rusticæ, curante Matthia Gesnero. *Lipsiæ,* 1785, in-4°, 2 vol.

3333. Scriptores rei rusticæ veteres latini, M. Cato. M. Varro, L. Columella. *Biponti,* 1787, in-8°, 4 vol.

3334. Maison rustique pour servir à l'éducation de la jeunesse, par Mme de Genlis. *Paris,* 1810, in-8°, 3 vol.

3335. Maison rustique du 19e siècle, par M. E. Bailly. *Paris,* 1842, in-8°, 5 vol.

3336. Encyclopédie pratique de l'agriculteur, publiée par Firmin Didot frères, sous la direction de L. Moll. *Paris,* 1859, in-8°, 13 vol.

3337. Eléments d'économie rurale, industrielle, commerciale, par H. Baudrillart. *Paris,* 1867, in-18, 1 vol.

3338. Abu Zaccaria. Libro de agricultura. *Sevilla,* 1878, in-12, 2 vol.

3339. Le livre de la ferme et des maisons de campagne, par M. P. Joigneaux. *Paris,* in-8°, 2 vol.

3340. Cours d'agriculture, par le comte de Gasparin, troisième édition. *Paris,* in-8°, 6 vol.

d. — *Traités particuliers, cultures spéciales*

3341. Essai sur l'amélioration des terres. *Paris,* 1758, in-12, 1 vol.

3342. Même ouvrage.

3343. Le botaniste cultivateur, par Dumont-Courset. *Paris,* 1802, in-8°, 4 vol.

3344. Chimie appliquée aux arts et à l'agriculture, par Chaptal. *Paris,* 1807, in-8°, 9 vol.

3345. Economie rurale considérée dans ses rapports avec la chimie et la physique, par J.-B. Boussingault. *Paris,* 1843, in-8°, 2 vol.·

3346. Fermes modèles, ou architecture civile, rurale et communale, par Roux, aîné. *Paris,* 1843, in-fol., 1 vol.

3347. Agronomie, chimie agricole, et physiologie, par Boussingault. *Paris,* 1860, in-8°, 6 vol.

3348. Guide pour l'achat et l'emploi des engrais chimiques, par H. Joulie. *Paris,* 1876, in-8°, 1 vol

e. — Conservation des grains

3349. Traité de la conservation des grains, et en particulier du froment, par Duhamel du Monceau. *Paris,* 1753, in-12, 1 vol.

3350. Recueil. — Sciences physiques et naturelles 1° Dissertatio de igne, auct. Euler. 2° Cause qui noircit et corromp les grains de bled, par M. Tillet. In-4°, 1 vol.

f. — Sylviculture et arboriculture

3351. Traité des arbres et arbustes, par Duhamel du Monceau. *Paris,* 1755, in-4°, 2 vol.

3352. Traité des bois et des différentes ma-nières de les semer, planter, cultiver. *Paris,* 1769, in-12, 2 vol.

3353. Traité des arbres arbustes que l'on cultive en France, en pleine terre, par Duhamel du Monceau. *Paris,* in-f°, 7 vol.

g. — Viticulture

3354. Vinetum, in quo varia vitium, uvarum, vinorum antiqua latina vulgariaque nomina etc. Carolus Stephanus. *Parisiis,* 1537, in-4°, 1 vol.

3355. Même ouvrage.

h. — Zootechnie

3356. Philippica, ou haras de chevaux de J. Tacquet, Escuier. *Anvers,* 1645, in-4°, 1 vol.

3357. Le gouvernement admirable, ou la république des abeilles, par J. Simon. *Paris,* 1742, in-12, 1 vol.

3358. Histoire naturelle des abeilles. *Paris,* 1744, in-12, 2 vol.

3359. Pratique de l'art de faire éclore, et d'élever en toute saison des oiseaux domestiques de toutes espèces, par de Réaumur. *Paris,* 1751, in-12, 1 vol.

3360. Instruction sur la manière d'élever et de perfectionner les bêtes à laine, composée en suédois par Frédéric Hatsfer. *Paris,* 1756, in-12, 1 vol.

3361. Nouvelle construction des ruches de bois inventée par Palteau. *Metz,* 1756, in-12, 1 vol.

3362. Le gouvernement admirable ou la république des abeilles, par J. Simon. *Paris,* 1758, in-12, 1 vol.

3363. Traité des bêtes à laine, par Carlier. *Paris,* 1770, in-4°, 2 vol.

3364. Le guide du fermier, ou instructions pour élever les bestiaux. *Paris,* 1772, in-12, 2 vol.

3365. Les orangers, les vers à soie et les abeilles, par Crignon. *Paris,* 1786, in-12, 1 vol.

3366. Nouveau régime pour les haras, par Esprit-Paul de Lafont-Pouloti. *Turin,* 1787, in-8°, 1 vol.

3367. Instruction pour les bergers, et pour les propriétaires de troupeaux, par Daubenton. *Paris,* 1820, in-8°, 1 vol.

i. — Horticulture

3368. De re hortensi libellus nomina docens vulgaria herbarum, florum ac fructicum qui in hortis conseri solent, auctore Carolo STEPHANO. *Lutetiæ*, 1545, in-12, 1 vol.

3369. Prædium rusticum a Carolo STEPHANO. *Lutetiæ*, 1554, in-12, 1 vol.

3370. Hortorum secreta, cultus, auxilia, aut. Antonio MIZALDO. *Lutetiæ*, 1575, in-12, 1 vol.

3371. Le jardinier du Pays-bas, par VANDER-GROEN. *Bruxelles*, 1672, in-4°, 1 vol.

3372. Abrégé pour les arbres nains, par un notaire de Laon. *Paris*, 1675, 1 vol.

3373. Traités du jardinage, divisés en trois tomes. *Paris*, 1684, in-12, 1 vol.

3374. Le parfait jardinier, par DE LA QUINTINYE. *Paris*, 1695, in-4°, 2 vol.

3375. Même ouvrage.

3376. Curiosités de la nature et de l'art sur la végétation, ou l'agriculture et le jardinage, dans leur perfection, par l'abbé DE VALLEMONT. *Paris*, 1705, in-12, 1 vol.

3377. Le ménage de la ville et des champs, et le jardinier françois accommodés au goût du temps, par LIGER. *Bruxelles*, 1712, in-12, 1 vol.

3378. Curiosités de la nature et de l'art sur la végétation, etc., par l'abbé DE VALLEMONT. *Bruxelles*, 1721, in 12, 2 vol.

3379. Le jardinier solitaire. *Paris*, 1723, in-12, 1 vol.

3380. Traité de la culture parfaite de l'oreille d'ours, ou auricule, par un curieux de province. *Bruxelles*, 1735, in-18, 1 vol.

3381. Méthode pour bien cultiver les arbres à fruit, et pour élever des treilles, par DE LA RIVIÉRE et DU MOULIN. *Paris*, 1738, in-12, 1 vol.

3382. La théorie et la pratique du jardinage. *Paris*, 1747, in-4°, 1 vol.

3383. Traité de la culture des pêchers. *Paris*, 1750, in-12, 1 vol.

3384. L'école du jardin potager. *Paris*, 1752, in-12, 2 vol.

3385. Le jardinier fleuriste, par L. LIGER. *Paris*, 1754, in-12, 1 vol.

3386. Traité de la culture des renoncules, des œillets, des auricules et des tulipes. *Paris*, 1754, in-12, 1 vol.

3387. Le jardinier d'Artois, ou les élémens de la culture des jardins potagers et fruitiers, par le P. BONNELLE. *Arras*, 1763, in-8°, 1 vol.

3388. Hortus nitidissimus omnem per annum etc, sive florum amænissimorum imagines etc. Jacob. TREW. Latin et Allemand. *Norimbergæ*, 1768, in-f°, 1 vol.

3389. Année champêtre, par D'ARDÈNE, partie qui traite de ce que l'on doit faire dans le potager. *Florence*, 1769, in-12, 3 vol.

3390. La pratique du jardinage, par l'abbé Roger SCHABOL. *Paris*, 1770, in-12, 2 vol.

3391. Instructions pour les jardins fruitiers et potagers, par DE LA QUINTINYE. *Paris*, 1789, in-4°, 2 vol.

3392. Jardinier Liégeois, ou la méthode de cultiver les arbres. *Liège*, in-18, 1 vol.

3393. Jardin d'hyver, ou cabinet des fleurs. in-4°, 1 vol.

3394. Plans raisonnés de toutes les espèces de jardins, par Gabriel THOUIN. *Paris*, 1819, in-f°, 1 vol.

k. — *Mélanges d'agriculture et d'économie rurale*

3395. Le cultivateur anglais, ou œuvres choisies d'agriculture et d'économie rurale et politique d'Arthur Ioung. *Paris,* 1800, in-8°, 18 vol.

3396. Recueil de pièces diverses : excursion agronomique en Auvergne ; colonisation de l'Afrique septentrionale par les Romains, in-4°, 1 vol.

II. — CHASSES

3397. La vénerie royale, divisée en quatre parties, de Messire DE SALNOVE. *Paris,* 1665, in-4°, 1 vol.

3398. Les ruses innocentes, comment on prend les oiseaux passagers, par François FORTIN. *Paris,* 1688, in-4°, 1 vol.

3399. Les ruses innocentes de la chasse et de la pesche. *Amsterdam,* 1700, in-12, 1 vol.

3400. Dictionnaire des chasses, **par M.** LANGLOIS. *Paris,* 1739, in-16, **1 vol.**

3401. La vénerie de Jacques DU FOUILLOUX. *Angers,* 1844, in-8° 1 vol.

3402. Petit manuel du chasseur, **par** Emile BÉRARD. *Vannes,* 1884, **in-16,** 1 vol.

III. — PÈCHES

3403. Traité des étangs, des viviers, des canaux, fossés et mares. *Paris,* 1717, in-18, 1 vol.

3404. Etude sur l'industrie huitrière des Etats-Unis, par M. Philippe de BROCA. *Paris,* 1863, in-8°, brochure.

3405. Etude sur les origines de la pêche, à Boulogne-sur-Mer, (932-1550) par Ernest DESEILLE. *Boulogne-sur-Mer,* 1874, in-8°, brochure.

3406. La pêche du corail sur les côtes de l'Algérie, par CAVELIER DE CURVILLE. *Paris,* 1875, in-8°, brochure.

3407. Octave LAMY. Les industries maritimes et fluviales et l'exportation française à l'exposition internationale (année 1875). *Paris,* 1875, in-8°, 1 vol.

3408. L'industrie huittrère dans le Morbihan, par A. E. HAUSSER. *Paris,* 1876, in-12, 1 vol.

3409. Caboteurs et pêcheurs de la côte de Tunisie, en 1882, par M. P. A. HENNIQUE. *Paris,* 1884, in-8°, brochure.

IV. — Économie domestique, arts alimentaires

a. — Généralités

3410. Recueil des curiosités rares et nouvelles, expérimentées et composées par EMERY. *Paris*, 1684, in-18, 1 vol.

3411. Dictionnaire des aliments, vins et liqueurs. *Paris*, 1750, in-12, 3 vol.

3412. Dictionnaire domestique portatif. *Paris*, 1765, in-8°, 3 vol.

3413. Traité des aliments, par Louis LEMERY. *Paris*, 1709, in-12, 1 vol.

3414. Dictionnaire universel de la vie pratique à la ville et à la campagne, par G. BELÈZE. *Paris*, 1873, in-8°, 1 vol.

b. — Art culinaire

3415. APICII COELII de obsoniis et condimentis, sive arte coquinaria libri decem. Cum annotationibus Martini LISTER. *Amstelodami*, 1709, in-12, 1 vol.

3416. Bap. PLATINÆ Cremonensis opuscula. *Parisisiis*, 1530, in-12, 1 vol.

3417. L'école parfaite des officiers de bouche. *Paris*, 1680, in-12, 1 vol.

3418. L'école parfaite des officiers de bouche. *Paris*, 1682, in-12, 1 vol.

3419. La maison réglée et l'art de diriger la maison d'un grand seigneur et autres, par AUDIGER. *Amsterdam*, 1697, in-12, 1 vol.

3420. Le cuisinier royal et bourgeois, qui apprend à ordonner toute sorte de repas en gras et en maigre. *Paris*, 1733, in-12, 2 vol.

3421. Le cuisinier gascon. *Amsterdam*, 1740, in-12, 1 vol.

3422. La Oille. Mélange ou assemblage de divers mets pour tous les goûts, par un vieux cuisinier gaulois. *Constantinople*, 1755, in-32, 1 vol.

3423. La cuisinière bourgeoise suivie de l'office, à l'usage de ceux qui se mêlent de dépenses de maisons. *Bruxelles*,1764, in-12, 1 vol.

c. — Boissons (bière, vin, cidre, thé, café)

3424. Petri Andreæ CANONHERII de admirandis vini virtutibus libri tres. *Antuerpiæ*, 1627, in-8°, 1 vol.

3425. Joan. Henrici MEIBOMII de cervisiis potibusque et ebriaminibus extra vinum aliis commentarius. *Helmestadii*, 1668, in-4°, 1 vol.

3426. Traités nouveaux et curieux du café, du thé et du chocolat, par Philippe Sylvestre DU FOUR. *La Haye*,1685,in-18, 1 vol.

3427. Etudes sur la bière, ses maladies, causes qui les provoquent, par PASTEUR. *Paris*, 1876, in-8°, 1 vol.

3428. Même ouvrage.

d. — Sucre

3429. Art de fabriquer le sucre de bette-
raves, par DUBRUNFAUT. *Paris, 1825,*
in-8°, 1 vol.

3430. Mémoire sur la fabrication du sucre

de betterave, par M. DE BEAUJEU. *Paris,*
1834, in-8°, 1 vol.

3431. LE PELLETIER DE SAINT-RÉMY. Le
questionnaire de la question des sucres.
Paris, 1877, in-8°, 1 vol.

e. — Confiserie, distillerie

3432. Nouvelle instruction pour les confi-
tures, les liqueurs et les fruits. *Paris,*
1732, in-12, 1 vol.

3433. Traité raisonné de la distillation
réduite en principes, par M. DÉJEAN. *Paris,*
1753, in-12, 1 vol.

3434. Chimie du goût et de l'odorat. *Paris,*
1755, in-12, 1 vol.

3435. Traité des odeurs, suite du traité de
la distillation, par DÉJEAN. *Paris,* 1764,
in-12, 1 vol.

V. — ART DES CONSTRUCTIONS

---

a. — Traités généraux

3436. Etudes relatives à l'art des constructions, recueillies par L. BRUYÈRE. *Paris,*
1823, in-fol., 2 vol.

3436 bis. Pierre CHABAT. Dictionnaire des
termes employés dans la construction, avec
un supplément. *Paris,* 1875, in-8°, 3 vol.

b. — Charpenterie

3437. Traité de l'art de la charpente, par KRAFFT. *Paris,* 1830, in-fol., 2 vol.

c. — Coupe des pierres et des bois

3438. La pratique du trait à preuves, de
DESARGUES, pour la coupe des pierres en
l'architecture, par A. BOSSE. *Paris,* 1643,
in-12, 1 vol.

3439. La théorie et la pratique de la coupe des pierres et des bois, par M. FREZIER,
Strasbourg, 1737, in-4°, 2 vol.

d. — *Constructions diverses*

3440. Description du nouveau pont de pierres, construit sur la rivière d'Allier, à Moulins, par DE RÉGEMORTES. 1771, in-f°, 1 vol.

3441. Description des projets, et de la construction des ponts de Neuilly, de Mantes, d'Orléans et autres, par PERRONET. *Paris*, 1782, grand in-fol., 2 vol.

3442. Traité théorique et pratique e la construction des ponts métalliques, par MM. MOLINOS et PRONNIER (texte). *Paris*, 1857, in-4°, 1 vol.

3443. Traité de la construction des ponts métalliques, par MOLINOS et PRONNIER. *Paris*, 1857. Atlas, grand in-4°, 1 vol.

e. — *Matériaux*

3444. Recueil de pièces diverses : mines de houille, chaux de construction, bétons et mortiers ordinaires, par L. I. VICAT. *Paris*, 1818, in-4°, 1 vol.

3445. Traité sur l'art de faire de bons mortiers, par RAUCOURT, de Charleville. *Paris*, 1828, in-8°, 1 vol.

3446. Traité de construction en poterie et en fer, par L. ECK. *Paris*, 1836, in-fol., 1 vol.

3447. Traité de l'application du fer et de la fonte dans les constructions civiles, par L. ECK. *Paris*, 1841, in-fol., 1 vol.

f. — *Voies de communication, routes, chemins de fer, canaux*

3448. Traité des moyens de rendre les rivières navigables. *Paris*, 1693, in-12, 1 vol.

3449. Canal de Provence, ou canal d'Aix et de Marseille, par le sieur J. A. FLOQUET. *Paris*, 1750, in-8°, 1 vol.

3450. Essais sur les ponts et chaussées, la voirie et les corvées. *Amsterdam*, 1759, in-12, 2 vol.

3451. Canal et port Saint-Louis, à l'embouchure du Rhône. Avantages généraux de cette création, avec cartes et plans. *Paris*, 1864, in-8°, 1 vol.

3452. Département du Pas-de-Calais. Rapport au Préfet sur le service vicinal par M. CAVROIS. *Arras*. 1865, in-4°, 1 vol.

3453. Tube d'inversion. Critique scientifique et historique, par M. RICOUR. *Paris*, 1870, in-8°, brochure.

3454. Manuel du conducteur des ponts et chaussées, d'après le dernier programme officiel des examens d'admission, par E. ENDRÈS. *Paris*, 1884, in-8°, 3 vol.

VI. – ART MILITAIRE

a. — *Dictionnaires, histoires, généralités*

3455. Nicolai RIGALTII glossarium de re militari. *Lutetiæ*, 1601, in-4°, 1 vol.

3456. Maniement d'armes, d'arquebuses, mousquets et piques, représenté par Jacques GHEYN. *Amsterdam*, 1608, in-fol.. 1 vol.

3457. Essais politiques et militaires, enrichis de diverses maximes et remarques tirées des anciens auteurs, par le sieur DE MOUCHEMBERT. *Paris*, 1627, in-12, 1 vol.

3458. Académie de l'espée de Girard THIBAULT d'Anvers, où se démonstrent par reigles mathématiques, sur le fondement d'un cercle mystérieux, la théorie et pratique des vrais et jusqu'à présent incognus secrets du maniement des armes à pied et à cheval. *Anvers*, 1628, in-4°, 1 vol.

3459. Nicolai UPTONI de studio militari libri quatuor. *Londini*, 1654, in-fol., 1 vol.

3460. Les arts de l'homme d'épée, ou le dictionnaire du gentilhomme, par GUILLET. *Paris*, 1682, in-12, 3 vol.

3461. Dictionnaire militaire, ou recueil alphabétique de tous les termes propres à l'art de la guerre, par Aubert DE LA CHENAYE DES BOIS. *Paris*, 1745, in-12,2 vol.

3462. Même ouvrage.

3463. Dictionnaire militaire portatif, contenant tous les termes propres à la guerre. *Paris*, 1758, in-12, 3 vol.

b. — *Art militaire chez les anciens*

3464. Fl. VEGETII RENATI de re militari libri quatuor. *Lutetiæ*,1532, in-fol.,1 vol.

3465. Flavii VEGETII de re militari libri quatuor. *Antuerpiæ*, 1585, in-4°, 1 vol.

3466. Flavii VEGETII et Sex. Julii FRONTINI de re militari opera. *Lugduni Batav.*, 1633, in-16, 1 vol.

3467. Flavi VEGETII RENATI institutorum rei militaris libri quatuor. *Versaliæ*,1670, in-8°, 2 vol.

3468. La milice romaine, avec la traduction de Flave VEGÈCE, par J. J. DE BALTHAUSEN. *Francfort*. 1616, in-f°, 1 vol.

3469. Traicté de l'art militaire, ou usance de guerre de Jules César, traduit en françois du latin de Pierre DE LA RAMÉE. *Paris*, 1583, in-12, 1 vol.

3470. ONOSANDRI strategicus, sive de imperatoris institutione. Nic. RIGALTIUS edidit. *Lutetiæ*, 1599, in-4°, 1 vol.

3471. Henrici SAVILIS Angli commentarius de militiâ romana. *Heidelbergæ*, 1601, in-12, 1 vol.

3472. Justi LIPSII poliocerticon, sive de machinis, tormentis, telis, libri quinque. *Antuerpiæ*, 1605, in-4°, 1 vol.

3473. ONOSANDRI strategicus, sive de imperatoris institutione. *Romæ*, 1610, in-4°, 1 vol.

3474. Le parcfait capitaine, autrement

l'abrégé des guerres de Gaule des commentaires de César, par le duc H. DE ROHAN. *Paris*, 1636, in-4°, 1 vol.

3475. Le parfaict capitaine, ou l'abrégé des guerres de Gaule, des commentaires de César, par le Duc DE ROHAN. *Paris*, 1644, in-4°, 1 vol.

3476. ARRIANI ars tactica, ex recensione Nicolai BLANCARDI. *Amstelodami*, 1683, in-8°, 1 vol.

2477. Poliorcétique des grecs, traités théoriques, récits historiques, par C. WESCHER. *Paris*, 1867, in-4°, 1 vol.

c. — Art militaire chez les modernes

3478. Roberti VALTURII de re militari libri XII. *Parisiis*, 1530, in-fol., 1 vol.

3479. Roberti VALTURII de re militari libri XII. *Parisiis*, 1535, in-fol., 1 vol.

3480. Dominici CYLLENII de vetere et recentiore scientia militari. *Venetiis*, 1559, in-fol., 1 vol.

3481. Henr. RANZOVII commentarius bellicus libris sex distinctus. *Francofurti*, 1595, in-4°, 1 vol.

3482. De paralleli di Francesco PATRIZI (italien). *in Roma*, 1595, in-fol., 1 vol.

3483. L'art de la guerre par Nic. MACHIAVELLI, traduit par Jehan CHARRIER. *Paris*, 1596, in-f°, 1 vol.

3484. Theorica y practica de guerre, escrita por D. Bernardino de MENDOCA. *En Anvers*, 1596, in-12, 1 vol.

3485. Théoricque et practique de guerre par Don Bernardin de MENDOCE. *Bruxelles*, 1597, in-12, 1 vol.

3486. Le soldat françois... 1604, in-12, 1 vol.

3487. La milice française, réduite à l'ancien ordre et discipline militaire des légions, par Louys DE MONTGOMMERY. *Paris*, 1615, in-12, 1 vol.

3488. Les principes de l'art militaire, par M. DE BILLON, sieur DE LA PRUGNE. *Lyon*, 1617, in-4°, 1 vol.

3489. De militia equestri antiqua et nova, auctore Hermanno HUGONE. *Antuerpiæ*, 1630, in-f°, 1 vol.

3490. Même ouvrage.

3491. L'art de la guerre de Nicolas MACCHIAVEL. *Rouen*, 1664, in-18, 1 vol.

3492. Pratique et maximes de la guerre, par DE LA VALIÈRE. *Paris*, 1667, in-18, 1 vol.

3493. Pratique de la guerre, par le sieur MALTHUS. *Paris*, 1681, in-12, 1 vol.

3494. L'art de la guerre, et la manière dont on la fait aujourd'hui en France, par le sieur GAYA. *Paris*, 1689, in-12, 1 vol.

3495. Les travaux de Mars, ou l'art de la guerre, par Allain MANESSON MALLET. *Paris*, 1691, in-4°, 3 vol.

3496. Jacobi LYDII syntagma sacrum de re militari. *Dordraci*, 1698, in-4°, 1 vol.

3497. Nouvelles découvertes sur la guerre par DE FOLARD. *Paris*, 1724, in-12, 1 vol.

3498. Observations sur l'art de faire la guerre. *Paris*, 1740, in-12, 1 vol.

3499. Art de la guerre par principes et par règles, par DE PUYSÉGUR. *Paris*, 1748, in-fol., 1 vol.

3500. Art de la guerre, par le maréchal DE PUYSÉGUR. *Paris*, 1749, in-4°, 2 vol.

3501. Eléments de l'art militaire, par M. d'HÉRICOURT. *Paris*, 1752, in-12, 3 vol.

3502. Même ouvrage.

3503. Les rêveries, ou mémoires sur l'art de la guerre de Maurice, Comte DE SAXE, par M. DE BONNEVILLE. *La Haye*, 1756, in-fol., 1 vol.

3504. Même ouvrage.

3505. De l'emploi des loisirs du soldat français, en temps de paix, par l'AGESY de BOURDELIAC. *Paris*, 1823, in-8°, 1 vol.

d. — *Organisation, manœuvres*

3506. Le gouverneur parfait, par le sieur CAMUS DU TERTRE. *Paris*, 1604, in 18, 1 vol.

3507. Il governo della cavalleria leggiera, trattato originale del Conte Giorgio BASTA. *In Francoforte*. 1612, in-4°, 1 vol.

3508. De la charge des gouverneurs des places, par Ant. de Ville. *Paris*, 1639, in-fol., 1 vol.

3509. Les fonctions de tous les officiers de l'infanterie, par DE LAMONT. *Paris*, 1668, in-12, 1 vol.

3510. Les fonctions de tous les officiers de l'infanterie, par DE LAMONT. *Paris*, 1669, in-12, 1 vol.

3511. Code militaire ou compilation des réglements et ordonnances de Louis XIV, par le baron DE SPARRE. *Paris*, 1709, in-12, 1 vol.

3512. Etudes militaires et exercice de de l'infanterie. *Paris*, 1731, in-12, 1 vol.

3513. Instruction sur l'exercice de l'infanterie du 14 mai 1754. *Douai, ...,* in-12, 1 vol.

3514. Instruction pour le service dans les places. *Douai*, 1765, in-8°, 1 vol.

3515. De l'approvisionnement des armées au XIX siècle, par le général ROGUET. *Paris*, 1848, in-8°, 1 vol.

3516. De la cavalerie française, par A. HOCQUET. *Lyon*, 1868, in-8°, 1 vol.

3517. L'officier d'infanterie en campagne, par le général comte ROGUET. *Paris*, 1869, in-8°, 1 vol.

3518. De la cavalerie française et de la nécessité de leur adjoindre des **irréguliers** en temps de guerre, par le **général** LÉTANG. *Paris*, in-8°, 1 vol.

e. — *Fortifications, attaque et défense des places*

3519. Le capitaine de Jérosme CATANCO, contenant la manière de fortifier les places, assaillir et défendre. *Lyon*, 1593, in-4°, 1 vol.

3520. Des fortifications et artifices, architecture et perspective de Jacques PERRET. *Paris*, 1601, in-f°, 1 vol.

3521. La fortification démonstrée et réduicte en art, par J. ERRARD, de Bar-le-Duc. *Paris*, 1604, in-f°, 1 vol.

3522. Fortification, ou architecture militaire, par Sam. MAROLOIS. *Hagæ Comitis*, 1615, in-4°, 1 vol.

3523. La fortification démonstrée et réduicte en art, par J. ERRARD, de Bar-le-Duc. *Paris*, 1620, in-f°, 1 vol.

3524. L'architecture militaire, ou la fortification nouvelle, par Adam FRITACH. *Leide*, 1635, in f°, 1 vol.

3525. Peribologia Guilelmi DILICHII (en allemand). *Francofurti*, 1640, in-f°, 1 vol.

3526. Il curioso simplice soldato perfetto nella fortificacione, composto dal Francesco FIORENZA. *In Liege*, 1545, in-16, 1 vol.

3527. L'architecture militaire moderne, ou fortification confirmée par diverses histoires, par Mathias DOGEN. *Amsterdam*, 1648, in-f°, 1 vol.

3528. Architetura militar, o fortification moderna por DE VILLA REAL. *Paris*, 1649, in-24, 1 vol.

3529. L'architecture militaire, ou l'art de fortifier les places régulières et irrégulières, par le P. BOURDIN. *Paris*, 1655, in-12, 1 vol.

3530, Les fortifications du chevalier Antoine DE WILLE, tholosain, avec l'attaque et la défense des places. *Paris*, 1666, in-8°, 1 vol.

3531. Méme ouvrage.

3532. Les fortifications royales, ou architecture militaire par une nouvelle pratique, par DE LA FONTAINE. *Paris*, 1666, in 12, 1 vol.

3533. Les fortifications du comte DE PAGAN, par M. HÉBERT. *Paris*, 1689, in-12, 1 vol.

3534. Introduction à la fortification, par DE FER. *Paris*, 1692, in-fol., 1 vol.

3535. Les travaux de Mars, fortifications. in-12, 1 vol.

3536. La fortification régulière et irrégulière, par OZANAM. *Paris*, 1711, in-8°, 1 vol.

3537. La fortification régulière et irrégulière, par OZANAM. *Paris*, 1720. in-8°, 1 vol.

3538. La science des ingénieurs dans la conduite des travaux de fortification, par BÉLIDOR. *Paris*, 1729, in-4°, 1 vol.

3539. Même ouvrage.

3540. Dictionnaire portatif de l'ingénieur, par BÉLIDOR. *Paris*, 1745, in-12, 1 vol.

3541. Même ouvrage.

3542. Nouvelle école militaire, ou traité de la fortification intérieure, par DESPREZ DE S. SAVIN. *Paris*, 1738, in-8°, 1 vol.

3543. Eléments de fortification, par LE BLOND. *Paris*, 1739. in-12. 1 vol.

3544. Mémoires pour l'attaque et pour la défense d'une place, par GOULON. *La Haye*, 1740, in-12, 1 vol.

3545. Traité de l'attaque et de la défense des places par M. DE VAUBAN. *La Haye*, 1742, in-8°, 1 vol.

3546. Traité de la défense des places, par LE BLOND. *Paris*, 1762, in-8° 1 vol.

3547. Guide du mineur militaire, par M. SAUMADE. *Paris*, 1870, in-12, 1 vol.

3548. Considérations sur le système défensif de la France, par M. FERRON. *Paris*, 1873, in-8°, brochure.

3549. La défense des états et les camps retranchés, par le général A. BRIALMONT. *Paris*, 1876, in-8° 1 vol.

3550. Traité de balistique expérimentale, par M. HÉLIE. *Paris*, 1884, in-8°, 2 vol.

f. — Artillerie, armes offensives et défensives

3551. Pratica manual de artilleria, por Luys COLLADO. *En Milan*, 1593, in-fol., 1 vol.

3552. La force de Vulcain, ou l'appareil de guerre, par le chevalier SAINT-JULIEN. *La Haye*, 1606, in-12, 1 vol.

3553. Les élémens de l'artillerie, par Flurance RIVAULT. *Paris*, 1608, in-12, 1 vol.

3554. Maniement d'armes d'arquebuses, mousquets et picques. 1619, in-4°, 1 vol.

3555. Grand art d'artillerie, par Casimir

SIEMIENOVICZ. *Amsterodami*, 1651, in-fol., 1 vol.

3556. Traité des armes, des machines de guerre, par DE GAYA, *Paris*, 1678, in-18, 1 vol.

3557. Traité de l'artillerie, par GAUTIER. *Lyon*, 1690, in-12, 1 vol.

3558. Mémoires d'artillerie, par SURIREY DE SAINT-RÉMY. *Paris*, 1697, in-4°, 2 vol.

3559. L'artillerie raisonnée in 8°, 1 vol.

3560. Briefve instruction sur le faict de l'artillerie de France, par DAVELOURT. *Paris*, in-12, 1 vol.

3561. Tables pour jeter les bombes avec précision, extraites du bombardier françois, par BÉLIDOR. *Paris*, 1731, in-12, 1 vol.

3562. Théorie nouvelle sur le mécanisme de l'artillerie, par M. DULACQ. *Paris*, 1741, in-4° 1 vol.

3563. Mémoires d'artillerie, par SURIREY DE SAINT-RÉMY, *Paris*, 1745, in-4°, 3 vol.

3564. Nouveau cours de mathémathiques, à l'usage de l'artillerie et du génie, par BÉLIDOR. *Paris*, 1757, in-4°. 1 vol.

3565. Essais sur quelques parties de l'artillerie et des fortifications, par le général comte C... *Milan*, 1811, in-8°, 1 vol.

3566. Aide mémoire de mécanique pratique, à l'usage des officiers d'artillerie. *Paris*, 1838, in-8°, 1 vol.

3567. Note sur le fulmi-coton. *Paris*, 1877, in-8°, brochure.

3568. Les idées d'un homme de rien sur l'artillerie ; réformes nécessaires, par J. CARPENTIER. *Hesdin*, 1883, in-8°, brochure.

3569. Les torpilles à bord des navires et des embarcations de combat, par CHABAUD-ARNAULT. *Paris*, 1884, in-8°, brochure.

3570. La défense des côtes. Barrage et torpilles sous-marines, traduit par M. DE LA CHAUVINIÈRE. *Paris*, in-8°, brochure.

g. — Pyrotechnie

3571. De la pirotechnia per il S. Vanoccio BIRINGUCCIO. *Venetiæ*, 1540, in-4°, 1 vol.

3572. La pyrotechnie, ou art du feu, par Vanoccio BIRINGUCCIO. *Paris*, 1572, in-4°, 1 vol.

3573. La pyrotechnie de HANZELET, Lorrain. *Pont-à-Mousson*, 1630, in-4°, 1 vol.

3574. Traité des feux d'artifice, pour le spectacle et pour la guerre. *Berne*, 1750, in-12, 1 vol.

VII. — MARINE

a. — Dictionnaires et histoire

3575. Stephani DOLETI de re navali ad Lazarum Bayfium. *Lugduni*, 1517, in-4°, 1 vol.

3576. Lazari BAYFII annotationes in duo libros de captivis et potissimum de re navali. *Lutetiæ*. 1549, in-4°, 1 vol.

3577. De re vestiaria, vascularia et navali ex BAYFIO. *Lutetiæ*, 1553, in-12, 1 vol.

3578. Essai sur la marine des anciens, et particulièrement sur leurs vaisseaux de guerre, par DESLANDES. *Paris*, 1768, in-12, 1 vol.

3579. La marine des anciens peuples, par LE ROY. *Paris*, 1777, in-8°, 1 vol.

3580. Etudes sur les manœuvres des combats sur mer, par le vice-amiral BOURGOIS. *Paris*, 1876, in-8°, brochure.

3581. Tableau et classement des marines militaires, par MARCHAL. *Paris*, 1878, in-8°, brochure.

3582. Notice sur l'organisation du corps du commissariat de la marine française, depuis l'origine jusqu'à nos jours, par M. A. DESCHARD. *Paris*, 1879, in-8°, brochure.

3583. L'académie royale de marine, de 1771 à 1793, par Alfred DONEAUD DU PLAN. *Paris*, 1881, in-8°, 4 brochures.

3584. Etude sur les combats livrés sur mer de 1860 à 1880, par M. Etienne FARRET. Paris, 1881. in-8°, brochure.

3585. Le personnel et le service à bord de la marine anglaise, par M. P. DE CORNULIER. *Paris*, 1883, in-8° broch.

3586. La marine de la régence d'Alger avant la conquête, par M. A. LACOUR. *Paris*, 1883, in-8°, brochure.

3587. Etude sur la guerre navale de 1812 entre l'Angleterre et les Etats-Unis de l'Amérique du Nord, par Ch. CHABAUD-ARNAULT. *Paris*, 1884. in-8°, brochure.

35 8. Etude sur les opérations de guerre maritime de 1860 à 1883, par M. Etienne FARRET. *Paris*, 1884, in-8°, brochure.

3589. Rapport sur la campagne scientifique du Talisman, en 1883, par M. Th. PARFAIT. *Paris*, 1884, in-8°, brochure.

3590. Etude sur les opérations combinées des armées de terre et de mer. Attaque et défense, par M. R. DEGOUY. *Paris*, 1884. in-8°, brochure.

3591. Les marines de guerre de l'antiquité et du moyen-âge, par M. le contre-amiral SERRE. *Paris*, 1885, in-8°, 1 vol.

b. — Navigation

3592. Instruction nouvelle des poincts plus excellents et nécessaires, touchant l'art de naviguer, par Michel COIGNET. *Anvers*, 1581, in-4°, 1 vol.

3593. L'art de naviguer de M. Pierre de MÉDINE. *Rouen*, 1602, in-8°, 1 vol.

3594. Arte del navigare del doctor Pietro DA MEDINA. *In Venetia*, 1609, in-4°, 1 vol.

3595. Schat-Kamer ofte Konst der stier-Lieden door Klaas de VRIES geometra. (ouvrage pour la navigation) *Amsterdam*, 1702, in 8°, 1 vol.

3596. Dissertation sur l'origine de la boussole, par M. D. A. AZUNI. *Paris*, 1809, in-8°, 1 vol.

3597. Nouvelles bases de tactique navale pour les vaisseaux à vapeur, par G. BOUTAKOV, contre-amiral Russe, traduction de M. H. DE LA PLANCHE. *Paris*, 1865, in-8°, brochure.

3598. Considérations générales sur la tactique navale, à propos de la révision du livre des signaux, par M. JURIEN DE LA GRAVIÈRE. *Paris*, 1870, in-8°, brochure.

3599. Etude du roulis sur mer agitée, par DUHIL DE BENAZÉ. *Paris*, 1872, in-8°, brochure.

3600. Les vagues et le roulis. Les qualités nautiques des navires, par L. E. BERTIN. *Paris*, 1877, in-8°, brochure.

3601. Etudes comparatives de tactique navale, par M. Etienne FARRET. *Paris*, 1883, in-8°, brochure.

3602. Observations sur les vitesses relatives du vent et du navire, à bord du Jean Bart, par M. Armand PARIS. *Paris*, 1885, in-8°, brochure.

c. — *Constructions navales*

3603. Traité du navire, de sa construction et de ses mouvements, par M. BOUGUER. *Paris*, 1746, in-4°, 1 vol.

3604. Mémoire sur les travaux qui ont rapport à l'exploitation de la mâture dans les Pyrénées, par LEROY. *Londres*, 1776, in-4°, 1 vol.

3605. Les navires de guerre les plus récents, par M. MARCHAL. *Paris*, 1876, in-8°, brochure.

3606. La question du décuirassement, par le vice-amiral V. TOUCHARD. *Paris*, 1878, in-8°, brochure.

3607. Annales Lorientaises. Lorient, arsenal royal, par M. F. JÉGOU. *Paris*, 1880, in-8°, brochure.

3608. Guide pour l'emploi des machines à vapeur marines, et contrôle de l'utilisation du combustible, par M. ROQUE. *Paris*, 1881, in-8°, 1 vol.

3609. L'action de déformation du choc comparée à celle d'un effort continu, par M. MARCHAL. *Paris*, 1882, in-8°, brochure.

3610. Les établissements impériaux de la marine française. Les forges de La Chaussade, par MM. C. CORDIER et DE CHAMPS. *Paris*, in-8°, brochure.

3611. Les établissements impériaux de la marine française. Indret, par M. BABRON. *Paris*, in-8°, brochure.

3612. Les établissements impériaux de la marine française. Ruelle, rédigé sous la direction de M. DUTEMPS DU GRIC, et M. LESCOT. *Paris*, in-8°, brochure.

3613. Les nouveaux navires, leur armement, leur rôle maritime et militaire, par le baron GRIVEL. *Paris*, in-8°, brochure.

d. — *Hydrographie et cartes*

3614. Projet de nouvelles cartes de navigation, par M. L. BRAULT. *Paris*, 1870, in-8°, brochure.

3615. Instructions sur les îles et les passages du grand archipel d'Asie, par M. SALLOT DES NOYERS. *Paris*, 1867, in-8°, 5 vol.

VIII. -- ARTS GYMNASTIQUES, JEUX DIVERS

a. — Gymnastique en général

3616. Trois dialogues de l'exercice de sauter et volliger en l'air, par le sieur Archange Tuccaro. *Paris*, 1599, in-4°, 1 vol.

3617. Des ballets anciens et modernes, selon les règles du théâtre. *Paris*, 1682, in-12, 1 vol.

3618. La danse ancienne et moderne, ou traité historique de la danse, par Cahusac. *La Haye*, 1754, in-12, 1 vol.

3619. Lettres sur la danse et sur les ballets, par Noverre. *Stuttgard*, 1750, in-12, 1 vol.

3620. Gymnase normal militaire et civil, par Amoros. *Paris*, 1821, in-8°, 1 vol.

3621. Gymnase normal, divisionnaire et civil. .... in-12, 1 vol.

b. — Equitation

3622. L'écurie du sieur Frédéric Grison, gentilhomme Napolitain. *Paris*, 1575, in-4°, 1 vol.

3623. Escuirie de M. de Pavari Vénitien. *Lyon*, 1581, in-fol., 1 vol.

3624. La pratique du cavalier, par Réné de Menoy. *Paris*, 1612, in-12, 1 vol.

3625. Ecole ou institution des jeunes cavaliers, par Putod. *Bruxelles*, 1632, in-12, 1 vol.

3626. Le noble art de monter à cheval, par Delcampe. *Paris*. 1671, in-12, 1 vol.

3627. Ecole de cavalerie, par M. de la Guérinière. *Paris*, 1736, in-12, 2 vol.

3628. Ecole de cavalerie, contenant la connaissance, instruction et conservation du cheval, par de la Guérinière. *Paris*, 1751, in-fol., 1 vol.

3629. Le nouveau Newkastle, ou nouveau traité de cavalerie. *Lyon*, 1771, in-48, 1 vol.

c. — Jeux divers

3630. Le passe-temps de la fortune des dez. *Paris*, 1577, in-4°, 1 vol.

3631. Ludus Fortunæ ad recreandam societatem, etc. authore Joanne Sturmio. *Lovanii*, 1633, in-4°, 1 vol.

3632. Jeux historiques des rois de France, reines renommées, géographie et métamorphose, par M. J. Desmarets, et gravez par D. La Bella. *Paris*, 1698, in-12, 1 vol.

3633. Académie des jeux historiques contenant les jeux de l'histoire de France, de l'histoire romaine, de la fable, du blason, et les règles pour les jouer. *Paris*, 1718, in-12, 1 vol.

3634. Académie usuelle des jeux, par Edmond Hoyle. *Lyon*, 1805, in-8°, 3 vol.

3635. Agya Tch'er Rol Pa, ou développement des jeux, etc. (texte Tibétain) par Ph. Ed. Foucaux. *Paris*, 1847, in-4°, 2 vol.

IX. — ARTS PHYSICO-CHIMIQUES

a. — Eclairage

3636. FARADAY, histoire d'une chandelle, traduction par W. HUGHES. *Paris*, in-12, 1 vol.

b. — Aérage

3637. Description du ventilateur, par E. HALES, traduit de l'anglais par DEMOURS. *Paris*, 1744, in-12, 1 vol.

c. — Blanchiment, teinture et impression

3638. Essai sur le blanchiment des toiles, traduit de l'anglais par HOME. *Paris*, 1762, in-12, 1 vol.

d. — Céramique, verrerie

3639. Antonii NERI de arte vitraria libri septem. *Amstelodami*, 1669, in-16, 1 vol.

3640. De la verrerie, par HAUDIQUER DE BLANCOURT. *Paris*, 1718, in-12, 1 vol.

3641. Art de la verrerie, de NERI, MERRET et KUNCKEL, etc. *Paris*, 1752, in-4°, 1 vol.

3642. Traité des arts céramiques, ou des poteries, par Alex. BRONGNIART. *Paris*, 1854. in-8°, 2 vol.

3643. Leçons de céramique, ou technologie céramique, par SALVÉTAT. *Paris*, 1857, in-12, 2 vol.

e. — Galvanoplastie et photographie

3644. Manuel-Roret. Nouveau manuel complet de galvanoplastie, ou éléments d'électro-métallurgie, par SMÉE. *Paris*, 1854, in-12, 2 vol.

3645. Mémoires sur la galvanocaustique thermique, par le docteur A. AMUSSAT. *Paris* 1876, in-8°. 1 vol.

f. — Fabrication de produits chimiques

3646. Recueil de pièces diverses : fabrication du salpêtre, analyse des eaux de Paris. *Paris*, 1820, in-4°, 1 vol.

g. — *Métallurgie*

3647. Traité de l'art métallique, par Alvarez Alfonse Barba. *Paris*, 1730, in-12, 1 vol.

3648. Mémoires de physique sur l'art de fabriquer le fer, par Grignon. *Paris*, 1775, in-4°, 1 vol.

3649. Essai pratique sur la force du fer coulé et d'autres métaux, par Thomas Tredgold. traduit de l'anglais par Duverne. *Paris*, 1826. in-8°, 1 vol.

h. — *Mélanges*

3650. Secrets concernant les arts et métiers. *Paris*, 1616, in-12, 3 vol.

3651. Mémoires sur les huiles minérales employées à lubrifier les mouvements des machines à vapeur, par M. J. A. Ortolan. *Nancy*, 1881, in-8°, brochure.

X. — ARTS MÉCANIQUES

a. — *Filature et tissage*

3652. Etudes sur le travail des lins, culture, rouissage, treillage, peignage et filature, par Alfred Renouard, fils. *Paris*, in-8°, 3 vol.

b. — *Arts divers*

3653. Octavii Ferrarii de re vestiaria libri septem. *Patavii*, 1684, in-4°, 1 vol.

3654. L'art de tourner en perfection, par le P. C. Plumier. *Lyon*, 1701, in-fol., 1 vol.

3655. L'art de tourner en perfection, par le P. C. Plumier. *Paris*, 1749, in-fol., 1 vol.

3656. Essai sur l'art de restaurer les estampes et les livres, par A. Bonnardot. *Paris*, 1858, in-12, 1 vol.

3657. De la réparation des vieilles reliures, par Bonnardot. *Paris*, 1858, in-12, 1 vol.

XI. — MÉLANGES

a. — Recueils et descriptions de machines, expositions

3658. Recueil des machines, instruments et appareils qui servent à l'économie rurale, par Le Blanc. *Paris*, 1820, in-fol., 5 vol.

3659. Visites et études de S. A. I. le prince Napoléon au palais de l'industrie.

Exposition de 1855. *Paris*, 1855, in-12, 1 vol.

3660. Visites et études de S. A. I. le prince Napoléon au palais des beaux-arts. (Exposition de 1855). *Paris*, 1856, in-12, 1 vol.

I. — ARTS INTELLECTUELS

SONT COMPRIS SOUS CE TITRE LES ARTS SERVANT A LA MANIFESTATION DIRECTE
DE LA PENSÉE

a. — Mnémotechnie

3661. Athanasii Kircheri ars magna sciendi in xii libros digesta, qua nova et universali methodo per artificiosum combinationum contextum de omni re proposita disputari, omniumque summa-ria quædam cognitio comparari potest. *Amstelodami*, 1669, in-fol., 1 vol.

3662. Traité complet de mnémonique. *Paris*, in-8°, 1 vol.

b. — Ecriture

3663. Antonio Tagliente. (Méthode d'écriture). 1528, in-8°, 1 vol.

3664. L'art et science de la vraie proportion des lettres antiques, autrement dictes romaines, par M° Geoffroy Tory de Bourges. *Paris*, 1549, in-12, 1 vol.

3665. De prima scribendi origine et universa rei litterariæ antiquitate, scribebat Hermannus Hugo. *Antuerpiæ*, 1617, in-8°, 1 vol.

3666. Johannis Nicolai tractatus de siglis veterum omnibus elegantioris litteraturæ amatoribus utilissimus. *Lugduni Batavorum*, 1703, in-4°, 1 vol.

3667. Essai sur la calligraphie des manuscrits du moyen-âge, et sur les ornements des premiers livres d'heures imprimés, par E. H. LANGLOIS. *Rouen*, 1741, in-8°, 1 vol.

3668. Cinq modèles d'écritures, écrits de la main gauche, par MOGIN. *Arras*, 1822.

3669. Dictionnaire des abréviations latines et françaises, usitées dans les inscriptions lapidaires et métalliques, les manuscrits et les chartes du moyen-âge, par Alph. CHASSANT. *Paris*, 1876, in-12, 1 vol.

3670. Paléographie des chartes et des manuscrits du XIe au XVIIe siècle, par Alph. CHASSANT. *Paris*, 1876, in-12, 1 vol.

c. — *Télégraphie électrique*

3671. Traité de télégraphie électrique, par l'abbé MOIGNO. *Paris*, 1849, in-8°, 1 vol.

d. — *Stéganographie*

3672. Polygraphie et universelle écriture cabalistique de M. J. TRITHÈME Abbé. *Paris*, 1561, in-4°, 1 vol.

3673. De furtivis litterarum notis, vulgo de ziffris, J. B. PORTA autore. *Neapoli*, 1563, in-4°. 1 vol.

3674. Traicté des chiffres, ou secrètes manières d'écrire, par Blaise DE VIGENÈRE. *Paris*, 1586, in-4°, 1 vol.

3675. De occultis litterarum notis, seu artis animi sensa occulte aliis significandi... etc. Joan. Bapt. PORTA auctore. *Argentorati*, 1606, in-8°, 1 vol.

3676. Petri BUNGI Bergomatis numerorum mysteria. *Lutetiæ*, 1618, in-4°, 1 vol.

3677. Clavis steganographiæ Joannis TRITHEMII. *Francofurti*, 1621, in-4°, 1 vol.

3678. Systema integrum cryptographiæ a Gustavo SELENO. 1624, in-fol., 1 vol.

3679. Steganographiæ nec non claviculæ Salomonis Germani, J. TRITHEMII facilis declaratio. *Coloniæ Agrippinæ*, 1635, in-4°, 1 vol.

3680. Même ouvrage.

3681. Gasparis SCHOTTI scholia steganographica...., 1665, in-4°, 1 vol.

3682. Johannis TRITHEMII steganographia. *Monguntiæ*, 1676, in-4°, 1 vol.

3683. Traité historique et critique des principaux signes dont nous nous servons pour manifester nos pensées, par le P. COSTADAU. *Lyon*, 1717, in-12, 12 vol.

3684. Manuscrit pictographique américain, précédé d'une notice sur l'idéographie des Peaux-Rouges, par l'abbé Em. DOMENECH. *Paris*, 1860, in-8°, 1 vol.

3685. La cryptographie et ses applications à l'art militaire, par H. JOSSE. *Paris*, 1885, in-8°, brochure.

3686. Traité de pratique de graphologie, étude du caractère de l'homme d'après son écriture, par J. CRÉPIEUX-JAMIN. *Paris*, in-12, 1 vol.

e. — *Typographie*

3687. Manuel typographique, utile aux gens de lettres et à ceux qui exercent les différentes parties de l'art de l'imprimerie, par FOURNIER. *Paris*, 1764, in-12, 2 vol.

3688. Même ouvrage.

3689. Traité de l'imprimerie, par BER-
TRAND-QUINQUET. *Paris*, an VII, in-4°,
1 vol.

3690. Même ouvrage.

3691. L'art du typographe, par B. VIN-
ÇARD. *Paris*, 1806, in-8°, 1 vol.

3692. L'art du typographe, par VINÇARD.
Paris, 1823. in-8°, 1 vol.

3693. Traité de la typographie, par FOUR
NIER. *Paris*, 1825, in-8°, 1 vol.

3694. Même ouvrage.

3695. Même ouvrage.

3696. Essai sur la typographie, par Firmin DIDOT. *Paris*, 1855, in-8°, 1 vol.

f. — Photographie

3697. Service de la photographie. Rapport de M. le baron de WATTEVILLE, et
pièces à l'appui. *Paris*, 1877, in-4°,
brochure.

3698. Traité des impressions photographi-
ques, par A. POITEVIN, suivi d'appendi-
ces par M. Léon VIDAL. *Paris*, 1883.
in-12, 1 vol.

3699. Développement de la méthode graphique par l'emploi de la photographie,
par E. J. MAREY. *Paris*, 1885, in-8°,
brochure.

II. — ARTS PLASTIQUES

a. — Dictionnaires

3700. Dictionnaire abrégé de peinture et
d'architecture. *Paris*, 1746, in 12, 2 vol.

3701. Même ouvrage.

3702. Dictionnaire des monogrammes,
chiffres, lettres initiales, traduit de l'allemand de M. CHRIST, par God. SELLIUS.
Paris, 1750, in-8°, 1 vol.

3703. Même ouvrage.

3704. Dictionnaire portatif des beaux-
arts, ou abrégé de ce qui concerne l'architecture, la sculpture, la peinture,etc.,
par J. LACOMBE. *Paris*, 1753, in-8°,
1 vol.

3705. Le manuel des artistes et des amateurs, ou dictionnaire historique et
mythologique. *Paris*, 1770, in-12, 4 vol.

3706. Dictionnaire des arts de peinture,
sculpture et gravure, par WATELET.
Paris, 1792, in-8°, 5 vol.

3707. Dictionnaire des beaux-arts, par
A. L. MILLIN. *Paris*, 1806, in-8°, 3 vol.

3708. Dictionnaire, des monogrammes,
marques figurées, lettres initiales, etc.,
par F. BRULLIOT. *Munich*, 1832-34, in 4°,
1 vol.

3709. Dictionnaire de l'Académie des
beaux-arts. *Paris*, 1858, in-8°, 3 vol,

b. — *Histoire de l'art*

3710. Histoire des arts, qui ont rapport au dessin, par P. MONIER. *Paris*, 1706, in-12, 1 vol.

3711. Histoire de l'art chez les anciens, par M. J. WINCKELMANN. *Yverdon*, 1784, in 12, 2 vol.

3712. Recherches sur l'origine des arts de la Grèce, par HANCARVILLE. *Londres*, 1785, in-4°, 2 vol.

3713. Histoire de l'art chez les anciens, par WINKELMANN *Paris*, 1802, in-4°, 2 vol.

3714. Description historique et chronologique des monuments de sculpture réunis au musée des monuments français, par Alexandre LENOIR. *Paris*, 1803, in-8°, 1 vol.

3715. Musée impérial des monuments français, par Alex. LENOIR. *Paris*, 1810, in-8°, 1 vol.

3716. Même ouvrage.

3717. Histoire de l'art par les monuments depuis sa décadence au IVe siècle jusqu'à son renouvellement au XVIe, par J.-B. L. SEROUX d'AGINCOURT. *Paris*, 1823, in-fol., 6 vol.

3718. Monuments français inédits, pour servir à l'histoire des arts, par N. X. WILLEMIN. *Paris*, 1825, gr. in-fol., 1 vol.

3719. Manuel de l'histoire de l'art chez les anciens, par le comte DE CLARAC. *Paris*, 1847, in-12, 3 vol.

3720. Le moyen-âge et la renaissance, par M. Paul LACROIX et M. Ferdinand SERRÉ. *Paris*, 1848, in-4°, 5 vol.

3721. Les beaux-arts en Europe, par Théophile GAUTIER. *Paris*, 1855, in-8°, 1 vol.

3722. Les monuments de l'histoire de France, catalogue des productions de la sculpture, de la peinture et de la gravure par M. HENNIN. *Paris*, 1856, in-8°, 10 vol.

3723. De la condition des artistes dans l'antiquité grecque, par BAZIN. *Paris*, 1876, in-8°, 1 vol.

3724. Musée des monuments français, par Alex. LENOIR. *Paris*, 1820, in-8°, 1 vol.

3725. Etienne PARROCEL. L'art dans le midi. Célébrités Marseillaises. *Marseille*, 1881, in-12, 4 vol.

3726. Etienne PARROCEL. L'art dans le midi. Des origines et du mouvement artistique et littéraire jusqu'au XIXe siècle. *Marseille*, 1884, in-12, 1 vol.

3727. Histoire de l'art dans la Flandre, l'Artois, le Hainaut, avant le XVe siècle, par le chanoine DEHAISNES. *Lille*, 1886, in-4°, 3 vol.

c. — *Généralités, esthétique*

3728. Sentiments sur la distinction des diverses manières de peinture, dessin et gravure, par BOSSE. *Paris*, 1649, in-12, 1 vol.

3729. Cabinet des singularités, d'architecture, peinture, sculpture et gravure, par FLORENT-LE-COMTE. *Bruxelles*, 1702, in-12, 3 vol.

3730. Les beaux-arts réduits à un même principe, par l'Abbé Ch. BATTEUX. *Paris*, 1746, in-12, 1 vol.

3731. L'esprit des beaux-arts. *Paris,* 1753, in-12, 2 vol.

3732. Considérations sur les révolutions des arts, par MÉHÉGAN. *Paris,* 1755, in-12, 1 vol.

3733. Réflexions critiques sur la poésie et sur la peinture, par l'abbé DU Bos. *Paris,* 1755, in-12, 3 vol.

3734. OEuvres complètes d'Antoine-Raphaël MENGS, contenant divers traités sur la théorie de la peinture. *Paris,* 1796, in-4°, 1 vol.

3735. THÉOPHILE prêtre et moine. Essai sur divers arts, par Ch. de l'ESCALOPIER. *Paris,* 1843, in-4°, 1 vol.

3736. Principes d'archéologie pratique appliqués à l'entretien, la décoration, etc. des églises, par R. BORDEAUX. *Caen,* 1852, in-8°, 1 vol.

3737. H. TAINE. De l'idéal dans l'art. *Paris,* 1867, in-18, 1 vol.

3738. H. TAINE. Philosophie de l'art en Italie. *Paris,* 1867, in-18, 1 vol.

3739. H. TAINE. Philosophie de l'art dans les Pays-Bas. *Paris,* 1869, in-18, 1 vol.

3740. H. TAINE. Philosophie de l'art en Grèce. *Paris,* 1870, in-18, 1 vol.

3741. H. TAINE. Philosophie de l'art. *Paris,* 1872, in-18, 1 vol.

3742. Pierre PETROZ. L'art et la critique en France, depuis 1822. *Paris,* 1875, in-12, 1 vol.

3743. Causeries iconographiques à propos de quelques œuvres d'art récemment entrées au Musée du Louvre, par Charles DE LINAS. *Paris,* 1881, in-8°, brochure.

§ I. - ART DU DESSIN

a. — Traités généraux et cours

3744. Les règles du dessin et du lavis, par BUCHOTTE. *Paris,* 1755, in-8°, 1 vol.

3745. Cabinet de M. PAIGNON-DIJONVAL. (Dessins et estampes). *Paris,* 1810, in-4°, 1 vol.

3746. Traité de la science du dessin, par L. L. VALLÉE. *Paris.* 1821, in-4°, 1 vol.

3747. Recueil d'études d'arbres, par BERTIN. *Paris,* 1822, in-fol., 1 vol.

3748. Dessin linéaire et arpentage pour toutes les écoles primaires, par FRANCOEUR. *Paris,* 1832, in-8°, 1 vol.

3749. Cours de dessin industriel à l'usage des écoles primaires et des ouvriers, par NORMAND, fils. *Paris,* 1833, in-8°, 1 vol.

3750. Cours élémentaire de dessin, par Ant. ETEX. *Paris,* 1859, in-8°, 1 vol.

3751. Cours élémentaire de dessin, par ETEX. *Paris,* 50 pl.

3752. Education de la mémoire pittoresque, application aux arts du dessin, par Horace LECOQ DE BOISBAUDRAN. *Paris,* 1862, in-8°, 1 vol.

3753. Grammaire des arts du dessin, par Charles BLANC. *Paris,* 1867, in-8°, 1 vol.

3754. Cours de dessin industriel à l'usage des écoles élémentaires et des ouvriers. Atlas, in-fol., 1 vol.

3755. Nouveau livre de figures pour apprendre à dessiner à la plume. *Paris,* in-12, 1 vol.

b. — Perspective

3756. Alberti DURERI pictoris de geometria partium in rectis formis humanorum corporum libri,in latinum conversi.*Basileæ,* 1532, in-fol., 1 vol.

3757. Livre de perspective de Jehan Cousin. *Paris,* 1560, in-fol., 1 vol.

3758. Prospettiva pratica di Pietro Accolti. *In Firenze,* 1625, in-fol., 1 vol.

3759. La perspective practique nécessaire à tous peintres, etc., par un religieux de la compagnie de Jésus. *Paris,*1663,in-4°, 2 vol.

3760. Manière universelle de M.DESARGUES pour pratiquer la perspective par petit-pied. *Paris,* 1748, in-8°, 1 vol.

3761. Traité de perspective à l'usage des artistes, par Edme Sébastien JEAURAT. *Paris,* 1750, in-4°, 1 vol.

3762. La science des ombres par rapport au dessin, par DUPAIN,l'aîné.*Paris,*1786, in-8°, 1 vol.

3763. La perspective de Salomon DE CAULS. in-fol., 1 vol. (planches).

§ II. — PEINTURE

a. — Histoire

3764. Francisci JUNII de pictura veterum libri tres. *Roterodami,* 1694, in-fol., 1 vol.

3765. Même ouvrage.

3766. Histoire de la peinture ancienne, extraite de l'histoire naturelle de PLINE. *Londres,* 1725, in-fol, 1 vol.

3767. Réflexions sur quelques causes de l'état présent de la peinture en France, par DE LA PORTE. *La Haye,* 1747, in-12, 1 vol.

3768. Les trois siècles de la peinture en France, par P. M. GAULT DE ST-GERMAIN. *Paris,* 1808, in-8°, 1 vol.

3769. Histoire de la peinture flamande et hollandaise, par Arsène HOUSSAYE. *Paris,* 1848, in-8°, 2 vol.

3770. OEuvres choisies du roi Réné, par le comte DE QUATREBARBES. *Paris,* 1849, in-4°, 2 vol.

3771. Catalogue de l'œuvre de LÉONARD DE VINCI, par le docteur RIGOLLOT. *Paris,* 1849, in-8°, 1 vol.

3772. Histoire des peintres de toutes les écoles, depuis la renaissance jusqu'à nos jours, par Charles BLANC. *Paris,* 1870, in 4°, 12 vol.

3773. Henry HAVARD. La peinture hollandaise. *Paris,* 1881, in-8°, 1 vol.

3774. Même ouvrage.

3775. La peinture anglaise, par Ernest CHESNEAU. *Paris*, 1882, in-8°, 1 vol.

3776. Lettres sur l'art de la peinture et les principaux peintres des diverses écoles, du XIV au XIX° siècle, par Léopold DE BRACQUEMONT. *Montdidier*, 1886, in-12, 1 vol.

3777. L'école française de peinture (1789-1830), par Paul MARMOTTAN. *Paris*, in-12, 1 vol.

b. — *Traités généraux*

3778. De pictura præstantissima et nunquam satis laudata arte libri tres absolutissimi Leonis Baptistæ DE ALBERTIS. *Basileæ*, 1540, in-12, 1 vol.

3779. Même ouvrage.

3780. De pictura, plastice, statuaria libri duo, J. Cæs. BULENGERO auctore. *Lugduni*, 1627, in-12, 1 vol.

3781. Traité de la peinture de Léonard de Vinci, par GAULT DE SAINT-GERMAIN. *Genève*, 1820, in-8°, 1 vol.

3782. Traité complet de la peinture, par M. PAILLOT DE MONTABERT. *Paris*, 1829-1851, in-8°, 9 vol.

3783. Discursos practicabiles del nobilissimo arte de la pintura, por Jusepe MARTINEZ. *Madrid*, 1866, in-8°, 4 vol.

3784. Guide théorique et pratique de l'amateur de tableaux, par Th. LEJEUNE. *Paris*, 1864, in-8°, 3 vol.

c. — *Traités spéciaux*

3785. Traité de mignature, pour apprendre aisément à peindre sans maître. *Paris*, 1711, in-12, 1 vol.

3786. La mosaïque, par GERSPACH. *Paris*, 1881, in-8°, 1 vol.

3787. Même ouvrage.

3788. Recueil de pièces diverses **sur la** peinture... 1748, in-12, 1 vol.

d. — *Iconologie, emblêmes, sujets de tableaux*

3789. Emblèmes D'ALCIAT, de nouveau translatés en vers français. *Lyon*, 1549, in-8°, 1 vol.

3790. Omnia Andreæ ALCIATI emblemata, cum commentariis per Claudium MINOEM. *Anvers*, 1581, in-4°, 1 vol.

3791. Parvus mundus. Laurentius HAECHTANUS. *Antuerpiæ*, 1579, in-4°. 1 vol.

3792. Omnia Andreæ ALCIATI emblemata, cum commentariis per Claudium MINOEM. *Parisiis*, 1584, in-8°, 1 vol.

3793. Emblemata Andreæ ALCIATI latinogallica ; ad calcem Alciati vita. *Parisiis*, 1584, in-18, 1 vol.

3794. Devises héroïques, par M. Claude PARADIN. *Lyon*, 1551, in-16, 1 vol.

3795. Devises héroïques par M. Claude PARADIN. *Lion*, 1557, in-12, 1 vol.

3796. Heroïca M. Claudii PARADINI. *Antuerpiæ*, 1562, in-32, 1 vol.

3797. Les devises héroïques, par Claude PARADIN. *Anvers*, 1567, in-18, 1 vol.

3798. Symbola heroïca M. Claudii Paradini et D. Gabrielis Symeonis. *Anvers,* 1583, in-12, 1 vol.

3799. Ori Appolinis Niliaci de sacris ægyptiorum notis, ægyptiace expressis, libri duo iconibus illustrati et aucti. *Parisiis,* 1574, in-12, 1 vol.

3800. Hieroglyphica Horapollinis a Davide Hoeschelio. *Augustæ Vindelicorum,* 1595, in-4°, 1 vol.

3801. Symbolorum et emblematum ex re herbaria desumtorum centuria una, collecta a Joachimo Camerario. 1590, in-4°, 1 vol.

3802. Amorum emblemata figuris æneis incisa studio Othonis Væni. *Antuerpiæ,* 1608, in-8°, 1 vol.

3803. Théâtre d'amour, emblèmes. in-4°, 1 vol.

3804. Jacobi a Bruck emblemata politica. *Argentinæ,* 1618, in-4°, 1 vol.

3805. Marci Zuerii Boxhornii emblemata politica et orationes. *Amstelodami,* 1635, in-18, 1 vol.

3806. De symbolis heroïcis libri IX, auctore Silvestro Petrasancta. *Antuerpiæ,* 1634, in-4°, 1 vol.

3807. Recueil d'emblèmes divers, par J. Baudoin. *Paris,* 1646, in-8°, 2 vol.

3808. Iconologie, ou explication nouvelle de plusieurs images, emblèmes, etc. Cesar Ripa et J. Baudoin. *Paris,* 1644, in-f°, 1 vol.

3809 Iconologia etc. Van Cæsare Ripa. *Amstelredami,* 1644, in-4°, 1 vol.

3810. Iconologie, ou la science des emblèmes, devises etc., par César Ripa. *Amsterdam,* 1698, in-12, 2 vol.

3811. La doctrine des mœurs, tirée de la philosophie des stoïques, représentée en cent tableaux, par le sieur de Gomberville. *Paris,* 1646, in-f°, 1 vol.

3812. La doctrine des mœurs, représentée en cent tableaux, par de Gomberville. *Paris,* 1688, in-12, 1 vol.

3813. Symbolorum et emblematum ex re herbaria desumtorum centuria una collecta a Joachimo Camerario. *Francofurti,* 1661, in-4°, 1 vol.

3814. Henrici Spoor favissæ utriusque antiquitatis tam Romanæ quam Græcæ, in quibus reperiuntur simulacra Deorum, icones magnorum ducum, poetarum, etc.. *Ultrajecti,* 1707, in-4°, 1 vol.

3815. Dictionnaire iconologique, ou introduction à la connaissance des peintures, sculptures, médailles, estampes. *Paris,* 1756, in-12, 1 vol.

3816. Commentatio de personis, vulgo larvis, seu mascheris von der carnavals lust, a Christophe Henr. nob. dom. de Berger. *Francofurti* et *Lipsiæ,* in-4°, 1 vol.

3817. Dictionnaire des cris d'armes et devises des personnages célèbres de la Belgique ancienne et moderne, par Alp. O'Kelly de Galway. *Bruxelles,* 1865, in-8°, 1 vol.

3818. L'iconographie des anges, par M. l'abbé Van Drival. *Arras,* 1868, in-8°, broché.

3819. Emblems of love in four languages dedicated to the ladies, by Ph. Ayres. in-12, 1 vol.

§ III. — GRAVURE

Traités et histoire

3820. Traicté des manières de graver en taille douce sur l'airain, par le sieur Bosse. *Paris, 1645*, in-12, 1 vol.

3821. Dictionnaire des graveurs anciens et modernes, par F. Basan. *Paris, 1767,* in-12, 3 vol.

3822. Traité historique et pratique de la gravure en bois, par J. M. Papillon. *Paris, 1766,* in-8°, 2 vol.

3823. Dissertation sur l'origine et les progrès de l'art de graver en bois, pour éclaircir quelques traits de l'histoire de l'imprimerie et prouver que Guttemberg n'en est pas l'inventeur, par Fournier, le jeune. *Paris, 1758,* in-12, 1 vol.

3824. Essai sur l'origine de la gravure en bois et en taille-douce et sur la connais-sance des estampes des xvᵉ et xvıᵉ siècles, par Jansen. *Paris, 1808,* in-8°, 2 vol.

3825. Même ouvrage.

3826. César Vecellio. Essai typographique sur l'histoire de la gravure sur bois, par Firmin Didot. *Paris, 1863,* in-8°, 1 vol.

3827. La gravure à l'eau forte, essai historique, par Raoul de Saint-Arroman. *Paris, 1876,* in-8°, 1 vol.

3828. La gravure par le vicomte Henri Delaborde. *Paris, 1882,* in-8°, 1 vol.

3829. Même ouvrage.

3830. Les procédés de la gravure, par A. de Lostalot. *Paris, 1882,* in-8°, 1 vol.

§ IV. — RECUEIL D'ESTAMPES

a. — Décoration

3831. Cheminées nouvellement faites sur les dessins du sieur Girard, architecte. *Paris, 1686,* in-fol., 1 vol.

b. — Portraits

3832. Illustris Academia Lugd. Batavorum, id est virorum icones, elogia ac vitæ. *Lugduni, 1613,* in-4°, 1 vol.

3833. Représentation de diverses figures humaines, par Bosse. *Paris, 1656,* in-12, 1 vol.

3834. Iconographie grecque, par le chevalier de Visconti. *Paris, 1808,* in-fol., 3 vol.

3835. Iconographie romaine par le chevalier de Visconti. *Paris, 1817,* in-fol., 4 vol.

3836. Galerie des peintres, ou collection de portraits des peintres de toutes les écoles, par CHABERT. *Paris*, 1826, in-fol. 3 vol.

3837. Recueil de portraits des Cardinaux. in fol., 1 vol.

3838. Recueil de figures pieuses. in-8°. 1 vol.

3839. Recueil de figures pieuses. in-4°, 1 vol.

3840. Livre de portraiture d'Annib. CARRACHE. in-fol., 1 vol.

c. — Livres en images

3841. Recueil de gravures — guerre faite aux hérétiques. 1559, in-fol., 1 vol.

3842. Théâtre des cruautez des hérétiques de notre temps. — Traduit du latin en français. *Anvers*, 1588, in-4°, 1 vol.

3843. Icones operum misericordiæ, cum Julii Roscii HORTINI sententiis. *Romæ*, 1586, in-fol., 1 vol.

3844. Theatrum crudelitatum hæreticorum nostri temporis. *Antuerpiæ*, 1587, in-4°, 1 vol.

3845. Solitudo, sive vitæ fæminarum anachoritarum, Thomas DE LEU excudit. 1606, in-fol., 1 vol.

3846. Septem psalmi Davidici, quos vulgo pœnitentiales vocitant, Melchiore MODELIO authore. *Paris*, 1608, in-8°, 1 vol.

3847. Theatrum in quo res gestæ B. Patris ac monachorum patriarchæ Benedicti velut in scena proponuntur. 1630, in-fol., 1 vol.

3848. Même ouvrage.

3849. Recueil contenant la Passion de Nostre-Seigneur Jésus-Christ en xxxii tableaux, ou estampes avec la condamna

tion de saint Etienne au martyre et la conversion de saint Paul, par Grégoire HUTET. *Paris*, 1665, in-4°, 1 vol.

3850. Tableaux du temple des Muses tirez du cabinet de feu M. Favereau, avec des remarques, par Michel de Marolles. *Amsterdam*, 1676, in-4°, 1 vol.

3851. Essai sur le calligraphie des manuscrits du moyen-âge, et sur les ornements des premiers livres d'heures imprimés, par E. H. LANGLOIS. *Rouen*, 1841, in 8°, 1 vol.

3852. L'évangéliaire de saint-Vaast d'Arras, et la calligraphie franco-saxonne au 9e siècle, par Léopold DELISLE. *Paris*, 1888, in-fol., 1 vol.

3853. Solitudo, sive vitæ Patrum eremicolarum per patrem D. HIERONIMUM conscripta. *Paris*, in-fol., 1 vol.

3854. Les grandes scènes historiques du XVIe siècle. Reproduction fac-simile des gravures exécutées au cours des événements, par Tortorin et Perrissin, publiée sous la direction de M. Alfred FRANKLIN. *Paris*, (en cours de publication), in-fol.

d. — Recueils d'œuvres de divers maîtres, estampes et gravures

3855. Manuel de l'amateur d'estampes, par F. E. JOUBERT. *Paris*, 1821, in-8°, 3 vol.

3856. Les travaux d'Ulysse, par Theodor VAN THULDEN. 1653, in-4°, 1 vol.

3857. Le Temple des Muses, orné de 60 tableaux, (antiquités fabuleuses) dessinés par B. PICART LE ROMAIN. *Amsterdam*, 1749, in-fol., 1 vol.

3858. Galerie des peintres flamands, hollandais et allemands, par Lebrun. *Paris,* 1792, in-fol., 3 vol.

3859. Recueil d'estampes gravées d'après des peintures antiques italiennes, par Boucher Desnoyers. *Paris,* 1823, in fol., 1 vol.

3860. Peintures antiques inédites, par M. Raoul Rochette. *Paris,* 1836, in-4°, 1 vol.

3861. Choix de peintures de Pompéi, par Raoul Rochette. *Paris,* 1848, in-fol., 1 vol. (Manque la 8e et dernière livraison avec des traductions de l'histoire de la peinture chez les Grecs et les Romains, avec titre et table des matières).

3862. Les travaux d'Hercule composés par N. Poussin, pour la décoration de la grande galerie du Louvre. Seconde partie publiée, par E. Gatteaux, gravée par A. Gelée. *Paris,* 1850.

3863. Œuvres de J. A. Ingres, gravées au trait sur acier, par A. Réveil. *Paris,* 1851, in-4°, 1 vol.

3864. La Grèce tragique, essai de composition à l'eau forte, par Ant. Etex, sur la production de Léon Halévy. *Paris,* 1856, in-fol., 1 vol.

3865. Galerie de la Reine dite de Diane à Fontainebleau, par Ambroise Dubois, sous le règne de Henri IV, publiée par Gatteaux et Baltard. *Paris,* 1858, in-fol., 1 vol.

3866. Les trésors de l'art, par M. J. D. Armengaud. *Paris,* 1859, in-fol., 1 vol.

3867. Œuvres de M. Chifflart. *Paris,* 1859, album, in-fol., 1 vol.

3868. Le moucheron de Virgile, compositions autographiées par Norblin, d'après la traduction en vers de M. le Comte de Valori. *Paris,* 1860, in-f°, 1 vol.

3869. La galerie d'Etoges, peinte par J. Hélart de Reims. *Paris,* 1871, in-8°, 1 vol.

3870. Recueil des œuvres choisies de Jean Cousin, par Firmin Didot. *Paris,* 1873, in-f°, 1 vol.

3871. Peintures murales découvertes dans l'église paroissiale de saint Jacques à Utrecht, décalquées par Van Reimsdyk, dessinées par Pleyt. *Leide,* 1874, grand in-f°, 1 vol.

3872. Albert Durer, sa vie et ses œuvres, par Moriz Thausing, traduit de l'allemand par Gustave Gruyer. *Paris,* 1878, in-f°, 1 vol.

3873. Le peintre Louis David. 1748-1825. Souvenirs et documents inédits par J. L. Jules David, son petit-fils. *Paris,* 1880, in-f°, 1 vol.

3874. Les manuscrits de Léonard de Vinci, par Charles Ravaisson-Mollien. *Paris,* 1881, in-f°, 1 vol.

3875. Philostrate l'ancien. Une galerie antique de soixante-quatre tableaux. Introduction, traduction et commentaire, par A. Bougot. *Paris,* 1881, in-8°, 1 vol.

3876. Van Dyck et ses élèves, avec huit eaux fortes et seize autres gravures, dont douze hors texte, seconde édition. *Paris,* 1882, in-f°, 1 vol.

3877. Victor Orsel. Œuvres. 1 vol, in-f°.

3878. Recueil de gravures de dévotion, contenant 130 feuillets. in-f°, 1 vol.

3879. Vita, Passio et Resurrectio Jesu-Christi, Martino de Vos. in-f°, 1 vol.

3880. Recueil de gravures concernant la vie de la Sainte Vierge. in-f°., 1 vol.

3881. Recueil contenant 104 gravures d'écoles diverses. grand in-f°, 1 vol.

3882. Recueil contenant 38 gravures. grand in-4°, 1 vol.

3883. Gravures diverses. 116 planches.

3884. Recueil contenant 65 gravures. grand in-4°, 1 vol.

3885. Recueil contenant 15 gravures de Fessard, dessinées d'après les tableaux

12

originaux de NATOIRE. *Paris*, in-fol.,
1 vol.

3886. Recueil contenant 395 gravures.
Grand in-4°, 1 vol.

3887. Recueil contenant 62 gravures.
Grand in-4°, 2 vol.

3888. Recueil contenant 76 gravures.
Grand in-4°, 1 vol.

3889. Recueil de gravures. Théâtre de l'a-
mour, in-8°, 1 vol.

§ V. — SCULPTURE

3890. Description de ce qui a été pratiqué
pour fondre en bronze la figure équestre
de Louis XIV. *Paris,*1763,in-fol., 1 vol.

3891. OEuvres d'Etienne FALCONNET, statuaire. *Lausanne*, 1781, in-8°, 6 vol.

3892. Simart, statuaire, étude sur sa vie
et sur son œuvre, par M. Gustave EYRIÈS.
Paris, in-8°, 1 vol.

3893. Recherches sur l'art statuaire, considéré chez les anciens et chez les modernes, par Emeric DAVID. *Paris*, 1805,
in-8°, 1 vol.

3894. Description historique et chronologique des monuments de sculpture réunis
au musée des monuments français, par
A. LENOIR. *Paris*, 1806, in-8°, 1 vol.

3895. Musée de sculpture antique et moderne, par le Cte F. DE CLARAC. *Paris*,
1841, in-8°, 8 vol.

3896. Musée de sculpture antique et moderne, par le comte de CLARAC. In-4°,
4 vol.

3897. Recueil de diverses pièces — sur la
sculpture et la peinture. In-12, 1 vol.

§ VI. — GLYPTOGRAPHIE

3898. Traité des pierres gravées, par P.-J. MARIETTE. *Paris*, 1750, in-fol., 2 vol.

§ VII. — CISELURE ET NIELLE

3899. Essai sur les nielles, gravures des
orfèvres Florentins du XVe siècle, par

DUCHESNE aîné. *Paris*, 1826, in-8°, 1 vol.
3900. Même ouvrage.

§ VIII. — CÉRAMIQUE

3901. Guide de l'amateur de faïences et porcelaines, par Auguste DEMMIN. *Paris,* 873, in-12, 3 vol.

3902. Manuel du collectionneur des faïences anciennes, par RIS-PAQUOT. *Amiens,* 1877-78, in-4°, 2 vol.

3903. Histoire des faïences patriotiques sous la Révolution,par CHAMPFLEURY.*Paris,* 1875, in-12, 1 vol.

3904. Bibliographie céramique, nomenclature analytique de toutes les publications faites en Europe et en Orient sur les arts et l'industrie céramiques, depuis le XVIe siècle jusqu'à nos jours, par CHAMPFLEURY, *Paris,* 1881, in-8°, 1 vol.

3905. Les céramiques de la Grèce propre, par Albert DUMONT et Jules CHAPELAIN. *Paris,* 1881-87, 4 fascicules.

3906. Les origines de la porcelaine en Europe ; les fabriques Italiennes du XVe au XVIIe siècle, par le baron DAVILLIER. *Paris,* 1882, in-fol., 1 vol.

---

§ IX. — PEINTURE SUR ÉMAIL

3907. Recherches sur l'histoire de la peinture sur émail, par L. DUSSIEUX. *Paris,* 1841, in-8°, 1 vol.

3908. Emaux champlevés de l'Ecole Lotharingienne, notice sur un reliquaire appartenant aux religieuses Ursulines d'Arras, par Charles DE LINAS. *Paris,* 1866, in-4°, 1 vol.

3909. Les origines de l'orfévrerie cloisonnée ; recherches sur les divers genres d'incrustation, la joaillerie et l'art des métaux précieux, par Charles DE LINAS. *Arras,* 1877, in-8°. 2 vol.

3910. Emaillerie, métallurgie, toreutique, céramique. Les expositions rétrospectives, Bruxelles, Dusseldorf, Paris, en 1880, par Charles DE LINAS. *Paris,* 1881, in-8°, 1 vol.

3911. L'art et l'industrie d'autrefois dans les régions de la Meuse Belge. Souvenirs de l'exposition rétrospective de Liège en 1884, par Charles DE LINAS. *Paris,* 1882, in-8°, 1 vol.

3912. Charles DE LINAS. La chasse de Gimel (Corrèze) et les anciens monuments de l'émaillerie. *Paris,* 1883, in-8°, 1 vol.

3913. Charles DE LINAS. OEuvres de Limoges conservées à l'étranger, et documents relatifs à l'émaillerie Limousine. *Paris,* 1885, in-8°, 1 vol.

3914. Charles DE LINAS. Les disques cruciféres, le flabellum et l'umbella. *Paris,* 1885, in-4°, 1 vol.

3915. Charles DE LINAS. Ivoires et émaux. (mélanges) *Paris,* 1886. in-4°, 1 vol.

3916. Charles DE LINAS. Les émaux Limousins de la collection BASILEWSKY. Le triptyque de la cathédrale de Chartres. *Paris,* 1886, in 8°, 1 vol.

3917. Charles DE LINAS. Emaillerie Limousine. La croix stationale du musée diocésain de Liège, et le décor champlevé à Limoges. *Liège,* 1886. in-8°, brochure.

X. — TAPISSERIES, TOILES PEINTES

3918. Histoire générale de la tapisserie, par PINCHART et MUNTZ. Tapisseries françaises, italiennes, allemandes, anglaises, flamandes. *Paris*, 1881, in-fol., 3 vol.

3919. Tapisseries du Roy, où sont représentés les quatre éléments et les quatre saisons. *Paris*, 1670, in-fol., 1 vol.

3920. Les anciennes tapisseries historiées, ou collection des monuments les plus remarquables de ce genre, qui nous soient restés du moyen-âge, à partir du XIe siècle au XVIe inclusivement. Texte par Achille JUBINAL. Gravures par les meilleurs artistes, d'après les dessins de Victor SANSONETTI. *Paris*, 1838, in-fol., 2 vol.

3921. Toiles peintes et tapisseries de la ville de Reims, par LEBERTHAIS. *Paris*, 1843, in-fol., 1 vol.

3922. Toiles peintes et tapisseries de la ville de Reims, planches dessinées par C. LEBERTHAIS, études historiques par Louis PARIS. *Paris*, 1843, in-4°, 1 vol. et 1 album.

3923. Les tapisseries de Liège à Madrid, *Liège*, 1876, in-12, 1 vol.

3924. La tapisserie de Bayeux, reproduction d'après nature, avec un texte historique descriptif et critique par Jules COMTE. *Paris*, 1879, in-fol.. 1 vol.

3925. La tapisserie, par Eug. MUNTZ. *Paris*, 1882, in-8°, 1 vol.

3926. Même ouvrage.

3927. Tapisseries du quinzième siècle, conservées à la cathédrale de Tournay. Leur fabrication à Arras en 1402 ; histoire, description. *Tournay*, 1883, in-fol., 1 vol.

3928. Décadence de la tapisserie à Arras, depuis la seconde moitié du XVe siècle, par A. GUESNON. *Lille*, 1884, in-8°, br.

3929. Réplique à l'auteur des tapisseries d'Arras, par A. GUESNON. *Lille*, 1884, in-8°, broch.

3930. Note sur les tentures de hautelisse, possédées par l'Abbaye de Saint-Vaast, par Henri LORIQUET. *Arras*, 1884, in-8°, broch.

III. — ARCHITECTURE

a. — *Dictionnaires, histoire, considérations générales*

3931. Architectura. Johannes VREDEMAN (en flamand) .... 1581, in-f°, 1 vol.

3932. Parallèle de l'architecture antique et de la moderne, par Roland FRÉART de CHAMBRAY. *Paris*, 1689, in-f°, 1 vol.

3933. Dictionnaire historique d'architecture, par QUATREMÈRE de QUINCY. *Paris*, 1832, in-4°, 2 vol.

3934. Manuel de l'histoire générale de l'architecture chez tous les peuples, et particulièrement de l'architecture en France, au moyen âge, par Daniel RAMÉE. *Paris*, 1843, in-12, 2 vol.

3935. Histoire générale de l'architecture, par RAMÉE. *Paris*, 1860, in-8°, 2 vol.

3936. Histoire générale de l'architecture, par Daniel RAMÉE. (Renaissance). *Paris*, 1885, in-8°, 1 vol.

3937. Dictionnaire raisonné de l'architecture française, du XIᵉ au XVIᵉ siècle, par VIOLLET-LE-DUC. *Paris*, 1854, in-8', 10 vol.

3938. Entretiens sur l'architecture, par VIOLLET-LE-DUC. *Paris*, in-8°, 2 vol.

3939. Architecture Byzantine, recueil de monuments des premiers temps du christianisme en Orient, par Charles TEXIER. *Londres*, 1864, in f°, 1 vol.

3940. Etude sur l'architecture Lombarde, et sur les origines de l'architecture Romano-Byzantine, par F. DE DARTEIRE. *Paris*, 1865.

1ʳᵉ partie, 1 à 64)
2ᵉ partie, 1 à 344) incomplet
Titre et table manquent.
Planche 1 à 95 incomplet.

3941. Monuments de l'architecture chrétienne, depuis Constantin jusqu'à nos jours, par HUBSCH. *Paris*, 1866, in-f°, 1 vol.

3942. Dictionnaire des architectes français, par Adolphe LANCE. *Paris*, 1872, in-8°, 2 vol.

3943. Notes de voyage d'un architecte dans le Nord-Ouest de l'Europe, par Félix NARJOUX. *Paris*, 1875, in-8°, 1 vol.

b. — Traités théoriques et pratiques

3944. Leonis Baptistæ ALBERTI libri de re ædificatoria decem. *Parrhisiis*, 1512, in-4°, 1 vol.

3945. Gulielmi Philandri CASTILIONII in decem libros M. VITRUVII POLLIONIS de architectura annotationes. *Parisiis*, 1545, in-12, 1 vol.

3946. Architecture, ou art de bien bâtir de Marc VITRUVE POLLION, mis de latin en français par Jean MARTIN. *Paris*, 1547, in-f°, 1 vol.

3947. M. VITRUVII POLLIONIS de architectura libri decem. *Amstelodami*, 1649, in-f°, 1 vol.

3948. Même ouvrage.

3949. Abrégé des dix livres d'architecture de VITRUVE, par PERRAULT. *Paris*, 1674, in-12, 1 vol.

3950. Les dix livres d'architecture de VITRUVE, corrigés et traduits nouvellement en français, avec des notes et des figures par M. PERRAULT. *Paris*, 1684, in-f°, 1 vol.

3951. Même ouvrage.

3952. Le premier tome de l'architecture de Philibert de l'ORME. *Paris*, 1567, in-f°, 1 vol.

3953. L'architecture de Philibert de l'ORME. *Paris*, 1576, in-fol., 1 vol.

3954. Diego DE SAGREDO de l'architecture antique démonstrée par raisons très-faciles. *Paris*, 1608, in-4°, 1 vol.

9955. Des principes de l'architecture, de la sculpture et de la peinture. *Paris*, 1676, in 4°, 1 vol.

3956. Nouveau traité de toute l'architecture, par DE CORDEMOY. *Paris*, 1706, in-12, 1 vol.

3957. Nouveau traité de toute l'architecture, par M. DE CORDEMOY. *Paris*, 1714, in-4°, 1 vol.

3958. Architecture moderne, ou l'art de bien bâtir. *Paris*, 1728, in-4°, 2 vol.

3959. De la distribution des maisons de plaisance et de la décoration des édifices

en général, par Jacques-François Blondel. *Paris*, 1737, in-4°, 2 vol.

3960. Cours d'architecture de Vignole,
avec des commentaires par d'Aviler et
Mariette. *Paris*, 1750, in-4°, 1 vol.

3961. Architecture françoise, ou recueil
des plans, élévations, etc., par J. Franc.
Blondel. *Paris*, 1752, in-f°, 3 vol.

3962. Essai sur l'architecture, avec un
dictionnaire des termes, par Laugier. *Paris*, 1755, in-8°, 1 vol.

3963. Recueil élémentaire d'architecture,

par de Neufforge, architecte. *Paris*,
1757, in-f°, 1 vol.

3964. L'architecture pratique, par Bullet.
Paris, 1691, in-8°, 1 vol.

3965. Précis des leçons d'architecture
données à l'Ecole polytechnique, par
Durand. *Paris*, 1802, in-4°, 2 vol.

3966. Le propriétaire architecte, par Ur-
bain Vitry. *Paris*, 1827, in-4°, 1 vol.

3967. Guide des architectes, vérificateurs,
entrepreneurs, par L. Lejuste. *Paris*,
1848, in-4°, 1 vol.

c. — *Des ordres d'architecture*

3768. Regola delli cinque ordini d'architettura di Barozzio da Vignola. *Arnhem*,
1629, in-f°, 1 vol.

3969. Regola delli cinque ordini d'architettura di Barozzio da Vignola. *Amsterdam*, 1640, in-f°, 1 vol.

3970. Règle des cinq ordres d'architecture
de Jacques Barozzio da Vignola. *Rome*,
in-8°, 1 vol.

3971. Règles des cinq ordres d'architecture de Jacques Barozzio de Vignole.
Paris..... in-12, 1 vol.

3972. Règles des cinq ordres d'architecture de J. Barozzio de Vignole. *Paris*,
1747, in-4°, 1 vol.

3973. Vignole centésimal, ou les règles
des cinq ordres d'architecture. *Paris*,
1842, in-8°, 1 vol.

3974. Ordonnance des cinq espèces de
colonnes, selon la méthode des anciens,
par Perrault. *Paris*, 1683, in-f°, 1 vol.

3975. Les cinq ordres d'architecture de
Vincent Scamozzi. *Paris*, 1685, in-f°,
1 vol.

d. — *Recueils de modèles d'architecture*

3976. Les ouvrages d'architecture de Pierre Post. *Leyde*, 1715, in-f°, 1 vol.

3977. Etudes d'architecture civile, par
Mandar. *Paris*, 1826, in-f°, 1 vol.

3978. Exemples of Gothic architecture by
A. Pugin, architect. *London*, 1838, in-4°,
3 vol.

3979. Etudes d'architecture chrétienne,

par Garnaud. *Paris*, 1857. Titre, avant-
propos et 14 planches parus.

3980. Eglises de bourgs et villages, par
A. de Baudot. *Paris*, 1867, in-f°, 2 vol.

3981. Freggi dell'architettura da Agostino
Mitelli, pittore. In-f°, 1 vol.

3982. Architecture, planches. In-f°, 1 vol.

e. — *Restitutions de monuments*

3983. Restauration des Thermes d'Antonin Caracalla à Rome, par Blouck. *Paris*, 1828, in-fol., 1 vol.

3984. Le Laurentin, maison de campagne de Pline-le-Consul, par J. Bouchet. *Paris*, 1852, in-4°, 1 vol.

3985. Restauration des monuments antiques. Temples de Pæstum, par Labrouste. *Paris*, 1877. in-4°, 1 vol.

3986. Restauration des monuments antiques, Basilique Ulpienne, par Lesueur. *Paris*, 1877, in-4°, 1 vol.

1re partie, manquent les pages 1 à 4.

3987. Restauration des monuments antiques. Colonne Trajane, par Percier. *Paris*, 1877, in-4°, 1 vol.

3988. Restauration des monuments antiques. Temple de la Pudicité par Dubut. *Paris*, 1879, in-4°, 1 vol.

3989. Restauration des monuments antiques. Temple de Marc-Aurèle, par A. Villain. *Paris*, 1881, in-4°, 1 vol.

IV. — Archéographie ou description de monuments

a. — *Monuments de divers pays*

3990. Johannis Nicolai libri IV de sepulchris Hebraeorum. *Lugduni Batavorum*, 1706, in-4°, 1 vol.

3991. Recherches curieuses d'antiquités venues d'Italie, de la Grèce, d'Egypte, et trouvées à Nimègue, à Santen, au château de Wiltemburg, proche d'Utrecht, le tout mis en ordre, par Nicolas Chevalier. *Utreckt*, 1709, in-f°, 1 vol.

3992. Recueil et parallèle des édifices de tout genre, anciens et modernes, par Durand. *Paris*, an IX (1801) in-f°, 1 vol.

3993. L'architecture du Ve au XVIIe siècle et les arts qui en dépendent, par Gailhabaud. *Paris*, 1850, in-4°, 4 vol.

3994. Monuments anciens et modernes, collection formant une histoire de l'architecture des différents peuples, par J. Gailhabaud. *Paris*, 1850, in-4°, 4 vol.

3995. Monuments inédits d'antiquité figurée, grecque, étrusque et romaine, par Raoul-Rochette. *Paris*, 1833, in-f°, 1 vol.

b. — *Monuments d'Asie*

3996. Monument de Ninive, découvert et décrit par M. P. E. Botta, mesuré et dessiné par M. E. Flandin. *Paris*, 1849, in-f°, 5 vol.

3997. Ninive et l'Assyrie, par PLACE. *Paris,* 1867, in-f°, 3 vol.

3998. Plan général, élevation et profil du temple de Salomon, du palais de Salomon, et de celui de la fille de Pharaon, avec toutes leurs dépendauces, par MALLET. In-f°, 1 vol.

c. — *Monuments d'Afrique*

3999. Obelisci Ægyptiani interpretatio ; Athanasius KIRCHERUS. *Romæ,* 1666, in-f°, 1 vol.

4000. Antiquité de la Nubie, ou monuments inédits des bords du Nil, par F. C. GAU. *Paris,* 1822, in-f°, 1 vol.

4001. L'art et la philosophie de l'Egypte, étudiés dans un de ses monuments, par M le chanoine E. VAN DRIVAL. *Paris,* 1879, in-8°, 1 vol.

4002. Musée des antiquités égyptiennes, ou recueil des monuments égyptiens, architecture, statuaire, glyptique et peinture, accompagné d'un texte explicatif, par Charles LENORMANT. *Paris,* 1841-1842, in-f°, 1 vol.

4003. Algérie historique, pittoresque et monumentale, par BERBRUGGER. *Paris,* 1843, grand in-f°, 2 vol.

4004. Le Sérapéum de Memphis, par MARIETTE. *Paris,* 1857, in-f°, 1 vol.

d. — *Monuments d'Amérique*

4005. Monuments anciens du Mexique, par DE WALDECK. *Paris,* 1866, 1 vol.

4006. Momies des antiquités Péruviennes du Musée d'Arras, par l'abbé E. VAN DRIVAL. *Arras,* 1874, in-8°, broché.

e. — *Monuments d'Europe*

4007. Des merveilles de la ville de Rome, traduit de l'italien par Pompeo DE LAUNAY. *Rome.* 1652, in-12, 1 vol.

4008. Monumenta Patavina, Sertorii URSATI studio. *Patavii,* 1652, in-fol., 1 vol.

4009. Monumenta illustrium virorum e elogia. Editio nova aucta antiquis monumentis in agro Trajectino repertis. *Trajecti ad Rhenum,* 1671, in-fol.. 1 vol.

4010. Marmora Oxoniensia recensuit Humphridus PRIDEAUX. *Oxonii,* 1676, in-fol. 1 vol.

4011. Raphaelis FABRETTI de columna Trajani syntagma. *Romæ,* 1683, in-fol., 1 vol.

4012. Prima parte di architecture e prospettive, opera di Gio Battista PIRANESI. *Romæ.* 1760, in-fol., 1 vol.

4013. Della magnificenza d'architectura de Romani, opera di Gio Battista PIRANESI. *Romæ,* 1761, in-fol., 1 vol.

4014. Le antichita romane, opera del cavaliere Giambatista PIRANESI. *Roma,* 1784, in-fol., 4 vol.

4015. Colonna Trajana, con l'espositione latina d'Alfonso CIACCONE. *In Roma* in-fol., 1 vol.

4016. Basilica Carolina Mannhemii Palatina in metropoli ædificata. in-fol., 1 vol.

4017. BLONDEL, architecte. Plans et profils de divers édifices de Paris et de Bourges. in-4°, 1 vol.

4018. Les monuments de Rome, ou description des plus beaux ouvrages de peinture, de sculpture et d'architecture qui se trouvent à Rome ou dans les environs, par RAGUENET. *Paris*, 1702, in-12, 1 vol.

4019. Nuova pianta di Roma, per G. NOLLI. *Roma*, 1748, in-fol., 1 vol.

4020. Plans, élévations, coupes et profils du théâtre de Metz, construit en 1751, par Roland LE VIRLOYS. in-4°, 1 vol,

4021. Diarium italicum, sive monumentorum veterum, bibliothecarum, musæorum, etc., notitiæ singulares in itinerario italico collectæ a R. P. D. Bernardo DE MONTFAUCON. *Parisiis*, 1802, in-4°. 1 vol.

4022. Paris et ses monuments, par BALTARD. *Paris*, 1803, in-fol., 1 vol.

4023. Les antiquités d'Athènes, mesurées et dessinées,par J. STUART et N. REVETT, traduit de l'anglais par FEUILLET. *Paris*, 1808, gr. in-fol., 4 vol.

4024. Recueil des dessins de différens bâtimens construits à Saint-Pétersbourg, et dans l'intérieur de l'empire de Russie, par Louis RUSCA. *Saint-Pétersbourg*, 1810, in-fol., 1 vol.

4025. Les monuments de la France, par DE LABORDE. *Paris*, 1816, in-fol., 3 vol.

4026. Monuments antiques du midi de la France. Tome 1er Département du Gard, par M. GRANGENT et C. DURAND. *Paris*, 1819, in-fol., 1 vol.

4027. Mémoires historiques relatifs à la statue équestre de Henri IV, par Ch. J. LAFOLIE. *Paris*, 1819, in-8°, 1 vol.

4028. Choix de vues pittoresques de l'Italie, de Suisse, de France et d'Espagne, par le vicomte de SERIONNES. *Paris*, 1820, in-fol., 1 vol.

4029. Histoire et description de la cathédrale de Cologne, par BOISSERÉE, *Paris*, 1823, in-fol., 1 vol.

4030. Monument destiné à honorer les victimes de Quiberon. Dessins de M. A. CARISTIE. *Paris*, 1824, in-fol., 1 vol.

4031. Vues des ruines de Pompéi, d'après l'ouvrage publié à Londres, en 1819. *Paris*, 1828, in-fol., 1 vol.

4032. Choix de maisons, édifices et monuments publics de Paris et de ses environs, par THIOLLET. *Paris*, 1829. in-4°, 1 vol. (3e vol. seulement).

4033. Monuments romains et gothiques de Vienne en France, par REY, suivis d'un texte historique et analytique par VIETTY. *Paris*, 1831, in-4°, 2 vol.

4034. Le Nivernois, album historique et pittoresque, par MORELLET, BARAT, E. BUSSIÈRE. *Nevers*, 1840, 2 vol. in-4°.

4035. Edifices de Rome moderne, ou recueil des palais, maisons, églises, couvents, et autres monuments publics et particuliers les plus remarquables de la ville de Rome, dessinés, mesurés et publiés, par P. LETAROUILLY. *Paris*, 1840, in-f°, 3 vol. Voir le texte B, n° 6560.

4036. Le fabbriche e i monumenti cospicui di Venezia,per Leopoldo CICOGNARA. *Venezia*, 1840, in-f°, 2 vol.

4037. L'arc de triomphe, par Stephen DE LA MADELAINE. *Paris*, 1842, grand in-8°, 2 vol.

4038. Hôtel-de-Ville de Paris, par Victor CAILLAT et LEROUX DE LINCY. *Paris*, 1844, in-4°, 1 vol.

4039. Monographie de Notre-Dame de Noyon, par RAMÉE. *Paris*, 1845, atlas, in-fol., 1 vol.

4040. Histoire et description du Mont St-Michel, texte par LE HÉRICHER, dessiné par BOUET. *Caen*, 1848, in-f°, 1 vol.

4041. Catacombes de Rome, par Louis PERRET. *Paris*, 1851, in-f°, 6 vol.

4042. Plan de Paris. *Paris*, 1852, atlas 2 planches, in-f°, 1 vol.

4043. Pompeia, par Ernest BRETON.*Paris*, 1855, in-8°, 1 vol.

4044. Monuments antiques à Orange, arc de triomphe et théâtre, publiés par CARISTIE. *Paris*, 1856, in-f°, 1 vol.

4045. Excursion artistique en Dalmatie et au Monténégro,par PÉLERIN. *Paris*, 1860, in-4°, 1 vol.

4046. Description de l'Eglise de Saint-Pierre, à Aire, par M. l'abbé E. VAN DRIVAL. *Arras*, 1865, in-8°, brochure.

4047. Histoire de la ville et des thermes de Luxeuil, par GRANDMOUGIN et GARNIER. *Paris*, 1866, 1 vol. in-f°.
Manquent les 6 premières feuilles du texte et la table des planches.

4048. Descripcion de la catedral de Santiago, par D. Jose VILLA-AMIL. *Lugo*, 1866, in-18, 1 vol.

4049. Monographie du château d'Anet,par Philibert DE L'ORME. *Paris*, 1867, in-f°, 1 vol.
Complet sauf le portrait de Diane.

4050. Statistique monumentale de Paris, par LENOIR. *Paris*, 1867, 2 vol. atlas.

Tome Ier
Epoque romaine, pl. 8
» chrétienne, » 14 *bis* } manquent
Sainte Geneviève, » 8
Tome 2, incomplet.

4051. Trésor de l'abbaye de Saint-Maurice d'Agaune, par Ed. AUBERT. *Paris*, 1872, in-f°, 1 vol.

4052. Monographie de l'Eglise de Saint Christophe à Liège, avec 16 planches,par Jules HELBIG. *Bruges*. 1877, in-f°, 1 vol.

4053. Notice sur le monument des illustrations Picardes. *Amiens*, 1881, in-4°, 1 vol.

4054. Max. COLLIGNON. L'archéologie grecque. *Paris*, 1881, in-8°, 1 vol.

4055. Même ouvrage.

4056. Vues pittoresques des Vosges.Voyages à Dom-Remi-La-Pucelle, par LAURENT. 5 gravures, in-fol.

4057, La renaissance en France, par Léon PALUSTRE, en cours de publication, in-f°.

4058. Antiquités Gallo-Romaines des Eburoviques. in-4°, 1 vol.
Manque la planche, n° 23. Vieil Evreux et le titre.

V. — GALERIES ET MUSÉES

a. — Notices de collections publiques

4059. Museum Wormianum, seu historia rerum rariorum, tam naturalium, quam artificialium, tam domesticarum, quam exoticarum, quæ Hafniæ Danorum in ædibus authoris servantur, adornata ab Olao·WORM. *Amstelodami*, 1655, in-fol., 1 vol.

4060. Recueil des descriptions de peintures,et d'autres ouvrages faits pour le Roy. *Paris*, 1679, in-12, 1 vol.

4061. Le cabinet de la Bibliothèque de Sainte Geneviève,divisée en deux parties, contenant les antiquités de la région des chrétiens, des Egyptiens et des Romains ; des tombeaux, des poids et des médailles, des pierres gravées, des minéraux, des animaux.., etc. par Claude DU MOLINET. *Paris*, 1692, in-fol., 1 vol.

4062. Recueil des figures, groupes, thermes, fontaines, vases, statues de Versailles, par Simon THOMASSIN, graveur du Roy. *Amsterdam*, 1695, in-4°, 1 vol.

4063. Le musée royal, par H. LAURENT. *Paris*, 1816, in-fol., 2 vol.

4064. Les musées d'Italie, guide et memento de l'artiste et du voyageur, par Louis VIARDOT. *Paris*, 1842, in-12, 1 vol.

4065. Les musées de province, par L. Clément DE RIS. *Paris*, 1859, in-8°, 2 vol.

4066. Description des antiquités et objets d'art dans les salles du Palais des Arts de Lyon, par le D. A. COMARMOND. *Lyon*, 1855-1857, in-4°, 1 vol.

4067. Description du trésor de Guarrazar, par F. DE LASTEYRIE. *Paris*, 1860, in-fol., 1 vol.

4068. Catalogo provisional del museo nacional de pinturas, par D. Gregorio VILLA AMIL. *Madrid*, 1865, in-12, 1 vol.

4069. Acquisitions du musée de la sculpture moderne au Louvre en 1880, par Louis COURAJOD. *Paris*, 1881, in-8°, brochure.

4070. Musée Napoléon III, par Ad. de LONGPÉRIER, 29 livraisons sur 140 dont se compose l'ouvrage.

4071. Les gemmes et joyaux de la couronne, par BARBET DE JOUY. *Paris*, première et deuxième parties, in-fol., 2 vol.

b. — *Notices des collections particulières*

4072. Catalogue systématique et raisonné des curiosités de la nature et de l'art, qui composent le cabinet de M. DAVILA. *Paris*, 1767, in-8°, 3 vol.

4073. Catalogue raisonné des tableaux, dessins et estampes de M. de Julienne, par Pierre RÉMY. *Paris*, 1767, in-12, 1 vol.

4074. Le trésor de la curiosité tiré des catalogues de vente, de tableaux, dessins, livres, etc., par M. Ch. BLANC. *Paris*, 1858, in-8°, 2 vol.

4075. Collection Adolphe DEWISMES à Saint-Omer. Emaux, ivoires, monnaies, médailles, curiosités diverses et livres. *Saint-Omer*, 1875, in-8°, 1 vol.

4076. Notice des objets exposés dans la salle du Parnasse français, à l'occasion du second centenaire de la mort de Pierre Corneille. *Paris*, 1884, in-12, 1 vol.

4077. Annuaire artistique des collectionneurs de la France et de la Belgique, par RIS-PAQUOT (1885-1886). *Abbeville*, 1886, in-12, 1 vol.

c. — *Livret descriptif d'expositions*

4078. Exposition universelle de 1855. Plan descriptif. in-fol., 1 vol.

4079. Exposition universelle de 1855. Rapports du Jury mixte international. *Paris*, 1856, in-8°, 1 vol.

4080. Rapport sur l'exposition universelle de 1855, par le prince NAPOLÉON. *Paris*, 1857, in-8°, 1 vol.

4081. L'histoire du travail à l'exposition universelle de 1867, par Ch. DE LINAS. *Arras*, 1868, in-8°, 1 vol.

4082. Catalogue de l'exposition des beaux,

arts de la ville d'Arras en 1868. *Arras,* 1868, in-18, 1 vol.

4083. L'exposition d'Arras en 1868, par M. l'abbé E. VAN DRIVAL. *Arras,* 1868, in-8°, 1 vol.

4084. Catalogue de l'exposition d'objets d'art religieux, ouverte à Lille en 1874, rédigé par le chanoine VAN DRIVAL. *Lille,* 1874, in-8°, 1 vol.

4085. Etudes sur les objets d'art religieux, réunis à Lille en 1874, par M. le chanoine VAN DRIVAL. *Arras,* 1877, in-8°, 1 vol.

4086. L'exposition de Lille. Etudes sur les objets d'art religieux, par le chanoine VAN DRIVAL. *Arras,* 1877, in-8°, 1 vol.

d. — *Critique et album des salons*

4087. Essai sur les beaux-arts, et particulièrement sur le salon de 1817, par M. MIEL. *Paris,* 1817 & 1818, in-8°, 1 vol.

4088. L'artiste. Album. *Paris,* 1841, in-fol., 8 vol. (dépareillés).

4089. Album du salon de 1843, par Wilhem TENINT. *Paris,* 1843, in-4°, 1 vol.

4090. Exposition des beaux-arts. Salon de 1867, par Louis AUVRAY. *Paris,* 1867, in-12, 1 vol.

VI. — MUSIQUE

a. — *Dictionnaires, histoire, critique*

4091. Dictionarium harmonicum et plane novum, auth. Christiano NIRMUTANO. *Francofurti,* 1630, in-12, 1 vol.

4092. Dialogue sur la musique des anciens. *Paris,* 1725, in-12, 1 vol.

4093. Même ouvrage.

4094. Histoire de la musique et de ses effets, depuis son origine jusqu'à présent, par l'abbé BOURDELOT. *Amsterdam,* 1743, in-12, 4 vol.

4095. Effets sur le corps humain considérés dans le son, ou discours sur la nature du chant. *Amsterdam,* 1760, in-12, 1 vol.

4096. Histoire générale critique et philologique de la musique, par DE BLAINVILLE. *Paris,* 1767, in-4°, 1 vol.

4097. Histoire de l'harmonie au moyen-âge, par E. DE COUSSEMAKER. *Paris,* 1852, in-4°, 1 vol.

4098. L'art harmonique au XII° et XIII° siècles, par E. DE COUSSEMAKER. *Paris,* 1865, in-4°, 1 vol.

4099. Biographie universelle des musiciens et bibliographie générale de la musique, par F. J. FÉTIS. *Paris,* 1877, in-8°, 10 vol.

4100. Etudes sur la musique ecclésiastique grecque, par L. A. BOURGAULT DUCOUDRAY. *Paris,* 1877, in-8°, 1 vol.

4101. Histoire de l'instrumentation, depuis le seizième siècle jusqu'à nos jours, par H. Lavoix fils. *Paris*, 1878, in-8°, 1 vol.

4102. Diverses pièces sur la musique. In-8°, 1 vol.

4103. Dispute sur la musique — diverses pièces, in-8°, 1 vol.

b. — *Traités généraux, harmonie et composition*

4104. Novum pratum musicum, per Emanuelem Hadrianium. *Antuerpiæ*, 1592, in-fol., 1 vol.

4105. Harmonicorum libri XII in quibus agitur de sonorum natura, a Mersenno. *Lutetiæ Parisiorum*, 1648, in-fol., 1 vol.

4106. Athanasii Kircheri musurgia universalis, sive ars magna consoni et dissoni in X libros digesta. *Romæ*, 1650, in-fol., 2 vol.

4107. Athanasii Kircheri phonurgia nova. *Campidonæ*, 1673, in-fol., 1 vol.

4108. De poematum cantu et viribus rythmi. *Oxonii*, 1673. in-4°, 1 vol.

4109. Traité de l'harmonie, réduite à ses principes naturels, par M. Rameau. *Paris*, 1722, in-4°, 1 vol.

4110. Discours sur l'harmonie. *Paris*, 1737, in-12, 1 vol.

4111. Méthode élémentaire de composition de toute espèce de musique, par G. Albrechtsberger, traduit par A. Choron. *Paris*, 1814, in-8°, 1 vol.

4112. Molière musicien, considérations sur l'harmonie de la langue française, par Castil-Blaze. *Paris*, 1852, in-8°, 2 vol.

4113. Thèses supplémentaires de métrique et de musique anciennes, de grammaire et de littérature, par B. Julien. *Paris*, 1861, in-8°, 1 vol.

4114. Etudes sur la musique grecque, le plain-chant et la tonalité moderne, par Alix Tiron. *Paris*, 1866, in-8°, 1 vol.

4115. Du rhythme, des effets qu'il produit et de leurs causes, par D. Beaulieu. *Paris*, in-8°, brochure.

4116. Traité de composition, par Bordier. *Paris*, in-8°, 1 vol.

c. — *Méthodes de musique et de chant*

4117. Exposition d'une nouvelle méthode pour l'enseignement de la musique, par P. Galin. *Paris*, 1818, in-8°, 1 vol.

4118. Théories complètes du chant, par Stéphen de la Madelaine. *Paris*, 1857, in-8°, 1 vol.

4119. P. Lacome. La musique en famille. *Paris*, in-4°, 1 vol.

d. — *Compositions musicales, musique d'Eglise*

4120. Messe solennelle à quatre voix, solos et chœurs, avec accompagnement d'orgue, musique de Vervoitte. *Paris*, in-fol., 1 vol.

e. — Musique de chambre, avec ou sans accompagnements

4121. Motets à 1, 2 et 3 voix, avec la basse-continue, par M. CAMPRA. *Paris,* 1699, in-fol., 1 vol.

4122. Cantates françaises, à une et à trois voix, avec simphonie par M. MORIN. *Paris,* 1712, in-fol., 1 vol.

f. — Musique de théâtre

4123. Achille et Polixène, tragédie mise en musique, par feu M. de LULLY. *Amsterdam,* 1688, in-4°, 1 vol.

4124. Roland, tragédie mise en musique, par DE LULLY. *Paris,* 1709, in-fol., 1 vol.

4125. Armide, tragédie, mise en musique, par DE LULLY. *Paris,* 1725, in-fol., 1 vol.

4126. Philomèle, tragédie, mise en musique, par M. LA COSTE. *Paris,* 1705, in-4°, 1 vol.

4127. Pirithoüs, tragédie, mise en musique, par M. MOURET. *Paris,* 1723, in-4°, 1 vol.

4128. L'Europe galante, ballet, de la composition de M. CAMPRA, paroles de M. DE LA MOTTE. *Paris,* 1724, in-fol., 1 vol.

4129. Hésione, tragédie, mise en musique par CAMPRA. *Paris,* in-4°, 1 vol.

4130. Pirame et Thisbé, tragédie mise en musique, par M. REBEL et FRANCOEUR, *Paris,* 1726, in-4°, 1 vol.

4131. Le triomphe des sens, ballet héroïque mise en musique, par M. MOURET. *Paris,* 1732, in-4°, 1 vol.

4132. Regole per la Toscana favella, operetta ordinata da Girolamo GIGLI. *In Luca,* 1734, in-12, 1 vol.

4133. Les fêtes d'Hébé, ou les talents liriques, ballet, par RAMEAU. *Paris,* 1739, in-fol., 1 vol.

4134. Le prix de la beauté, ou les couronnes, pastorale en trois actes et un prologue, avec des divertissements sur des airs choisis et nouveaux. *Paris,* 1760, in-4°, 1 vol.

g. — Musique de danse pour orchestre

4135. La théorie et la pratique du nouveau quadrille des enfants, par l'abbé BERTAUD. *Paris,* 1744, in-8°, 1 vol.

h. — Plain-chant

4136. Dissertation sur le chant Grégorien, par le sieur NIVERS. *Paris,* 1683, in-8°, 1 vol.

4137. Traité historique et pratique sur le

chant ecclésiastique, par le chanoine LEBEUF. *Paris,* 1741, in-12, 1 vol.

4138. Méthode nouvelle pour apprendre parfaitement les règles du plain-chant, par l'Abbé DE LA FEILLÉE. *Poitiers*,1748, in-12, 1 vol.

4139. Traité critique du plain-chant,usité aujourd'hui dans l'Eglise. *Paris*, 1749, in-12, 1 vol.

4140. De cantu et musica sacra a prima ecclesiæ ætate, Martino GERBERTO autore. *San-Blasianis*, 1774. in-4°, 2 vol.

4141. Même ouvrage.

MÉLANGES

a. — Curiosités de la nature et de l'art

4142. De secretis libri XVII, ex variis authoribus collecti et methodice digesti, per Joannem Jacobum WECKERUM.*Basileæ*, 1582, in-12, 1 vol.

4143. Essay des merveilles de nature et des plus nobles artifices. Pièce très nécessaire à tous ceux qui font profession d'éloquence, par René FRANÇOIS. *Rouen*, 1622, in-4°, 1 vol.

4144. Essay des merveilles de nature et des plus nobles artifices. Pièce très nécessaire à ceux qui font profession d'éloquence, par René FRANÇOIS. *Rouen*, 1626, in-4°, 1 vol.

4145. Essay des merveilles de nature et des plus nobles artifices.Pièce très nécessaire à ceux qui font profession d'éloquence, par René FRANÇOIS. *Rouen*,1629, in-4°, 1 vol.

4146. Recueil de curiosités rares et nouvelles, par D'HÉMERY. *Paris*,1676, in-12, 1 vol.

4147. Le ventriloque ou l'engastrimythe, par DE LA CHAPELLE. *Londres*, 1772, in-12, 2 vol.

4148. Manuel des curieux et des amateurs de l'art, par HUBER et C. H. ROST.*Paris*, 1797, in-12, 2 vol.

b. — Journaux et revues scientifiques

4149. Bulletin de la société d'encouragement pour l'industrie nationale.*Paris*, an XI à 1846, in-4°, 46 vol.

4150. Revue artistique et littéraire, du tome 3e au tome 18e. *Paris*,1862, in-8°, 16 vol.

4151. Revue scientifique, paraissant le samedi, fondée en 1863. Directeur, M. Charles RICHET; en cours de publication. *Paris*, in-fol.

4152. Le Génie-Civil,revue générale hebdomadaire des industries françaises et étrangères,en cours de publication.*Paris*, in-fol.,

SCIENCES ET ARTS

TABLE ALPHABÉTIQUE DES NOMS D'AUTEURS

Les chiffres indiquent les numéros d'ordre du Catalogue.

A

Abat, 1649.
Abbadie, J., 637.
Abraham, dit Launay, 1932.
Abu Zaccharias, 3338.
Accolti, P., 3758.
Actuarius, J., 2730.
Adde Margras, 2898.
Addisson, 576.
Ægineta, ou Paul d'Eginète, 2349 à 2352.
Aetius, 2357.
Agnesi, 1365.
Agricola, Rod., 284.
Agricola, Gens., 2044 à 2046.
Agrippa, Corn., 2, 828.
Agrippa ab Nettesheim, 3160.
Aguilonius, 1898, 1899.
Aignan, 2862.
Aigneau, David, L', 2654.
Ailhaud, 3117.
Alart, 2618.
Alavoine, J., 2561.
Albert-le-Grand, 823.
Albertis, L.-B., de, 3778, 3944.
Albertus de Saxonia, 1293.
Albineus, N., 1658.
Albohazen, 3270.
Albrechtsberger, G., 4111.
Alciat, And., 3789, 3790, 3792, 3793.

Aldrovandus, 2127, 2205.
Aletheus, J. Lyserus, 825.
Alexander de Angelis, 3273.
Alexandre, 2752.
Alexandre, le P. J., 1570, 1925, 2083.
Alglave, E., 1605.
Alhazen, 1896.
Alibert, L., 2255, 2810, 2889, 3030, 3032.
Allain, 902, 910.
Allatius, L., 1770.
Allen, J., 2750.
Alletz, Aug., 3307.
Alphée Cazenave, 2896.
Alpinus, 2481, 2483.
Alquié, Savinien, d', 1126.
Alvarez, 3647.
Amatus Lusitanus, 3009.
Ameline, 623.
Amelot de la Houssaye, 594, 1075, 1077.
Amicus, Barth., 65.
Ammonius, Ag., 3074.
Amontons, 1634.
Amoros, 3620.
Amussat, A., 2948, 3645.
Amyot, 508, 510.
Ancillon, Fréd., 1141.
Andral, G., 2570, 2713, 2714, 2765, 2766.

André, 465, 638, 1787, 1894.
Andreini, R., 2990.
Andronicus, 482.
Andry, 2863.
Angelicus, B., 1522.
Angelus à Sta Clara de Monte Falco, 998.
Anger, B., 2574, 2945.
Ango, Le Père, 1904.
Angot, 1787, 1894.
Ansart-Deusy, 1574.
Anselme, 3282.
Antommarchi, F., 2552.
Antonius de Petra, 1042.
Apian, P., 1796.
Apicius Cœlius, 3415.
Apulée, L., 2353, 3073.
Aranda, Em., d', 845.
Arago, Fr., 1785, 1786.
Archimède, 1294.
Arcons, César, d', 1559.
Ardène, d', 3389.
Aretinus, Aug., 3183, 3185.
Aretœus, 2358.
Argens, d', 173, 797.
Argenterius, 2381.
Argyropylus, J., 475, 1501.
Arias Miranda, José, 1244, 1268.
Arimino, Aug., de, 3183.
Aristote, 55 à 57, 59 à 70, 261, 263 à 270,
    310 à 312, 363, 364, 366, 368, 369,
    474 à 481, 483 à 486, 941 à 944, 1500

à 1506, 1508 à 1514, 1618, 1720, 1966,
    1967, 2155, 2156, 2581, 2582.
Armengaud, J. D, 3866.
Armengel y Cornet, 1191.
Arnauld, Ant., 422, 1405.
Arnault de Nobleville, 3054.
Arnesius, R., 950.
Arnisœus, H., 972.
Arnold, 2983.
Arréa Jérome, d', 804.
Arrian, 499, 500, 3476.
Artemidorus Daldianus, 3248, 3250.
Assonleville. d', 693.
Aston, G., 2093.
Aubenas, G. A., 2989.
Aubert, Ed., 4051.
Aubry, J.. d', 3112.
Aubuisson, d', de Voisins, 2014.
Audiberti, 2884.
Audiger, 3419.
Audoynaud, 1820.
Authenac, S. P., 2935.
Auvray. L., 4090.
Auzias-Turenne, 2901.
Avenbrugger, 2736.
Avicenne, 2344 à 2346.
Aviler, d', 3960.
Avion, Jul., d', 470.
Ayleworth, Guliel., 319.
Aynscom, Xav., 1400.
Ayres, Ph., 3819.
Azuni, D. A., 3596.

B

Babeau, Alb., 904.
Babes, V., 2796.
Babron, 3611.
Bacher, H., 1909.
Bachetus. G., 1306.
Bacon, 121 à 127, 1621.
Badère, Mme, 360.
Badius, Jod., 522.
Baignères, 2996.
Bailly, 1759 à 1762.
Bailly, E. M., 2816, 3335.
Balbiani, G., 2631.
Balfour, M., 2629.
Balinghem, Ant. de, 692, 807.

Ballexserd, 2692.
Ballonius, G., 2409.
Baltard, 3865, 4022.
Balthausen, de, 3468.
Balzac, de, 1049, 1050, 1099.
Baranzano, R., 1777.
Barat, 4034.
Barba, Alf., 3647.
Barbarus, Herm., 1505, 1968.
Barbay, Pet., 69, 270, 312, 486, 1514.
Barbet, 2463.
Barbet de Jouy, 4071.
Barbeyrac, J., 567, 672, 985, 1024.
Barbier, G., 3033.

Barbier de Meynard, 469.
Barclay, Jean, 411.
Bardin, 615.
Barker, J., 2251.
Barlæus, G. 1052.
Barles, L., 2632.
Barnes, R., 2998.
Barocio, Fr.. 1931.
Baron, Theod., 3052.
Barozzio de Vignole, et Vignole, 3968 à 3972.
Barra, 3087.
Barral, 1007.
Barras, T., 2856.
Barré, J., 1476.
Barrême, 1462, 1468.
Barruel, 185, 1003.
Barry, R. 618.
Barthez, J., 2417, 2599.
Bartholinus, Th., 2529.
Bary, R., 757.
Basan, F., 3821.
Basta, Gior., 3507.
Bastiat, Frédéric, 1173.
Bateus, 3050.
Batteux, Ch., 3730.
Baudin, 2069.
Baudelocque, J. L. 2987.
Bauderonus, Br., 2384.
Baudoin, 763.
Baudoin, J., 3807.
Baudon, 3162.
Baudot, de, 3980.
Baudrillart, H., 882, 899, 1165 à 1172, 1193, 1226, 3337.
Baudrimont, 3299.
Baudry, 3094.
Bauhin, J., 3086.
Baumé, A., 3044.
Baumes, Th., 2814.
Bautain, 1027.
Bavoux, Evar., 1142.
Baysius, Laz., 3576, 3577.
Bayle, 658.
Bazin, 3723.
Beau, H.-S., 2768.
Beaugrand, E., 2596, 3136.
Beaujeu, de, 3430.
Beaulieu, D., 4115.
Beaumont, Elie de, 2034.
Beausobre, de, 936.

Bède, 119.
Becquerel, 1552, 1597 à 1599, 1612, 1628, 1629.
Bégin, 2452.
Bégin, L.-J., 2960.
Beguin, J., 1667.
Béhier, J., 2716.
Belèze, G., 3414.
Bélidor, 1749, 3538, 3540, 3561, 3564.
Bellay, J. du, 46.
Belle-Forest, de, 3317.
Bellegarde, de, 684.
Belleville, E., 2859.
Belley, de, 840.
Belluga, Pet., 1074.
Belon, Pierre, 1988, 2213, 2214, 2216.
Belot, Jean, 3235, 3257.
Bémier, J., 2772.
Benius, P., 50.
Bentham, J., 1164.
Bérard. 2452, 2591.
Bérard, A., 2942.
Bérard, Em., 3402.
Berbrugger, 4003.
Berès, C., 1279.
Berger, de, 3816.
Bergier, 354.
Berkeley, G., 3097.
Bernaldus de Quiros, 233.
Bernard, 2233.
Bernard, Ch., 1993.
Bernard, Cl., 2179, 2597.
Bernard, St., 2808, 2864.
Bernardin de Saint-Pierre, 355.
Berryat, J., 2425, 3151.
Bersot, Ern., 390, 1143.
Bertaud, 4135.
Berthelot, 1688, 1689, 1743.
Berthevin, 1360.
Berthoud, F., 1929, 1930.
Bertin, 2612, 3747.
Bertin, L. E., 3600.
Bertrand, 1987, 2004, 2006, 2010.
Bertrand, Al., 3063.
Bertrand, J., 1378.
Bertrand, L., 1334, 2010.
Bertrand-Quinquet, 3689.
Berzelius, J.-J., 1682.
Besoldus, Christ., 961.
Bessarion, 310.

Besson, Jac., 1992.
Bettino, 1308.
Beverus, 1508.
Bezout, 1337. 1339, 1340.
Bichat, Xav., 2545, 2546, 2548, 2600, 2605.
Bielfold, baron de, 986.
Bigelow, J., 2974.
Billichus, Gunth., 3018.
Billon, de, 3488.
Billy. de, 424.
Binsfeld, P., 3197.
Bion, Nic., 1855, 1856.
Biot, 1732.
Biringuccio, S. Vanocc'o, 3571, 3572.
Bilot, 2462.
Blaeu, G., 1778.
Blagrave, John., 1844.
Blainville, de, 2174, 4096.
Blaise, 1423.
Blanc, Ch., 3753, 3772, 4074.
Blancard, Nic., 3476.
Blancardus, Steph., 2535.
Blanchard, 641.
Blandin, Fred., 2556.
Blanqui, 3299.
Blasius, G., 2531.
Blavet, 1186.
Blégny, Et. de, 867.
Blégny, Nic.. de, 2833.
Blondel, 4017.
Blondel, F., 1756, 3089.
Blondel, J. F., 3959, 3961.
Blondel, G., 1854.
Blondin, Th., 2424.
Blouck, 3983.
Blundeville, M., 1802.
Bobinet, 1918.
Bobynet, 1853.
Boccone, P·. 2128.
Bodin, J., 953, 954, 1199, 3191, 3192, 3194.
Boduin, de, 1119.
Boëce, 532 à 537, 539, 540.
Boerhaave, Herm., 1671, 1672, 3023.
Boguet, H., 3024, 3207.
Boinet, A. A., 3067.
Boisguillebert, 1219.
Boisseau, G., 2815.
Boisserée, 4029.

Boissière, 1413.
Boissière, Cl., de, 1774.
Boitel, P., 839.
Boivin, 2841.
Bonamicus, F., 1719.
Bonaventura, Fred., 1576, 1615, 1616.
Bonannus, Ph., 2163, 2224.
Bonati, G., 1772.
Bonincontrius, L., 1792.
Bonnardot, A., 3656. 3657.
Bonnelle, 3387.
Bonnet, Ch., 446, 2239, 2241, 2242.
Bonneval, de, 869.
Bonneville, de, 3503.
Bonstetten, Vict., de, 456.
Bontekœ, Corn., 2411, 2967.
Bontius, J., 2483.
Boot, Boetius, de, 2048.
Bordeaux, R., 3736.
Bordelon, 816.
Bordenave, 2584.
Bordeu, Th., 2422, 2784.
Bordier, 4116.
Bordier, A,, 2274.
Borellus, Alph., 1563, 1998.
Borgnis, J. A., 1734.
Borgo, P., 1350.
Bosquillon, 2503.
Bosse, A., 3438, 3728, 3820, 3833.
Bosset, 434.
Bossuet, J.-B., 343, 980.
Bossut, Ch., 1284, 1336, 1371, 1729.
Boterus, J., 955.
Botta, P. E., 3996.
Bouaistuau, dit Launay, 549, 1030.
Bouchardat, A.. 1680.
Bouché-Leclercq, 3240.
Boucheporn, Fr., 2022.
Boucher de Perthes, 196, 698, 699.
Boucher-Desnoyers, 3859.
Bouchet J., 3984.
Bouchet, E., 2695, 2696.
Boué, Amé, 2019.
Bouet, 4040.
Boufflers, de, 336.
Bougeant, 404.
Bouglers, P. de, 1095.
Bougot, A., 3875.
Bouguer, 3603.
Bouhier, 87.

Bouillaud, J., 2452, 2457, 2767.
Bouillier, Fr. 198.
Bouju, Th., 220.
Boulanger, 1852, 2079.
Boulanger, Cas., 3780.
Boulard, J., 1605.
Boullier, 403.
Bourdelot, 4094.
Bourdin, 3525.
Bourdon, Aimé, 2534.
Bourgault-Ducoudray, L. A., 4100.
Bourgery, 2553.
Bourgois, 3580.
Rourgueville, Ch. de, 370.
Bousquet, J.-B., 2893.
Boussingault, J.-B., 3345, 3347.
Boutakov, G., 3597.
Bouty, 1556.
Bouvelles, Ch., de, 1384.
Boyer, A. 2448, 2544, 2940.
Boyveau-Laffecteur, 2887.
Bracquemont, L., de, 3776.
Brantus, J., 948.
Brault, L., 3614.
Bréal, Mich.. 906.
Brèche, 2311.
Breislak, Sc., 2013.
Bresmal, F., 3091, 3101.
Bressius, M., 1773.
Breton, Em., 4043.
Brialmont, A., 3549.
Brierre de Boismont, 2566.
Brillon, 769.
Brissac, H., 1190.
Brisson, P., 1033.
Brissot, Pierre, 450.
Broca, Paul. 2341, 2596.
Broca, Ph. de, 3404.
Brochant, de Villiers, 2056.
Brongniart, Alex., 2018, 3642.
Brotier, G,, 1977.

Brouardel, P., 2778.
Broussais, J. V., 2491, 2492, 2493, 2589, 2590, 2823, 2825, 2826.
Brown, Th., 2268, 2488.
Brucker, Jac., 16.
Brudus, 2797.
Bruele, G., 2744.
Bruhier, J. J., 3121.
Brulliot, F., 3708.
Brunfelsius, 2104.
Brunn, Jac., à, 3047.
Bruyère, L., 3436.
Buchan, G., 2516, 2517.
Buchner, Louis, 208, 405, 2189.
Buchner, P., 1356.
Buchon, A., 21.
Buchotte, 3744.
Buchoz, P., 2164.
Budée, Guil., 541.
Budin, P., 2994.
Buffier, 198, 321.
Buffon, de, 1981 à 1984, 2052, 2166.
Bugny, de, 2578.
Buignet, H., 1657.
Buisson, Fr. R., 2585.
Bullant, J., 1459.
Bullet, 351, 3964.
Bungius, P., 3676.
Bunoust, M., 3126.
Burat, A., 2058.
Buratellus, Gab., 56.
Bureaud-Riofrey, A. M., 2694.
Burggraeve, Ad., 2320, 2562.
Burigny, de, 77.
Burnaud, 2001.
Burnet, Th., 2410.
Busennius, Ant., 2330.
Bussemaker, 2343.
Bussière, E., 4034.
Bussy-Rabutin, 848.
Buteo, ou Borrel, 1385.

C

Cabanis, 2423, 2642.
Cabot, Vinc., 970.
Cahusac, 3618.
Caignou, E., de, 2825.
Caillat, V.. 4038.

Caillaux, Alf., 2078.
Caillet, P., 614.
Caillère, de, 1100.
Caius, J., 2237, 2373.
Callard de la Ducquerie, 2279.

Calmet, 3229.
Cambessedes, J., 2139.
Camerarius, J., 3801, 3813.
Campanella, Th., 2389.
Campani, 590.
Camper, Pierre, 2586, 2587, 3263 à 3265.
Campra, 4121, 4128, 4129.
Camus, 1728, 2157.
Camus, J. P., 844.
Camus du Tertre, 3506.
Candolle, de, 2136.
Cano, Melchior, 595.
Canouherius, And., 2314, 3424.
Canterus, Guil., 512.
Capelloni, L., 838.
Capuron, J., 2888, 3125.
Carraccioli, de, 780, 782 à 784.
Caradeuc, de, de la Chalotais, 888.
Cardan, Hiérome, 545, 557, 562, 1517,
    1519, 2365, 2366, 2367, 3249.
Cardinius, L., 3001.
Caristie, A., 4030, 4044.
Carlier, 3363.
Carlyle, 206.
Carpentier, J., 3568.
Carpus, 2520.
Carrache, Annib., 3840.
Cartaud, 1940.
Cartheuser, Fréd., 2416.
Casa, Joan, 588.
Casaubon, Isaac, 487.
Cassanœus, Barth., 563.
Cassini, 1780.
Castel, 1907.
Castellus, Barth., 2278, 2280.
Castil-Blaze, 4112.
Castillionius, G. Ph., 3945.
Castillonnois, Balt., 1092.
Catanco, J., 3519.
Catanio, Pietro, 1297.
Caton, 531, 3318, 3321, 3333.
Cattan, Ch.. de, 3231.
Catzius, J., 725.
Caullet de Veaumorel, 3026.
Cauls, Salomon, de, (on de Caus), 1722,
    3763.
Caurres, Jean, 837.
Caux, marquis de, 1138.
Cavelier de Curville, 3406.
Cavrois, 3452.

Cazelles, 207, 209.
Cébès, 8, 500, 503, 505.
Celse, 2337 à 2342.
Cenali, Rob., 1488.
Cériziers, de, 616.
Chabat, P., 3436 *(bis)*.
Chabaud-Arnault, 3569, 3587.
Chabert, 3836.
Chales, de, 1724, 1725.
Chaligai, Francisco, 1349.
Chalvet, Math., de, 98.
Champaignac, de, 219.
Champfleury, 3903, 3904.
Champs, de, 3610.
Changeux, 639.
Chantreuil, G., 2992.
Chapelain, J., 3905.
Chappuis, 408, 531.
Chaptal, J. A., 1676, 3344.
Charas, Moyse, 2211.
Charp, 380, 383.
Charpentier, 473, 864.
Charrier, Jehan, 3483.
Charron, P., 605, 606, 608, 609.
Chasles, 1438.
Chassant, Alph., 3669, 3670.
Chau, A., 1266.
Chaumeton, E. P., 2138, 3082.
Chausse de la Terrière, 827.
Chaussier, H., 2854, 2911.
Chauvin, C., 1698.
Chavineau, 1116.
Cheffontaine, de, 805.
Chelidonius, 1030.
Chemin, O., 1440.
Chemin, J, B., 747.
Cherbodie, D., 613.
Chérigny, de, 918.
Chérubin, le Père, 1566, 1901, 1903.
Chesneau, Ern., 3775.
Chesneau, N., 3041.
Chevalier, Michel, 1156, 1252, 1253.
Chevalier, Nic., 3991.
Chevreau, 652, 792.
Chevreuil, E., 1662.
Cheyneius, Jac., 67.
Cheysson, E., 1195, 1197.
Chifflart, 3867.
Chomel, 2943.
Chomel, A. F., 2711.

Chomel, J-B., 3081.
Chomel, Noel, 3291, 3292, 3294, 3295.
Chompré, 1943.
Choppin, 557.
Choron, A., 4111.
Christ, 3702.
Christian, 1735.
Churchill, Floetwood, 2997.
Churchill, Francis, 2819.
Ciaccone, Alf., 4015.
Cicéron, M. T., 85 à 87, 89 à 93, 522 à 529, 946.
Cigognara, L., 4036.
Cintrac, 2463.
Clairault, 1369, 1373, 1422.
Clarac, F., de, 3719, 3895, 3896.
Claramontius, Scip., 1822, 1824.
Claus, C., 2172.
Clavius, Christ., 1305, 1389, 1846, 1849.
Clemente, Claudio, 1055.
Cléomède, 1617, 1771.
Clerc, 2501.
Clericus, J., 244.
Clichtoveus, J., 1500.
Cliquot de Blervache, 1204, 1260.
Cloué, 1632.
Clusius, Ch., 2114 à 2116, 2118, 2119, 3075.
Clutius, Aug., 3079.
Cochet, J., 324.
Coclès, Barth., 3261.
Cœlius, Aur., 2342.
Cæsmes, Th., 1876.
Coignet, Michel, 1034, 3592.
Col de Vilars, 2926.
Collado, Luys, 3551.
Collegno, de, 2020.
Collignon, Ed., 1745.
Collignon, Max., 4054.
Collin de Plancy, 3180.
Columelle, 3333.
Columna, Fab., 2132.
Comarmond, D. A.. 4066.
Comberousse, Ch. de, 1441.
Commandinus, 1645.
Commelinus, J., 2133.
Commiers, 2288.
Compayré, Gab., 883, 901.
Comte, Aug., 201, 259.
Comte, Ch., 1151.

Comte, J., 3924.
Condillac, E., de, 437, 1161, 1945, 2167.
Condorcet, 451, 1161.
Constant, Jacques et Paul, 3017.
Constantin, César, 3313, 3314.
Contzen, Ad., 965.
Copernic, 1794, 1798, 1803.
Copus, Guil., 2349, 2350.
Cordemoy, de, 316, 3956, 3957.
Cordero, Mart., 102.
Cordier, C., 3610.
Cornaio, L., 2658.
Cornarius, Janus, 41, 506.
Corne, Hyac., 664.
Cornil, V., 2796.
Cornulier, de, 3585.
Cornwall, H. B., 1696.
Coronadus, Melch., 1513.
Corvisart, J. N., 2448, 2736, 2824.
Cosson, E., 2143.
Costadau, 3683.
Costallius, P., 109.
Coste, 435, 436, 496, 866, 1906, 1083, 2175.
Coste, E., 2557.
Coste, P., 599.
Costes, 2463, 1534.
Couailhac, L., 2233.
Coulier, J., 1890.
Coulvier-Gravier, 1630.
Courajod, L., 4069.
Court de Gébelin, 2007.
Courtin, Ant., de 674, 679.
Courtot, 625.
Cousin, J., 3757, 3870.
Cousin, Vict., 23 à 26, 71, 189 à 192.
Coussemaker, E., de, 4097, 4098.
Cowper, G., 2539.
Coyer, 774, 775, 1261.
Cramer, Gr, 1426.
Crapelet, A., 750.
Crendal, 2818.
Crépieux-Jamin, J., 3686.
Crescens, Pierre, des, 3311, 3315.
Crignon, 3365.
Croissant de Garengeot, 2619.
Crollius, Osw., 1665.
Crousaz, de, 300, 427, 463, 1362.
Crouzel, A., 3303.
Cruikshank, 2617.

Cruveilher, J., 2555.
Cudworth, Rad., 182.
Cullen, 2503, 3026.
Culmann, L., 2720.
Cumberland, Ruch., 985.
Curœus de la Chambre, 2266.

Curion, J., 2648, 2651.
Cuvier, C., 1952, 1956.
Cuvier, Fréd., 2200.
Cuvier, G., 2017, 2168, 2170, 2176, 2231, 2232, 2567.
Cyllenius, Don., 3480.

D

Dacier, M. et Mme, 517.
Dagoumer, G., 249.
Daléchamps, 2525, 2921.
Damascène, M., 2356.
Damp-Martin, 611.
Dancel, 2727.
Danet, G., 2837.
Danguin, X., 212.
Daniel, Le P. G., 145, 168.
Daremberg, Ch., 2259, 2343.
Darras, J., 1312.
Darteire, de. 3940.
Darwin, Ch., 406, 2187, 2188.
Daubenton, 3367.
Daubrée, A., 2028, 2036.
Daufrit, Th., 1479.
Daunou, 1139.
Dausquius, Cl., 1994.
Davaine, C., 2836.
Davaine, N., 1638.
Davelourt, 3560.
David, Arm., 2208.
David, Em., 3893.
David, L., 3873.
David, J. L. J., 3873.
Davila, 4072.
Davillier, 3906.
Davisius, Joan, 75.
Debonningue, A. A., 2755.
Deboze, F., 2950.
Dechales Milliet, 1315, 1425.
Dechambre, A., 2296.
Dechambre, M., 2460.
Deckers, F., 2402.
Degouy, R., 3590.
Dehaisnes, 3727.
Dehay, T., 1278.
Deidier, 1358, 1571.
Deimier, P. de, 1014.
Déjean, 3433, 3435.

Delaborde, H., 3828.
Delachambre, 396.
Delambre, 1286.
Delaplace, 14.
Delarue, F., 2872.
Delaurier, 1603.
Deleboe, Sylvius, 2404 à 2406.
Delcampe, 3626.
Delelevel, 317.
Delestré, Hug., 1235.
Delisle, L., 3852.
De los Huertos, M., 288.
Delpech, J., 2938.
Delrius, Mart., 3167, 3169.
Demachy, 3043.
Demangeon, J.-B., 2641.
Demmin, Aug., 3901.
Demours, 3637.
Denesle, 382, 386.
Denisotus, G., 2308.
Denonvilliers, C., 2942.
Deodatus, Al., 2394.
Deodatus, Cl., 2307.
Depaul, H., 2991.
Derham, 1927.
Derham, Guilb., 342.
Desargues, 3438, 3760.
Desault, 2446.
Desbois de Rochefort, 3031.
Descartes, R., 131 à 136, 138 à 142, 144 à 153, 671, 1411, 1420, 1421, 1524, 1608, 2321.
Des Champs, J., 247.
Deschard, A., 3582.
Des Cloizeaux, A., 2059.
Deseille, Ern., 3405.
Desessartz, Cav., 2416.
Deshais-Gendron, 2871.
Des Hatons, 619.
Deshayes, 1548.

Deshayes, G. P., 2230.
Deslandes, 18, 1540, 3578.
Desmaretz, J., 3632.
Desmars, 2003.
Despine, Prosper, 392, 678, 2860.
Despommiers, 3327.
Despretz, C., 1551.
Desprez de Saint-Savin, 3542.
Destutt-Tracy, 452 à 454.
Desvaux, A., 2085.
Develay, Em., 306.
Dewismes, Ad., 4075.
Dezallier d'Argenville, 2051.
Diderot, 2281.
Didot, F., 3696.
Digby, 3114. 3116.
Delichius, G., 3525.
Dilly, 400.
Dionis, 2536.
Diophantus, 1306.
Dioscoride, Ped., 3005, 3006, 3008, 3009, 3011, 3014, 3015.
Dittes, Fréd., 900.
Diurius, 2359.
Dodoens et Dodonœus, Rembert, 2108 à 2111, 2124, 3076.
Dogen, M., 3527.
Dolet, Stéph., 3575.
Domenech, Em., 3684.
Domergue, 2659.
Domptius, 3212.
Donaldsonus, 115, 1147.
Doneaud du Plan, A., 3583.
Donnat, L., 989.
Dormoy, Em., 2072, 2073.
Dornavius, G., 471.
Draper, J. W., 458.
Drouot, 2071.
Dublé, 2507.
Dubois, 2457.
Dubois, Ambr., 3865.
Du Bos, 3733.
Du Boscq, 822.
Duboys, P., 4, 112.
Dubrunfaut, 3429.
Dubry de Tiersant, 3035.
Dubuisson, 1452.
Dubus, 3988.
Du Chastelet, 1532.
Duchaussoy, H., 1633, 2728.

Duchenne, B., 2868,
Duchesne, aîné, 3899.
Duchesne, J.-B., 2147, 2148.
Duclos, 803.
Du Clos, Dom, 3088.
Du Fouilloux, Jacq., 3401.
Dufour, 389.
Dufour, Fr., 2640.
Du Four, Sylv., 3426.
Dugald Stewart, 21, 187, 581, 582.
Du Gardin, L., 2388.
Dugès, A., 2842.
Duguet, 1084.
Duhamel. 587, 1378.
Du Hamel, J.-B., 234, 236, 416.
Duhamel du Monceau, 3349, 3351, 3353.
Duhan, Laur., 243.
Duhil de Benazé, 3599.
Dulacq, 3562.
Dulos, P., 1741.
Dumarsais, 642, 689.
Duméril, C., 1962, 1963.
Du Mesnil-Marigny, 1175, 1233.
Du Molinet, Cl., 4061.
Du Moncel, 1600, 1601.
Dumont, Alb., 909, 3905.
Dumont-Courset, 3341.
Dumoulin, 2861.
Du Moulin, 3382.
Duns, Scot, 222.
Dupain, 3762.
Du Périer, 1048.
Duperron, de Castera, 1610, 1999.
Dupin, Ch., 1736.
Du Pinet, Ant., 1972.
Duplanil, J., 2517.
Dupleix, Scipion, 223, 314, 315, 806, 1521, 3147.
Duplessis, G., 752.
Du Pont, 1022.
Dupont de Nemours, 1160.
Dupuytren, 2560, 2941.
Durand, 2542, 3965, 3992.
Durand, C., 4026.
Du Refuge, 1098.
Durer, Alb., 3756, 3872.
Duret, 1558.
Duret, Cl., 1115.
Du Rouzé, 228.
Duruy, Albert., 905.

Du Souich, 2067.
Dussieux, L., 3907.
Du Temple, L., 461.
Dutemps du Cric, 3612.
Dutens, L., 305.
Du Torar, 1409.

Dutot, 1219, 1256.
Du Trieu, Ph., 295.
Du Triez, R., 3187.
Duval, 253.
Duval, Math., 2564.
Duverne, 3649.

E

Eloy, 2252.
Empédocle, 1845.
Emery, 3410.
Enaux, 2854.
Encelius, Christ., 2043.
Endrès, E.. 3454.
Eck, L., 3446, 3447.
Ens, Caspar, 726.
Epictète, 498 à 500, 502.
Epicure, 497.
Erasme, 94, 706 à 711, 1069.
Eraste, Ch, 1704.
Ermerins, Z., 2319.
Errard, J., 3521, 3523.
Esmarch, Fréd., 2976.
Espagnet, d', 1044.

Esper, Fréd., 2226.
Estienne, Ch., 3319.
Etex, Ant., 3750, 3751, 3864.
Ettmuller, Mich., 2748, 3049.
Euclide, 1383, 1386 à 1390, 1399, 1425.
Euler, Léonard, 1366, 1368, 1370, 1651,
    1656.
Eusèbe J. de Nuremberg, 413, 414, 1980.
Eustachius à Sancto-Paulo, 225.
Eusthatius, 480.
Everett, J. D., 1557.
Evonymus, 3105.
Eynatten, Max, ab, 3215.
Eyquem du Martineau, 1561.
Eyriès, Gust., 3892.

F

Faber, Hon., 2236.
Faber, Ph., 222.
Fabre, 2294, 2881, 2885.
Fabrette, Raph., 4011.
Fabricius, J. A., 2001.
Falconnet, Et, 3891.
Falret, J. P., 2858.
Fano, 2875.
Faraday, 3636.
Faret, 809, 812.
Farret, Et., 3584, 3588, 3601.
Farrus, J., 1712.
Fauchard, P., 2834.
Faujas de St-Fond, 2011, 2080.
Faure, R., 2817.
Fauveau, G., 1220.
Faye, 3157.
Faye, H., 1788.
Feltz, A., 2775.
Fénelon, de, 166, 167, 320, 340, 922, 924,
    1002.

Fer, de, 3534.
Férapie-Dufieu, 1543.
Ferdinando ab Efferen, 968.
Ferey, 1031.
Ferguson, Adam, 938.
Ferne, 2262 à 2264.
Ferrarius, Oct., 3653.
Ferriol, P., 2346.
Ferron, 3548.
Ferry de Saint-Constant, 2243.
Fessard, 3885.
Feuillet, 4023.
Fétis, F. J., 4099.
Ficin, Marsile, 43, 78, 105, 106.
Fichte, 570.
Fierbertus, Nic., 588.
Figuier, Louis, 2031, 2190, 2191.
Filassier, 697, 920.
Filesacus, 3168.
Finæus, Or., 1346.
Fiorenza, Fr., 3526.

Firmicus Maternus, 1768.
Fischbach, de, 1418.
Fischer, Frid., 51.
Fischer, G., 1732, 1733.
Fitz-Adam, 577, 578.
Fizes, 2809.
Flament, 2657.
Flammarion, C., 1836.
Flandin, E., 3996.
Fleuriot de Langle. A., 1631.
Fleury, Cl., 622, 813.
Fleury, L., 2464.
Fleury de Bellingon, 731.
Floquet, A., 3449.
Florent-le-Comte, 3729.
Florent-Lefebvre, 1011, 1012.
Fleidd, Rob., 3109, 3171.
Flussas-Condalla, 1388.
Focillon, Ad., 1289.
Fodéré, Emm., 2788, 3122.
Foë, Daniel, de, 3225.
Folard, de, 3497.
Follin, E., 2717.
Fonseca, P., 285.
Fonssagrives, J. B., 2685, 2686, 2820.
Fontan, J., 2827.
Fontainus, J., 2383.
Fontenelle, de, 1810, 1812, 1813.
Forbonnais, 1161.
Forestus, P., 2386, 2387.
Forget, 2457.
Formey, 177, 465, 530, 630, 631, 700.
Fornier, R., 371.
Forstnerus, C., 967.
Forthomme, C., 1699.
Fortin, 810.
Fortin, F., 3398.
Fortin de la Hoguette, 977.

Foster, 2629.
Foucaux, Ed., 3635.
Fouquet, Mᵐᵉ, 3115.
Fourcroy, de, 1674.
Fournen, Jac., 108.
Fournié, Ed., 2273.
Fournier, 1399, 3687, 3693, 3823.
Foxius, Seb., 49, 55, 992.
Fracastor, J., 2880.
France, Anat., 2081.
Franck, J. P., 2519
Francœur, L. B., 1341, 2039, 3748, 4130.
François, R., 4143 à 4145.
Franck, Ad., 30.
Franck, P., 2759.
Franklin, Benjamin, 1161, 1216.
Franklin, Alf., 3854.
Franzius, Wol, 2161.
Frary, Raoul, 908.
Fréard de Chambray, 3932.
Frédéric II, 519, 1089.
Frégier, A., 3302.
Freind, J., 2249.
Frémy, 1683 à 1685.
Fresenius, R., 1700.
Fréville, Em. de, 1269.
Freycinet, Ch. de, 2703 à 2705.
Frezier, 3439.
Fritach, Ad., 3524.
Froben, Lud., 1397.
Fromond, Lib., 1620, 1642, 1805.
Frontinus, J., 3466.
Fuchsius, L., 2106, 2742.
Fulgose ou Frégose, 585.
Fuller, Th., 3051.
Fumanellus, Ant., 2374.
Funccius, Nic., 870.
Fuochs, Léon, 2122.

G

Gadroys, 1809.
Gaffarel, J., 3276.
Gaigneron, A., 2982.
Gaignier, P., 1528.
Gailhabaud, 3993, 3994.
Gale, Th., 82.
Galiani, 1164.

Galien, 2311, 2321 à 2323, 2325 à 2336,
  2525, 2799.
Galilée, 1800.
Galin, P., 4117.
Gall, 2641, 2654.
Gallo, Aug., 3317.
Gallutius, 483.

Galtruchius, P., 231.
Galuski, Ch., 3157.
Ganilh, 1153.
Ganivetus, 2263.
Garcæus, J., 3271.
Garcia ab Horto, 3075.
Gardien, 2985.
Gardin, L. du, 2803.
Gardiner, 1455.
Garnaud, 3979.
Garnault, H., 1639.
Garnier, 891, 4047.
Garnier, Ad., 460.
Garnier, F., 2015.
Garnier, J. G., 1487.
Garrault, Fr., 1199.
Garsault, A., de, 3138.
Gasparin, de, 334.
Gassendi, Pet., 154, 1524.
Gastellier, 2502.
Gatakerus, 520.
Gatteaux, E., 3862, 3865.
Gau, F. C., 4000.
Gaubius, Lar., 3053.
Gaudry, Alb., 2037.
Gauger, 1577.
Gault de Saint-Germain, 3768, 3781.
Gauricus, Luc., 3268.
Gautier, 1650, 2538, 3557.
Gautier, L., 1700.
Gautier, Th., 3721.
Gaya, de 3494, 3556.
Gaza, Th., 527, 2102, 2155.
Geiger, M., 2832.
Gelée, A., 3862.
Gelée, Th., 2532.
Gemma, Corn., 3148.
Gemma Frisius, 1458.
Genest, 377.
Genlis, de Mme, 3334.
Gennete, 1579.
Geoffroy, 2221, 3024.
Geoffroy Saint-Hilaire, 2200, 2201.
Geoffroy Saint-Hilaire, Isid., 2635.
Georges, P., 1916.
Gérando, de, 20, 29, 307, 455, 931.
Gérard, de, 237.
Gérardin, S., 2085.
Gerasinus, N., 1343.
Gerbert, Mart., 4140.

Gerdil, 178.
Gerdy, P. N., 2596, 2954, 2955.
Germain, Cl., 3065.
Germain de Saint-Pierre, 2086.
Germain, Jean, 2924.
Gerspach, 3786.
Gervais, P., 2186, 2234, 2558.
Gesner, C., 2159, 2203, 2204.
Gesnerus, M., 3332.
Gigli, Gir., 4132.
Ginestou, 2029, 2030.
Girard, 1064, 3831.
Girard, J., 1912, 2033.
Girardin, J., 1681.
Giraudeau de Saint-Gervais, 2899.
Giraud-Soulavie, 2009.
Giraud-Teulon, F., 2874.
Girin, J., 2684.
Gheyn, J., 3456.
Glissonius, F., 2579.
Gmelin, L., 1693.
Gobart, L., 1568.
Gobinau, de, 2185.
Godart, Pierre, 235.
Goedart, Jean, 2217, 2223.
Golefer, de, 122.
Golnitz, Alb., 1053.
Gomberville, de, 3811, 3812.
Gondareau, C., 2519, 2759.
Gordonius, B., 2375.
Gorrœus, J., 2304, 2385.
Goulon, 3544.
Goupil, A., 2494.
Gouraud, H., 2451, 2455, 2456.
Goussault, l'abbé, 817.
Graaf, Reg., de, 2401.
Gracchus, S., 2377.
Gracian, Balth., 593, 594.
Grammaticus, Jean, 262, 263, 365, 1506, 1507.
Grandamy, Jac., 1806, 1827.
Grandmoujin, 4047.
Grangent, 4026.
Gratry, 357.
Graves, J., 2771, 2776,
Gréard, Oct., 911 à 914.
Gregorius, Mich., 3279.
Gregorius, P., 996.
Grenser, W. L., 2989.
Grevin, J., 2907.

Grew, 2087.
Griendelius, Fr., 1905.
Grignon, 3648.
Grise, de, 1032.
Grisolle, A., 2715, 2719.
Grison, Fréd., 3622.
Grivel, 3613.
Gruyer, G., 3872.
Grollier de Servières, 1636, 1941.
Gua de Malves, de, 1421.
Guastavanus, J., 311.
Guazzo, Est., 584.
Gubler, A., 2762.
Gueneau de Mussy, Noël, 2777.
Guer, J. A. 2000.
Guérard de Roully, 1140.
Guéret, 7.
Guesnon, A., 3928, 3929.
Gueudeville, de, 828, 1006.

Guevare, Ant. de, 1032, 1037.
Guibelet, J., 412.
Guibert, Phil., 2506.
Guibourt, G., 3084.
Guidonius, 544.
Guilelmus Hirsaugiensis, 1790.
Guillaumin, 1267.
Guillemeau, 2317.
Guillemeau, J., 2923.
Guillet, 3460.
Guillié, 928.
Guillon, G., 2844.
Guyau, 583, 1198.
Guynaud, 3287
Guyon, L., 2400, 2439.
Guyot, Yves, 1177.
Guyot. 1944.
Guyton de Morveau, 889.

H

Hachette, M., 1750.
Hadrianius, Em., 4104.
Haectanus, L., 3791.
Haen, Ant., de, 2415.
Haguenot, Dem., 2848.
Hales, E., 3637.
Halévy, L., 3864.
Hall, J., 650.
Haller, de, 2254.
Haller, Alb., 2583.
Hallier, Franc., 289.
Hamel, J. R., de, 157, 159.
Hamilton, 209, 2009.
Hancarville, 3712.
Hangest, Hier., de, 273, 330, 1303.
Hankel, Herm., 1445.
Hanriot, N., 1691.
Hanzelet, 3573.
Harel, Elie, 256.
Harduin de Péréfixe, 1058.
Hardy, A., 2716, 2774, 2781.
Harvœus, G., 2530, 2621.
Hartmann, J., 1666, 2496, 2497.
Hatsfer, Fr., 3360.
Haton de la Goupillière, 1752.
Haudiquer de Blancourt, 3640.
Hausser, E., 3408.

Hauy, 2054.
Hauzeur, 3221.
Havard, H., 3773,
Havet, Em., 646.
Hayem, G., 2465.
Hayer, Hub., 387.
Hébert, 3533.
Hecquet, Ph., 2270,2271,3003,3004, 3092.
Hecquetius, 550.
Hédelin, F., 3219.
Heers, Fr. ab., 3090, 3096.
Hegel, 359.
Heinlein, Henr., 737.
Heinsius, Dan., 482.
Hélart, J., 3869.
Helbig, J., 4052.
Hélie, 3550.
Helmholtz, H., 2876.
Helvetius, 441, 449, 2512.
Hémery, d', 4146.
Hemsterhuis, Fr., 199.
Hennebert, 785, 786.
Henneguy, F., 2631.
Hennin, 3722.
Hennique, A., 3409.
Henrion, D., 1391, 1478, 1484, 1804, 1933, 1935.

Heresbachius, 3316.
Héricourt, d', 3501.
Héron, 1645.
Herpin, Th., 2857.
Hervas y Panduro, 930.
Herpieux de Chanteloup, 2206.
Hétet, Fréd., 1687.
Heurnius, Oth., 3.
Heuzet, Jean, 850.
Hevelius, J., 1828.
Hiéroclès, 38, 39, 337.
Hieronymus ab Hangesto, 551.
Hieronymus D., 3853.
Hippeau, C., 903.
Hippocrate, 2298, 2300 à 2302, 2303 à
    2321, 2799, 2917.
Hirn, G., A., 1584.
Hobbes, Th., 448, 975, 976.
Hocquet, A., 3516.
Hœdus, P., 548.
Hoefer, Ferd., 1290, 1497, 1764, 1958,
    2171, 3158.
Hocken Haffen, J., 554.
Hoeschelius, D., 3800.
Horus, Apollo, et Orus, 3799, 3800.
Hoffmann, F., 3092.
Hogarth, G., 466.
Hollerius, J., 2334, 2745.
Hollyngius, Edm., 3040.
Home, 2502, 3638.

Hornius, Oth., 5.
Hortensius. 2388.
Hortinus, Rosc., 3843.
Houdiard, B., 1361.
Houel, 2560, 2563.
Hourcastremé, 257.
Houssaye, Ars., 3769.
Houzé de l'Aulnoit, 3830.
Hoyle, Ed., 3634.
Huarte, J., 407, 409, 421.
Huber, 4148.
Hubsch, 3941.
Huet, Dan., 160, 162, 163, 430, 1265.
Hufeland, G., 2505.
Hugenius, Chr., 1919.
Hughens, 1811, 1814.
Hughes, W., 3636.
Hugo, Herm., 3489, 3665.
Hugo, Léop., 2234.
Humbolt, Al., de, 3157, 3158.
Hume, 181, 353, 984, 1161.
Hunnæus, Aug., 287.
Hunter, J., 2884.
Hurtado de Mendoza, 221,
Husson, Arm., 2702.
Husson, Ch., 2687.
Hutet, Grég., 3849.
Hutten, de, 1090.
Huxham, J., 2418.

I

Idjiez, Vict., 2645.
Iglesias, F. Hernandez, 596.
Ingres, J. A., 3863.

Irvinus, Al., 999.
Issaurat, C., 884.

J

Jacchimus, 2348.
Jacob, 2553·
Jacobus, 2345.
Jaccoud, S., 2297, 2718, 2771, 2773,
    2776.
Jacobus à Bruck, 3804.
Jacquin, 2666.
Jacquinot, Dom., 1837, 1850.
Jacquot, E., 2070.
Jamblique, 82.

Jamin, Z., 1554 à 1566.
Janet, Paul, 28, 202, 260, 391.
Jansen, H., 3824.
Jars, G., 2064.
Jaubert, 2140, 3297.
Jault, F., 2418 bis.
Javellus, Chrys., 266, 484, 485.
Jay, 2060.
Jeanmaire, Ch., 215, 648.
Jean-Marie, 732.

Jeannel, 2463.
Jeaurat, E. S., 3761.
Jégou, F., 3607.
Jenty, Nic., 2624.
Jessenius, 2802.
Joachim, 3282.
Joannes à Jesu Maria, 1043.
Joannès Milanensis, 2652.
Joannitius, 2360.
Jobert de Lamballe, A. J., 2972.
Joigneaux, P., 3339.
Joncourt, de, 1178.
Jonston, Joh., 1979, 2162.
Josse, H., 3685,
Joubert, F. E., 3855.
Joubert, Laur., 2483.
Jouffroy, Th. 194, 203, 204, 582.

Joulie, H., 3348.
Joulin, 2988.
Jourdain, Ch., 70, 258, 308.
Jourdan, C. L., 2593, 2594.
Jourdan, J, L., 2496, 2497, 2505.
Jouvin, 1311.
Jove, Paul, 2212.
Jubinal, Ach., 3920.
Julianus, P., 224.
Julien, 519.
Julien, B., 210, 4113.
Jullien, C. E., 1751.
Juncken, H., 1669.
Junius, Fr., 3764.
Jurain, 304.
Jurien de la Gravière, 3598.
Jussieu, de, 2139.

K

Kant, Emm., 192.
Karstenius, 1503.
Keckermann, Barth., 116.
Kenelmus, 3113.
Keranflech, de, 445.
Kératry, H., 645, 2638.
Kircher, Ath., 1588 à 1590, 1609, 1808,
  1995, 2805, 3661, 3999, 4106, 4107.

Knip, 2210.
Kolliker, Alb., 2632.
Kornmann, H., 2634.
Krafft, 3437.
Kruuss, J., 1054.
Kunckel, 3641.
Kyber, D., 2082.

L

La Bêche, de, 2020.
La Berge, L. de, 2518.
Labey, J.-B., 1368.
Laborde, de, 4025.
Laboulaye, Ch., 3300.
Laboure, 677.
La Brosse, de, 586.
Labrouste, 3985.
La Bruyère, 492, 496.
La Caille, de, 1338, 1727, 1730, 1731,
  1782, 1910.
La Case, de, 587, 589.
Lacaze-Duthiers, 2227.
Lacépède, de, 1981, 2184.
Lachaise, C., 2726.
La Chambre, de, 374, 617, 669, 1997.
La Chapelle, de, 1428, 4147.

La Chastre, R. de, 1664.
La Chauvinière, de, 3570.
La Chenaye-des-Bois, de, 2154, 3461.
Lackerbauer, 2576.
Lacombe, J., 3704.
Lacombe, P., 4119.
La Coste, 4126.
Lacour A., 3586.
Lacroix, 640.
Lacroix, J. F., 1374, 1375, 1430, 1431,
  1436.
Lacroix, Paul, 3720.
Laennec, H., 2739.
La Faye, G. de, 2931, 2939.
La Feillée, de, 4138.
La Folie, Ch. J., 4027.
Lafont-Poulote, de, 3366.

La Fontaine, de, 1402, 3532.
La Forge, L. de, 149, 186.
Lafosse, 3140.
La Framboisière, de, 2379, 2380.
La Fuente, Gasp. de, 290.
Lagny, de, 1936.
Lagouas, V., 2939.
La Gournerie, de, 1437.
Lagout, Ed., 1291.
La Grange, 99.
La Grange, de, 1524.
La Guérinière, de, 3627, 3628.
La Hire, Ph. de, 1403, 1463, 1872, 1922.
La Houssaye Amelot, de, 680, 694.
Laisné, 3124.
La Lande, Jér. de, 1763, 1783, 1784, 1885 à 1887.
Lallemand, F., 2571.
Lalouette, P., 2831.
La Madelaine, de, 4037, 4118.
Lambert, 511, 1189.
Lambert, de, 830.
Lamarck, de, 2126.
Lamelin, Eug., 2653.
La Ménardaye, N. de, 3226.
La Mennais, F. de, 1028.
Lamerville, de, 1218.
La Mettrie, de, 175, 2253.
Lamoignon-Malesherbes, 1985.
Lamont, de, 2509, 2510.
La Motte, de, 4128.
Lamperière, J. de, 2804.
Lamy, le P. Bernard, 1323, 1327, 1328.
Lamy, J. F., 1495.
Lamy, Oct., 3407.
Lance, Ad., 3942.
Lancereaux, 2576.
Lancisius, J. M., 2062.
Lancre, P. de, 1045, 3210, 3216.
Landre-Beauvais, A. J., 2737.
Lange, 393.
Langlois, 3400.
Langlois, E. H., 3667, 3851.
Lanessan, de, 2101, 2466.
La Nourais, de, 1279.
Lansberg, Ph., 1869.
La Place, de, 688, 1320, 1321, 1819.
La Planche, de, 3597.
La Pierre, J. de, 791.
La Porte, de, 3767.

Lapparent, A. de, 2038.
La Primaudaye, P. de, 610.
La Quintinye, de, 3372, 3391.
La Ramée, de, 3469.
Larcher, Noël, 1881.
La Rivière, de, 3381.
La Roche, de, 741, 744.
La Rochefoucault, de, 741, 744.
Laromiguière, 457.
Larrey, J., 2981.
Las, de, 2100.
La Serre, de, 1101.
Lassis, 2790.
Lassus, 2932.
Lasteyrie, de, 4067.
Lastres, J. Juiz, 1250.
Latour, Ant., 2713, 2714.
Laugier, G., 3962.
Laugier, M., 2209.
Launay, de, 293.
Launay, le P. de, 1815.
Launay, Pompéio de, 4007.
Launoy, J., 68.
Laurent, 4056.
Laurent, H., 1381, 1742, 4063.
Laurentius, And., 2528.
Lauret, Ch., 1775.
Laurillard, 2177.
La Valière, 3492.
Lavater, G., 2643, 3266.
Lavelan, A., 2793.
Lavoisier, 1161, 1675.
Lavoisier, A. L., 1716.
Lavoisien, J. Fr., 2284.
Lavoix, H., 4101.
Law, 1219.
Lazerme, J., 2846.
Lebaudy, 2451, 2455, 2456.
Lebeau, 1817.
Le Bègue de Presle, 2665.
Leberthais, C., 3921, 3922.
Lebeuf, 4137.
Le Blanc, 3658.
Le Blanc, F., 2762.
Le Blanc, Richard, 545, 1519, 2366.
Le Blond, 3543, 3546.
Le Bois des Guays, 836.
Lebrun, 3858.
Le Brun, P., 3243, 3244.
Le Camus, 2753.

Le Cat, 676.
Lecat, 2613.
Lecerf, H., 1946.
Lecieux, 3124.
Leclerc, 2510, 2511, 2925.
Le Clerc, D., 2250.
Le Clerc, S., 1424.
Lecocq de Boisbaudran, 1613, 3752.
Le Crom, 2980.
Leczinski, Stan., 179.
Ledran, 2958, 2968.
Lefebure de Fourcy, 1435.
Lefebvre, 736.
Lefebvre, André, 211, 2196.
Lefebvre Villebrune, 500.
Le Fèvre, 1668.
Lefort, Léon, 2260.
Le François, 2269.
Le Gall, 2141.
Le Gallois, 2616.
Le Gendre, F., 1354, 1372.
Le Gendre, G., 428.
Legouest, L., 2977.
Le Grand, Ant., 670.
Legrand du Saule, 3131.
Le Héricher, 4040.
Leibnitz, 180, 305, 341.
Lejeune, Th., 3784.
Lejuste, L., 3967.
Le Large de Lignac, 1984.
Le Lorrain de Vallemont, 3241, 3246.
Le Loyer, P., 3205.
Lemaout, 2233.
Le Maistre de Sacy, 657.
Le Maitre de Claville, 464.
Lembergius, 2479.
Le Mercier de la Rivière, 937.
Lemercier, G., 2580.
Lemery, L., 3413.
Lemery, Nic., 1670, 3055.
Lemnius, Lev., 3144, 3145.
Lemonnier, P., 252.
Le Moyne, 824.
Lenglet, E., G., 2012.
Lenglet-Dufresnoy, 3227, 3228.
Le Noble, 819.
Lenoir, A., 2993.
Lenoir, Alex., 3714, 3715, 3724, 3894, 4050.
Lenormant, Fr., 3182.

Lenormant, Ch., 4002.
Lentulus, Cyr., 1001.
Léo, André, 1144.
Léonard de Vinci, 3771.
Léonardus, C., 2047.
Léonicenus, L., 2354.
Lepecq de la Cloture, 2786.
Le Pelletier de Saint Rémy, 3431.
Lephay, A., 1575.
Le Pippre, Ant., 808.
Le Prince de Beaumont, Mme, 855, 925.
Lerminier, 2765.
Leroux, 2448.
Leroux de Lincy, 751, 4038.
Le Roy, 3579, 3604.
Leroy, C. F. A., 1443, 1444.
Le Roy, dit Regius, 367.
Le Roy, Loys, 48, 333, 939, 941, 942.
Leroy d'Etiolles, 2973.
Le Roy, Fr., 286.
Lesage, A., 2493.
L'Escalopier, Ch., de, 3735.
Lescan, J. F., 1432.
Lescot, 3612.
L'Esleu-Macault, 708.
L'Espinasse, de, 158.
Lestiboudois, Th., 2090.
Lestiboudois, F. J., 2135.
Lesueur, O., 3130, 3986.
Létang, 3518.
Letarouilly, 4035.
Le Tort, Fr., 509.
Letourneau, Ch., 405, 2178, 2189, 2195.
Le Trosne, 1228.
Leu, Th., de, 3845.
Levacher de la Feutrie, 2866.
Le Vasseur, 2088.
Leveillé, F., 2934.
Levêque, Ch.. 31, 467.
Leveson, C· de, 873.
Levesque de Burigny, 13.
Levinus Lemnius, 2371.
Le Virloys, R., 4020.
Levita, Is., 1518.
Lévy, Michel, 2675.
Leydecker, Melch., 1004.
L'Hospital, 1417.
Liagre, J., 2035.
Liard, L., 329.
Libavius, And., 117, 1707.

Libes, Ant., 1550.
Licetus, Fort., 128 à 130, 372, 2682.
Licht, Fr. de, 560.
Liébaut, J., 3107, 3319.
Liebig, J., 1695.
Lieutaud, 1878, 1879, 2751.
Lidous, 2281.
Liger, L., 3377, 3304, 3385.
Lignac, de, 442.
Limbourg, Ph. de, 3098.
Linas, Ch. de 3743, 3908 à 3917, 4081.
Lind, 2822.
Linguet, 1137.
Linnée, C., 2097 à 2099.
Lipse, Juste, 96, 659, 959, 3472.
Lipstorpius, Dan., 1523.
Lister, Mart., 3415.
Littré, E., 201, 202, 2295, 2301, 2594.
Lobb, Th., 2865.
Lobel, de, 2125.
Locke, 169, 434 à 436, 865, 883, 934.
Loiseleur Deslongchamps, 2089.
Lombard, A., 2970.
Lommius, J., 2707, 2708.
Londe, Ch., 2669, 2670.
Longet, F. A., 2595.

Longpérier, Ad, de, 4072.
Linocerus, Ad., 1978.
Lorain, P., 2778.
Loriot, Fr., 754.
Loriquet, H., 3930.
L'Orne, P. de, 3952, 3953, 4049.
Lostalot, A. de, 3830.
Lower, Rich., 2614.
Lubbock, John, 2192.
Lubert, de, 793.
Lubienietz, St., 1826.
Luc, A. de, 1625, 1626, 2008.
Lucas, 3099.
Lucas, Fr., 1640.
Lucas, H., 2055.
Ludewig, de, 1080.
Lufneu, Jac., 342.
Lugol, 2892.
Luisinus, Al., 2879.
Lulle, R., 1705, 1714.
Lully, de, 4123 à 4125.
Lutaud, 2498.
Lycosthènes, Conr., 720.
Lydius, Jac., 3496.
Lyell, Ch., 2029, 2030.

M

Mably, 935.
Macer, Æmilius, 3077.
Machiavel, Nic., 1057, 1075, 1078, 1079, 1124, 1127, 1128, 3483, 3491.
Mackensie, 2664.
Macquart, J., 2142.
Macquer, 1673.
Magendie, Fr., 2592.
Maggius, B., 2966.
Magnitot, de, 1242, 1243.
Maignan, le P., 1524.
Maine de Biran, 195.
Malebranche, 318, 352, 417 à 420, 620, 621.
Malezier, de, 1419.
Malgaine, 2964.
Malherbe, Franc. de, 101.
Mallare, Ern., 2061.
Mallet, 3998.

Malon, de, 2783.
Malon, O., 3123.
Malonoxius, 1829.
Malthus, 1159, 1188, 3493.
Muluzzi, 1054.
Manardus, J., 2368.
Mandar, 3977.
Manesson Mallet, 1412, 3495.
Maney, 358.
Manilius, 1768.
Mannory, G., de, 593.
Mansion, P., 1379.
Mantuanus, J.-B., 543.
Maraldi, 1880, 1883, 1884.
Marandé, de, 229, 230.
Marat, 1596.
Marbodœus, 2041, 2042,
Marc-Aurèle, Antonin, 514 à 517, 519, 520.

Marcellus, 3071.
Marchal, 3581, 3605, 3609.
Marchand, J.-H., 1381.
Marconnay, de, 2412.
Marcouville, J. de, 951.
Marez, E.-J., 2275, 3699.
Mariana, J., 1039.
Marie, Max., 1292, 1377.
Marion, H., 213, 647.
Mariotte, 1564.
Mariette, 3960.
Mariette, P.-J., 3898.
Mariette Bey, 4004.
Marius, Jean, 2202.
Marjolin, J. N., 2551.
Marmottan, P., 3777.
Marnix, Jean, de, 971, 1117.
Marolles, Mich, de, 3850.
Marolois, Samuel, 1307, 1393, 3522.
Marques, Juan, 960.
Marselaer, de, 1106, 1108, 1109.
Martelet, E., 1443.
Martin, 2807.
Martin, Benj., 250.
Martin, Ern., 2636.
Martin, Jac., 62, 3946.
Martin Lauzer, A., 2462.
Martinez, Jus., 3783.
Martinez y Regnera, 1990.
Martinus Magister, 279, 653.
Mary du Moulin, 126.
Mascart, E., 1606.
Masclef, A., 1991.
Masius D. D., 64.
Masey, Ed., 940.
Massière, 1573.
Masson, J.-B., 1470.
Mastrillo, Don Garcia, 1907.
Mathias de Gratia, 979.
Matter, Jacq., 22.
Matthiole, André,P.,3008,3010,3011,3014, 3015.
Maupertuis, de, 176, 1781, 1830.
Maurice, comte de Saxe, 3503.
Maurolycus, Fr., 1301.
Maxime de Tyr., 72, 73, 74.
Maygrier, J. P., 2550, 2986.
Mazias, 1335.
Mazet, 2813.
Mead, 2514.

Médine, P. de, 3593, 3594.
Méhégan, 3722.
Meibomius, H,, 3425.
Meignan, 361.
Meisnerus, Euseb., 1096.
Melon, 1219, 1257.
Menagius, Ægid., 10.
Mendoce, B. de, 3484. 3485.
Meneudez de la Pola, 1192.
Menestrier, F., 3236, 3237, 3239.
Mengs, A. R., 3734.
Mengus,'H., 3196.
Menjaud, 2772.
Mennens, G., 3146.
Menochius, Steph., 963.
Menoy, de, 3624.
Mercati, Mich., 2062.
Mercier, 569,
Mercier, Aug., 2460.
Mercure Trismégiste, 33.
Mercy, de, 2313, 2315, 2316, 2318.
Mérian, 2219.
Merret, 3641.
Mersenne, 4105.
Merula, P., 1799.
Mesue, 3036.
Mesue, J., 2370.
Metius, Adr,, 1776.
Meurier, Gab., 713.
Meursius, J., 666.
Meyboom, L., 199.
Meynier, Hon., 1353.
Meyseroy, de, 2698.
Mialhe, 2620.
Miel, 4087.
Michaëlis, J. D., 568.
Michaelis, S., 3184.
Michelet, J., 835.
Middendorpius, J., 859.
Miguel, M., 2450.
Milichius, J., 1971.
Millet, A., 3068.
Milliu, A. L., 3707.
Milne-Edwards, 2169, 2568.
Mindererus, R., 3078.
Minos, Cl., 3790, 3792.
Mirabaud, M., 349.
Mirabeau, de, 1181, 1182, 1208, 1225.
Mirandulanus, Bern., 278.
Mirandulus, B., 107.

Mitelli, Ag., 3981.
Mizaldus. Ant., 1821, 2130, 2376, 3370.
Mocenius, Ph., 111.
Modelius, Melch., 3846.
Mogin, 3668.
Moigno, 1583, 1614, 1913, 3671.
Moitoiret de Blainville, 1466, 1467.
Molinos, 3442, 3443.
Moll., L., 3336.
Molta Maia, 2261.
Monardes, 2247.
Monatholius, H., 1720.
Moncrif, de, 818.
Moncurtius, Ægid., 114.
Monfort. Grat., 66.
Monier, P., 3710.
Monier de Claire-Combe, 1357.
Monneret, Ed., 2518.
Monod, J., 1577.
Monod, Ch., 2678.
Monro, 2904.
Mons, J. de, 3166.
Montaigne, de, 597 à 602.
Montanus, J.-B., 2331.
Montanus, Fr., 2160.
Monte Regio, Joan, de, 1867.
Montesquieu, 1134.
Montfaucon, de, 4021.
Montgommery, L. de, 3487.
Monthyon, 1164.
Montméja, A. de, 2774.
Montucla, J. F., 1283, 1288.

Mony, S., 1194.
Mopha, G., 857.
Moquin-Tandon, 2172.
Morand, 1493.
Moreau, 1088.
Moreau, Christophe, 1247.
Moreau, L., 2421.
Morellet, 4034.
Morelli, 868.
Morellius Tillianus, 1.
Morellus, P., 3047, 3189.
Morestellus, P., 1711.
Morin, A., 1739, 4122.
Mortillet, G., de, 2198.
Morus, Mich., 339.
Morus, Th., 1006.
Motais, 2604.
Motta Maia, 2606.
Mouchembert, de, 966, 3457.
Mouchot, A., 1587.
Mouret, 4127, 4131.
Mourgues, Mich., 12.
Mouronval, J., 2792, 2892.
Moxius, Raph., 3000.
Mundella, Al., 2264.
Mueller, 2594.
Munster, S., 1914.
Muntingius, Abrah., 2129.
Muntz, Eug., 3918, 3925.
Musa, Ant., 3072, 3073.
Mydorge, Cl., 1396, 1933, 1935.
  Al. 1 Août.

L

Nachet, J., 1026.
Nadaillac, de, 2197.
Nægele, H. F., 2989.
Nancelius, Nic., 2199.
Napias, H., 2677.
Napoléon, le Prince, 4080.
Naquet, A., 1691.
Narjoux, F., 3943.
Natoire, 3885.
Nauche, 2840.
Naudé, G., 1131, 3173.
Nausea, Fred., 1892.
Nautonier, G., de, 1482.
Naveau, J.-B., 1205.

Naville, 1239.
Neander, Mich., 716, 1490.
Necker, 1164, 1217, 1223.
Needam, 1908.
Needam, Pet., 494.
Nélaton, A., 2946.
Neper, J., 1446, 1447.
Nepveu, G., 2838, 2903, 2995.
Neri, Ant., 3639, 3641.
Nervius, L. F., 1797.
Neufforge, de, 3963.
Neuvéglise, de, 1326.
Newton, Is., 171, 1316, 1318, 1646, 1647,
  1906.

Neymarck, Alf., **1222.**
Niceron, F., 1900.
Nicolaï, Joh., 3666.
Nicolas, 2787.
Nicolaus, J., 3990.
Nicole, 1073.
Nicolès, 935.
Nicollet, 1861.
Nider, J., 3195, 3201.
Niemeyer, 2720.
Ninavid, 3213.
Niphus, Aug., 462, 2369.
Nirmutanus, Ch., 4091.
Nitschius, Frid., 2688.
Nivers, 4136.

Noble, (Le), 9.
Norblin, 8868.
Noël, Eug., 2153.
Noël, Fr., 1938.
Nolen, Désiré, 328.
Nollet, 1530, 1546, 1593, 1595, 1652.
Nolli, G., 4019.
Noodt, 1024.
Normand, 3749.
Normand, J. A., 1753.
Nostradamus, Michel, 3284 à 3287.
Noverre, 3619.
Nymmant, Grég., 2828.
Nysten, P. H., 2287, 2293, 2295, **2504.**

O

Ocellus, L., 155.
Orantius, Fineus, 1793.
Orbigny, C., d', 1957.
Oré, 2463.
Orellius, Conr., 748.
Orfila, P., 1694, 2563, 2908, 2909, 3128 à 3130.
Oribase, 2343, 2353.
O'Kéan, 3099.
O'Kelly de Galway, 3817.
Olivet, d', 87, 90, 91, 172, 429, 529.
Olry, A., 2077.
Omphalius, J., 954, 1029.

Onglée, Th., d', 2487.
Onosander, 3470, 3473.
Opsopæus, 3283.
Orsel, V., 3877.
Orti y Lara Juan, 362.
Ortolan, J. A., 3651.
Osorius, 1033, 1091.
Oudart, C., 1401.
Oustalet, E., 2208.
Ozanam, 1280, 1325, 1406, 1410, 1414, 1416, 1425, 1451, 1485, 1486, 1726, 1921, 1928, 1937, 1942, 3536, 3537.

P

Pacini Filippo, 2794.
Pacius, J., 410.
Paepp, J., 410.
Pagan, de, 3533.
Pages, 3172.
Pagès, A., 2841, 2842.
Pagesy de Bourdeliac, 3505.
Paignon-Dijonval, 3745.
Paillart, C., 1754.
Paillet de Montabert. 3782.
Palassou, 1989.
Palazzo Cosentin, 957.
Palissy, Bernard, 2080, 2081.

Palladius, 2808.
Palteau, 3361.
Palustre, Léon, 4057.
Papillon, F., 31.
Papillon, J. M., 3822.
Para, 326, 1547.
Paracelse, Th., 1703.
Paradin, Cl., 3794 à 3798.
Pardies, 397, 399, 402, 1404, 1415.
Paré, Ambr., 2919, 2920.
Parent Duchastelet, 1248, 2671, 2672.
Parfait, Th., 3589.
Paris, Arm., 3602.

Paris, Ant., de, 756.
Paris. L., 3922,
Pariset, 2813.
Parrain, J., B^{on} des Coutures, 764.
Parruel, Et., 3726.
Parrot, J., 2780.
Paruta, P., 586, 1016.
Pascal, 646, 767, 1560.
Paschalius, Car., 651, 1104.
Pasteur, 3427.
Pathault, L., 3069.
Patin, Ch., 2065.
Patricius Senensis, 947.
Patricius, Fr., 218.
Patrizi, Fr., 3482.
Paucton, 1492.
Paulet, 2439.
Paulian, H., 1499, 1731.
Pauly, Ch., 2729.
Pauw, Corn,, de, 2165.
Pavari, de, 3623.
Payen, 1686.
Payer, J.-B., 2005
Paz, Abdon., de, 1214.
Péan, 2947.
Péclet, E., 1585.
Pecquet, 1134.
Pélerin, 4045.
Peletarius, J., 1299, 4332.
Pelissery, de, 1061.
Pelletan, P., 1661.
Pelouze, 1683 à 1685.
Pepagomenus, 2864.
Percier, 3987.
Perdulcis, Barth., 2392.
Peregrinus, Const., 728.
Pérère, Eug., 1456.
Pererius, B., 1520. 3164, 3165.
Pérez, Bern., 885, 886.
Perionius, J., 265, 277.
Pernetti, J., 3262.
Perral, 2996.
Perrault, 3949, 3950, 3974.
Perrault, L.-P., 1529.
Perret, J., 3520.
Perret, L., 4041.
Perrier, Ed., 2180.
Perronet, 3441.
Peruchio, de, 3252, 3254.
Pétrarque, Fr., 546, 547.

Petrasancta, Silv., 3806.
Petit, Ant., 2812, 2996.
Petit, L., 2929, 2930.
Petit, P., 2407.
Petit-Radel, 2617, 2890.
Petrequin, J.-C., 2573.
Petroz, 3742.
Petrucci, Gig., 1525, 1996.
Petrus Apponensis, 1966.
Petrus a St Joseph Fuliensi, 292.
Peucer, G., 1795, 3232, 3234.
Peyrard, 1340, 1434.
Peyronnel, de, 1277.
Phileleuther, 3177.
Philelphus, 856.
Philippus à Gabella, 118.
Philippus à Sanctissima Trinitate, 227.
Phocylide, 513.
Picard, 1463.
Picard, E., 1429.
Picart-le-Romain, 3857.
Piccolomini, Al., 1839, 1842.
Picot, J.-J,, 2721.
Picot, G., 1246.
Pidoux, 2821.
Pidoux, H., 2757, 3034.
Pierius, Jac., 226.
Pierre Eugène, 1013.
Pierre de Sainte-Marie-Magdeleine, 1917,
  1923.
Piètre, Rol., 84.
Pigeonneau, H., 1270.
Pinæus, Sev., 2633.
Pinchart, 3918.
Pingrenon, J., 2975.
Pinel, Ph., 2709, 2712, 2764.
Pinet, A., 2262.
Piorry, P. A., 2740, 2758.
Piranesi, G., B., 4012 à 4014.
Pisanelli, Barth., 2680, 2683.
Pitalus, 1863.
Pithois, P., A., 1407, 1408.
Pitres, A., 2978.
Place, 3997.
Planque, Fr., 2927.
Plarr, G., 1755.
Platet, Ch., 590.
Platina, J.-B., 3416.
Platon, 40, 41, 43 à 52, 54, 55, 57, 367,
  484, 485, 939, 940.

Plempius, Fort., 2391, 2870.
Pletho, 3283.
Pleyt, 3871.
Pline, 530, 1968 à 1973, 1975 à 1977, 2353, 3308, 3766.
Plotin, 78.
Plougoulm, 528.
Pluche, 1757, 3280.
Plumier, 3654, 3655.
Plutarque, 506 à 511.
Poiret, L., 2089.
Poitevin, A., 3698.
Polinière, P., 1648.
Pomarius, S., 1562.
Pomet, P., 3021.
Pomme, fils, 2851, 2852, 2855.
Pomponatius, P., 110.
Poncelet, 2145.
Pontus de Tyard, 113.
Pope, 574, 576.
Porchon, 2878.
Porphyre, 76.
Porta, J.-B. 2639, 3258, 3259, 3290, 3673 3675.
Portalis, 193.
Portius, 2697.
Posserinus, Ant., 861.
Post, P., 3976.
Pouchet, G., 2470, 2471.
Poudra, J., 1013.
Poulain, J., 690.
Poulet, Alf. 2979.
Poussin, N., 3862.

Prætorius, Hier,, 558.
Prævosteus, J., 858.
Pravaz, C. T., 2679, 2869.
Prémont, de, 2658.
Prémontval, de, 632.
Pressavin, 2882.
Préville, de, 2661.
Prévost, 581.
Prévost, Fl., 2210.
Prévost-Paradol, 881.
Prideaux, H., 4010.
Pringle, 2912.
Primerosus, 2267.
Privat de Molières, 1531.
Privat-Deschanel, 1289.
Proclus, 40, 71.
Proclus Diadochus, 1766, 1770.
Pronnier, 3442, 3443.
Proust, 2772.
Proust, A., 2676.
Pruvost, P., 187.
Psellus, 1296, 3189, 3283.
Ptolemée, 1765, 1767, 1768, 1770.
Puffendorf, de, 567.
Pugin, A., 3978.
Puisieux, de, Mme, 923.
Puissant, L., 1823.
Purchot, Ed., 245.
Puteus, And., 1897.
Putod, 3625.
Puységur, de, 3499, 3500.
Pythagore, 37.

Q

Quatrebarbes, de. 3770.
Quatrefages, de, 2188, 2193.
Quatremère de Quincy, 3933.
Quémont, A., 2825.

Quercetanus, Jos., 3046.
Quesnay, Fr., 1160, 1182.
Quitard, 753.

R

Rabigueau, 1594.
Rabutaux, 1249.
Raguenet, 4018.
Raige-Delorme, 2296.

Rameau, 4109, 4133.
Ramée, D., 3934 à 3936, 4039.
Ramel, F. B., 2723.
Ramus, P., 280, 282, 1300.

Ranvier. L., 2608 à 2610.
Rantzow, de, 1185.
Ranzovius, H., 3272, 3481.
Raoul-Rochette, 3995.
Rasis, 2347, 2348.
Raspail, F. V., 2673.
Rattel, J. A., 2876.
Raucourt, 3445.
Raulin, 1475.
Raulin, J., 2693, 2722, 2849, 2850.
Ravaisson-Molien, Ch., 3874.
Rayer P., 2789, 2894, 2895.
Rayet, 1787.
Raynaud, J., 1557.
Raynaud, M. 2257.
Réaumur, de, 2063, 2222, 3359.
Rebel, 4130.
Redolfi, A., 900.
Redouté, 2146. 2151.
Rega, J., 2414.
Régemortes, de, 3440.
Régis, P. S., 159, 162.
Régis, Sylv., 238, 239, 317.
Regnault, 301, 1364, 1535.
Reguis, 1524.
Rechel, Christ., 2418.
Reid, Th., 194.
Reilf, Goth., 3250.
Réinnoldus, E., 1864, 1866.
Reisch, Grég., 104.
Rellæus, Ed., 1715.
Remacle 1240.
Remigius, N., 3222.
Rémusat, Ch., de, 197.
Rémusat, Ctesse, de, 926, 927.
Remy, P., 4073.
Renan, Ern., 202.
Renard, 3124.
Renalus, Veg., 3132.
Renaud, And., 3242.
Renaudot, Eus., 3066.
Rendu, Amb., 896, 897.
Renalmus, P., 2126.
Renou, J., 3038, 3039.
Renouard, Alf., 3652.
Résal, 1442, 1740.
Rétif de la Bretone, 833.
Retz, 1624, 2969.
Réveil, A., 3863.
Réveillé-Parise, J.H., 2689, 2691, 2760, 2867.

Revett, N., 4023.
Rey, 4033.
Rey, Arist., 2245.
Reynaud, 1376.
Reyneaud, R. P., 1330.
Ribadeneira, P., 1038.
Ribemont, Al., 2630.
Ribier, J., 1000.
Ricard, David, 1162.
Richard, Ach., 2092, 3083.
Richard, Dav., 2628.
Richebourcq, J., de, 740.
Richer, 1924.
Richerand, Anth., 2422, 2588, 2591, 2598 2936, 2937.
Richerand, J. V., 2489.
Richet, A., 2944.
Richet, Ch., 3159, 4151.
Ricord, Ph., 2897.
Ricour, 3453.
Riencourt, de, 1245.
Rieux, 3124.
Rigaud, Ben., 3284.
Rigault, Nic. 1460, 3455, 3470.
Rigollot, 3771.
Riolanus, J., 2378, 2527.
Ripa César, 3808 à 3810.
Ris, L. C. de, 4065.
Ris-Paquot, 3902, 4076.
Rivard, 1332, 1857, 1858, 1926.
Rivault, 3553.
Rivière, Lazare, 2398, 2399.
Rivière, Stéph., 2521.
Rizzoli, F., 2990.
Robeattus, J., 3108.
Robeck, J., 564.
Robert, 2625. 2627.
Robin, Ch., 2295, 2470, 2471, 2721.
Robinet, J. B., 3154.
Rochard, F., 2900.
Rochard, J., 1196.
Roche, 851.
Roche, Ch., 2756.
Rochefort, E., 2629.
Rochette, Raoul, 3860, 3861.
Rochoux, J. A. 2829.
Rodericus, 555
Rodericus, Steph., 1619.
Roguet, 3515, 3517,

Rohan, H, de, duc, 3474, 3475.
Rohault, J., 1324, 1524, 1525.
Roias, J. de, 1838.
Romanes, John., 406.
Romé de l'Isle, de, 2053.
Rondelettius, G., 2215.
Ronphile, 3255.
Roque, 3608.
Rorarius, Hier., 395.
Roret, 3644.
Rosières, de, 945.
Rossi, P., 1157, 1174.
Rosset, de, 843.
Rost, C. H., 4148.
Roubaud, F., 2256.
Rouché, Eug., 1441.
Rouge de Lausanne, 2976.

Rousseau, J. J., 776, 875, 877, 1132, 1133,
Rousseau, E., 1604.
Roussel, 834, 2637,
Roussel-Bouret, 988.
Roux, 3346,
Rouzet, Léon, 2905.
Rozier, 3156.
Rubio y Ors., 790.
Ruelle, R., 1275.
Ruellius, 3005, 3006.
Ruellius, J., 2105, 3005, 3006, 3113.
Rupescissa, de, J., 331.
Rurius, Ant., 1512, 1618.
Ruse, Laur., 3134, 3155.
Rusca. L., 4024.
Ryer, de, 100.

S

Saavedra, Did., 1059, 1063.
Saavedra Faxardo, 1068.
Sabatier, 2959.
Sabellicus, Coc., 712.
Sacro-Bosco, J., de, 1840, 1847, 1849.
Sacy, de, 675.
Sagredo, de, B, 3954.
Saint-André, de, 3224.
Saint-Arroman, de, 3827.
Saint-Clair-Duport, 2068.
Saint-Fère, de, J., 612.
Saint-Hilaire, Barth., 261, 366.
Saint-Hilaire, James, 2139, 3137.
Saintignon, de, 1544.
Saint-Julien, 3552.
Saint-Lazare, de. 841, 842.
Saint-Pierre, l'abbé de, 1005, 1130, 1136.
Saint-Pierre, Bernardin, de, 2244.
Saint-Simon, H., de, 1285.
Saisset, Em., 165.
Sala, Aug., 3085.
Salas, Gonçalez, 1807.
Salisbéry, J., 120, 1097.
Sallénave, 2785.
Sallot des Noyers, 3615.
Salmasius, Cl., 2309, 3275.
Salmon, G,, 1440, 1442.
Salnove, de, 3397.

Salverte, Eus., 3179.
Salvetat, 3643.
Samson, J., 2971.
Samson, Mich., 1692.
Sanchez-Sedegno, J., 268.
Sanctorius, 2265.
Sandras de Courtille, 1018.
Sanson, L. J., 2756.
Sansonnetti, V., 3920.
Sanssorin, 1015.
Sappey, Ph., 2559.
Sarazin, J., 1915.
Sarsius, Loth., 1823.
Sartorius, J., 718, 719.
Saumade, 3547.
Sauvage, F., 1753, 1754.
Savardan, Aug., 1241.
Savary des Brulons, 1259.
Savilis, H., 3471.
Savérien, 1281,
Savonarole, M., 2361.
Say, J.-B., 1149, 1151, 1154, 1155, 1163
Scaliger, 2156.
Scamozzi, V., 3975.
Schabol, Roger, 3390.
Schaw, 126.
Schedel, E., 2896.
Schiventer, D., 1392.

Schmiedel, Christ., 2049.
Schmiedel, Corn., 2649.
Schmolders, Aug., 27.
Schneider, A., 2632.
Schneider, Gott., 943.
Schomberg, R., 2251.
Schonerus, J., 1295.
Schonneint, J., 3267.
Schooten, Franc., à, 1398.
Schoten, de, 1450.
Schottus, And., 721.
Schottus, G., 1313, 1565, 1643, 1746, 1747, 3149, 3681.
Schrockius, Luc., 2144.
Schroder, Dod., 3049, 3080.
Schuler, Joh., 135.
Schultens, Alb.. 746.
Schweighaeuser, 565.
Schwilgué, J., A., 3029.
Scioppius, G., 3274.
Scott, le baron, 1637.
Scribanus, C., 962.
Scudéry, de, 1122.
Scultet, Jean, 2950.
Secchi, A., 1834.
Sàde, Paul, de, 1965.
Sédillot, J. J., 1860.
Sée, Marc, 2439, 2993.
Ségur, Oct., 1677.
Selenus, Gust., 3678.
Sellius, God., 3702.
Sénac, de, 2615.
Sénancour, P. R., de, 356, 789.
Senault, 667, 668, 1067.
Senebier, Jean., 2094.
Sonèque, L. A.. 94 à 103.
Sengel, Ch., 2720.
Senguerdius, Wolf., 1622.
Sennert, Dan., 2336, 2395, 2499, 2500, 2746.
Septalius, R., 1967, 2409.
Serclier, Jude., 3209.
Serenus Sammonicus, 2355.
Serionnes, de, 4028.
Seroux d'Agincourt, L., 3717.
Serranus, J., 44.
Serre, 3591.
Serré, Adrien, 1274, 1276.
Serré, Ferdinand, 3720.
Serres, R. A., 2812.

Serres, Olivier, de, 3320.
Serret, A., 1380.
Séverin, A., 3002.
Sextus Empiricus, 79 à 81.
Seyxas,, 1569.
S'Gravesande, 322, 1536, 1539.
Shaftesbury, 580.
Sicard, Aug., 907, 915.
Sicard, Ad., 2149.
Siemiensvicz, 3555.
Siennois, Patr., 1031.
Sigaud de la Fond, 2173.
Sigorgne, 1319.
Silhon, de, 1110.
Silvaticus, J.-B., 1893.
Simanca, J., 993.
Simon, J., 3357, 3362.
Simplicius, 364, 1502, 1504.
Simpson, J., 2992.
Sinson, 580.
Sirmond, Ant., 375.
Skellius, Vil., 1789.
Slusius, Fr., 1483.
Smeaton, J., 1627.
Smée, 3644.
Smith, 1186, 1187, 1911, 3092.
Smith, Adam, 579.
Socrate, 470, 471, 473.
Solleysel, (de), 3139.
Soranus, 2353.
Sorel, 156.
So et, J., 801.
Soto, Andrès de, 591.
Soto, Dom, 1510.
Soubeiran, E., 3045.
Soubeiran, Léon, 3035.
Souciet, 1939.
Soulier, 1861.
Souverain, 58..
Soyre, de, 2991.
Spallanzani, 1549.
Sparre, de, 3511.
Spencer, H., 207.
Spigelius, A., 2526.
Spinosa, 164, 165, 566, 978.
Spinosatus, A., 949.
Spineus, B., 3593.
Sponcius, C., 2367.
Spoor, H., 3814.
Sprenger, Jac., 3190, 3195, 3201.

Stadius, J., 1868.
Stahl, G. E., 2424.
Stahl, P. J., 2153.
Stanislas, 519.
Stanleius, Th., 11.
Stannipex, J., 272.
Steele, 571, 572, 576.
Steele, Richard, 829.
Stenfort, F., 2150.
Stephanus, Car., 2521, 3354, 3368, 3369.
Stephanus, Henr., 79.
Steven, S., 1304.
Stipolius, M., 1345.
Stobée, J., 512, 701 à 705.
Stopler, J., 1791, 1841.
Stoll, Max., 2419.

Struppius, Joach., 3016.
Struthius, J., 2731.
Struvius, Goth.. 242.
Stuart, J., 4023.
Stuart-Mill., 205, 209, 309.
Sturmius, J.. 1644, 3631.
Suberville, H. de, 1481.
Sue, 2472, 2473, 2913.
Surianius, Hier., 2347.
Surirey de Saint-Rémy, 3558, 3563.
Swedenborg, Emm., 836.
Swediaur, F., 2886, 2891.
Sydenham, 2419.
Sylvius, Jac., 2372, 2799.
Syméon, Gab., 3798.

T

Tacite, 1101.
Tacquet, And., 1310, 1355.
Tacquet, J., 3356.
Tagliente, Ant., 3663.
Taillepied, N., 3202.
Taine, H., 202, 205, 206, 459, 3737 à 3741.
Taisnierus, 1298.
Tait, P. G., 1755.
Talœus, And., 93, 282.
Talleyrand-Périgord, 895.
Tardieu, Amb., 2674.
Tarnier, S., 2993.
Tappius, Eber., 714.
Tassis, J.-B., 1118.
Tauvry, 3022.
Temming, 2209.
Tenint, Wllh., 4089.
Tenon, 2701.
Terrasson, 438.
Texier, Ch., 3939.
Thausing, M., 3872.
Themistius, 83, 1504, 1505.
Thénard, L. J., 1678.
Théodorite, 84.
Théophilacte, 1060.
Théophraste, 487 à 492, 494 à 496, 767, 2050.
Théopraste, Eres., 2102, 2103.

Théveneau, A., 1040.
Thiers, 3176.
Thiermerius, Ign., 2400 (bis).
Thillaye, J., 2952.
Thiollet, 4032.
Thomas, P., 1314.
Thomassin, S., 4062.
Thorry, 2146.
Thouin, G.. 3394.
Thoulet, J., 1696.
Thouvenel, P., 2725.
Thyræus, P., 3199.
Tibault, Gir., 3458.
Tilladet, de, 163.
Tillet, 3350.
Tilmannus, 556.
Tiron, Alix., 4114.
Tissot, 2690, 2700, 2847, 2853.
Tissot, A., 1439.
Tite-Live, 738.
Titelmannus, Fr., 217, 274, 275.
Toletus, 1509.
Toletus, Fr., 368.
Topinard, P., 2194.
Torreblanca, D. F., 3214.
Tory, G., 3664.
Touchard, V., 3606.
Tournefort., 2096.
Tourneux, Félix, 1254.

Tourtelle, Et., 2667, 2754.
Toussaint, 2281.
Toussaint-Guindant., 2486.
Tonstallus, 1342.
Trallianus, Al., 2798.
Trapezuntius, G., 276.
Trécourt, 2928.
Trégold, Th., 1581, 3649.
Trenchant, J., 1352.
Treuil, 1360.
Trew, J., 3388.
Trécasse, Patr., 3251.
Trincavelius, Vict., 2480.
Trismegiste, Mercure, 334.
Trithème, J., 3672, 3677, 3679, 3682.

Trousseau, A., 2451, 2452, 2455, 2456
2757, 2770, 3034.
Trumet de Fontarce, A., 2769.
Tuccaro, Arch., 3616,
Tuldenus, Diod., 415.
Tulpius, Nic., 2393.
Tuning, J., 1304.
Turgot, 1148, 1158.
Turnèbe, Ad., 946.
Turpin, E., 3082.
Turpin, F., 2138.
Turquet, 2509.
Tympius, Math., 1046.
Tyndall, John, 1583, 1614, 1913, 2031.

U

Ubaldus, G., 1721.
Uffenbachius, Pet., 2922.
Untzerius, Math., 3064.

Ulstadius, P., 1701.
Uptonius, Nic., 3459.
Ursatus, S., 4008.

V

Vacherot, Et., 200, 202, 394.
Vænius, Oth., 3802.
Vairus, Leonard., 3161, 3162.
Valentin, B., 1709.
Valerius, Corn., 283, 552.
Vallée, L., L. 1433, 3746.
Valleix, L., 2761.
Vallemont, l'abbé de, 3376, 3378.
Valleriola, Fr., 2335.
Vallez, J.. 2873.
Vallières, Ad. de, 957.
Valmont de Bomare, 1949, 1951.
Valori, de, 3868.
Valturius, Rob., 3478, 3479.
Van der Groen, 3371.
Van der Monde, 2663.
Van Drival E., 3818, 4001, 4006, 4046,
4083 à 4086.
Van Dyck, 3876.
Van Effen, 795.
Van Helmont, J.-B., 2484.
Van Helmont, Merc., 2390.
Van Musschenbrœk, 1541, 1545.

Van Reimsdyk, 3871.
Van Tieghem, Ph., 2092.
Van Sureten, 2699.
Van Thulden, Th., 3856.
Varignon, 1331, 1567.
Varillas, 1076.
Varron, T., 3312, 3318, 3321, 3333.
Vasquez, Gabr., 313.
Vatable, Fr., 1515, 2581.
Vauban, le marquis de, 1201, 1219, 3545.
Vaucheret, V., 1442.
Vaulgrineuse, de, 1041.
Vauvenargues, 188.
Vecellio, C., 2826.
Vega Christ, à, 2382.
Vegèce, F.-R., 3464 à 3468
Velpeau, 2452, 2572, 2577, 2945, 2962,
2963.
Venette, 2623, 2839.
Venot, 2463.
Véra, A., 359.
Verdet, E., 1553.
Verdier, P. L., 2540, 3835.

Verdrenes, A., 2341.
Verduc, J. B., 2957.
Vergelius, Polyd., 717, 3143.
Verheynen, Gh., 2537.
Vernulæus, Jac., 1120, 1123.
Véron, Eug., 468, 649.
Verrepæus, Sim., 860.
Verrier, E., 2999.
Vervoitte, 4120.
Vésale, 2523.
Vcslingius, J., 2531.
Viardot, L., 4064.
Vicat, L. J., 3444.
Vicq-d'Azyr, 2421.
Victorius Faventinus, 2877.
Victorius, P., 3321.
Vidal, Aug., 2457, 2965.
Vidal, L., 3698.
Vietty, 4033.
Vigenere, Bl. de, 3674.
Vigo, J. de, 2914, 2916.
Villa-Rodriguez, 1176.
Villa-Amil, Greg., 4068.
Villa-Amil, Jose, 4048.
Villain, A., 3989.
Villanovanus, A., 2408.
Villa-Réal, de, 3528.
Ville, 2023 à 2025.
Ville, Ant. de, 3508.
Ville, Nic. de, 2134.
Villié, E., 1717, 1948.
Villeneuve-Bargemont, de, 1152.
Villeneuve-Flayosc, de, 2027.

Villers, Aug., 2413.
Vinandus Pighius, 1035.
Vincard, B., 3691, 3692.
Vincent, F., 2902.
Vinci, Léonard, de, 3874.
Viollet-Leduc, 3937, 3938.
Virgile, 3868.
Virloys, Rol., de, 1536, 1539.
Virey, J. J., 644, 2181.
Viringius, J. W., 2681.
Viry, M. C., 1738.
Visconti, de, 3834, 3835.
Visorius, J., 291.
Vistadius, Ph., 332.
Vitæus, 1302.
Vitellio, 1895.
Vitet, C., 2420, 3028.
Vitruve, Pollion, 3945 à 3947, 3949, 3950.
Vitry, Urb., 3966.
Vlacq, A., 1448, 1449, 1453.
Vockerodt, Goth., 864.
Voillemier, 2843.
Voltaire, 170, 171, 1081, 1646, 1647.
Vos, Martino de, 3879.
Vossius, Isaac, 1607.
Vossius, G., 862.
Vossius, J., 6.
Voysin, B., 2513.
Vredeman, J., 3931.
Vries, Kl., 3595.
Vuillemain, 2075, 2076.
Vuitry, Ad., 1221.

W

Wagret, 2782.
Waldecq, de 4005.
Walla, G., 3070
Walther, 2795.
Warburton. 1025, 2002.
Wardus, S., 1779.
Wartel, Le P., 2229.
Wassetz, de, 656.
Watelet, 3706.
Watteveville, B^on, de, 3697.
Wecker, Jac., 2743, 3037, 3106, 4142.
Wégelinus, 654.

Weikard, 2488.
Weiss, Math., 269.
Werdenhagen Aug., 373, 969.
Wescher, C., 3477.
Westonus, Ed., 933.
Wicquefort, de, 1111, 1113.
Wieland Alf., 2997.
Wier, J., 3186, 3188,.
Wildenbergius, Hier., 216.
Wille, A., de, 3530
Willemin, N. X., 3718,

Willis, Th., 2396, 2397, 2603, 2845, 3020.
Wiltheim, 1064.
Winckelmann, J., 3711, 3713.
Winslow, J. B., 2543, 3119.
Witestein, C., 1706.
Woillez, E. J., 2741.

Wolf, Ch., 298, 299, 381, 1333.
Wolfius, 525.
Wolfius Christ., 1317.
Worm, Olaus, 4059.
Wotton Ed., 2158.
Wurtz, Ad., 1653, 1690, 2258.

X

Xénophon, 473, 863, 1083.

Y

Ympyn, Christ, 1457.
Young, Arth., 3395.

Yvart, V., 1594.

Z

Zacchias, P., 3118.
Zecchius, L., 997.
Zacutus, 2248, 2747.
Zamachsiarius, 746.
Zamakhsari, 469.
Zeller, Ed., 32.
Zimmermann, 569, 2026.

Zimmermann, G., 2710.
Zinandus, G., 1047.
Zordastre, 3283.
Zuerius, M., 3805.
Zuingerus, Th., 553, 3318.
Zwelfer, J., 3048.

TABLE DES MATIÈRES

SCIENCES ET ARTS

PREMIÈRE CLASSE

SCIENCES PHILOSOPHIQUES

I. — Philosophie.

I. — Introduction, dictionnaires, histoire. 1-32.

II. — Traités généraux et mélanges.

a. — Philosophes anciens, grecs. 33-84.
b. — Philosophes anciens. latins. 85-103.
c. — Philosophes modernes. 104-215.
d. — Cours de philosophie. 216-260.

III. — Logique. 261-309.

IV. — Métaphysique.

a. — Traités généraux. 310-329.
b. — Des causes premières ; de la nature, de l'être. 330-362.
c. — De l'âme, de sa nature, de son immortalité. 363-394.
d. — De l'âme des bêtes. 395-406.

e. — De l'intelligence et de ses opérations. 407-461.
f. — Esthétique. 462-468.

V. — Morale.

a. — Moralistes orientaux. 469.
b. — Moralistes grecs. 470-521.
c. — Moralistes latins, anciens. 522-540.
d. — Moralistes latins, modernes. 541-565.
e. — Moralistes allemands. 566-570.
f. — Moralistes anglais. 571-583.
g. — Moralistes italiens. 584-590.
h. — Moralistes espagnols. 591-596.
i. — Moralistes français. 597-649.
k. — Traités spéciaux, des vertus et des vices. 650-652.
l. — Des vertus. 653-665.
m. — Des passions. 666-678.
n. — Des vices et des ridicules. 679-689.

o. — Mélanges de philosophie morale, dictionnaires. 690-700.

p. — Sentences, maximes, proverbes et pensées diverses. 701-753.

q. — Mélanges de morale. 754-796.

r. — Critique des mœurs. 797-803.

s. — Application de la morale. Règles de conduite. 804-821.

t. — Condition, caractère et influence des femmes. 822-836.

u. — Morale en action. 837-855.

VI. — Pédagogie.

a. — Traités généraux. 856-886.

b. — De l'éducation publique. 887-915.

c. — Méthodes d'enseignement. 916.

d. — Cours d'études. Ouvrages élémentaires. 917-920.

e. — Education des filles. 921-927.

f. — Education des aveugles. 928.

g. — Education des sourds-muets. 929-932.

SECONDE CLASSE

SCIENCES POLITIQUES ET SOCIALES

I. — Politique.

a. — Introduction. 933-938.

b. — Traités généraux. 939-989.

c. — Différentes formes de gouvernement. 990-1013.

d. — Politique de divers états. 1014-1023.

e. — Du pouvoir politique à l'égard de la religion. 1024-1028.

f. — Devoirs des souverains. 1029-1089.

g. — De la cour. 1090-1103.

h. — Des ambassadeurs et des ministres. 1104-1114.

i. — Mélanges de politique. 1115-1146.

II. — Economie politique.

a. — Histoire et traités généraux. 1147-1177.

b. — Traités particuliers. 1178-1198.

c. — Finances, impôts. 1199-1224.

d. — Banques, crédits. 1225-1226.

e. — Subsistances. 1227-1233.

f. — Paupérisme, établissements de charité, sociétés de tempérance. 1234-1246.

g. — Police, prisons. 1247-1249.

h. — Colonisation, esclavage. 1250.

i. — Administration. 1251.

j. — Voies de communication. 1252-1254.

III. — Commerce.

a. — Dictionnaires. Histoire. Traités généraux. 1255-1270.

b. — Etude et pratique du commerce. 1271-1276.

c. — Mélanges. 1277-1279.

TROISIÈME CLASSE

Sciences mathématiques, physiques et naturelles

I. — MATHÉMATIQUES.

a. — Histoire. Dictionnaires. 1280-1292.
b. — Œuvres de mathématiciens anciens et modernes. 1293-1321.
c. — Cours ou traités élémentaires. 1322-1341.
d. — Arithmétique. 1342-1361.
e. — Algèbre. 1362-1381.
f. — Géométrie. 1382-1445.
g. — Logarithmes et tables. 1446-1456.
h. — Application de l'arithmétique et de la géométrie. 1457-1477.
i. — Instruments de mathématiques. 1478-1487.
k. — Poids et mesures. 1488-1496.

II. — PHYSIQUE.

a. — Histoire. 1497.
b. — Dictionnaires. 1498-1499.
c. — Traités généraux. 1500-1557.
d. — Traités spéciaux. De la pesanteur et de l'attraction. 1558-1575.
e. — De la chaleur. 1576-1587.
f. — Du magnétisme et de l'électricité. 1588-1606.
g. — De la lumière. 1607-1614.
h. — Météorologie. 1615-1633.
i. — Instruments. 1634-1641.
k. — Mélanges. 1642-1657.

III. — CHIMIE.

a. — Dictionnaires et introduction. 1658-1663.
b. — Traités généraux. 1664-1691.
c. — Traités spéciaux. 1692-1700.
d. — Alchymie. 1701-1715.
e. — Mélanges de physique et de chimie. 1716-1718.

IV. — MÉCANIQUE.

a. — Dictionnaire et traités généraux. 1719-1745.
b. — Traités spéciaux. 1746-1755.

V. — ASTRONOMIE.

a. — Bibliographie et histoire. 1756-1764.
b. — Œuvres d'astronomes anciens. 1765-1770.
c. — Traités généraux. 1771-1788.
d. — Cosmographie ou système du monde. 1789-1820.
e. — Des étoiles, des planètes et des comètes. 1821-1836.
f. — Des sphères, des instruments et des cartes astronomiques. 1827-1861.
g. — Tables et éphémérides. 1862-1891.
h. — Mélanges. 1892-1894.

VI. — SCIENCES PHYSICO-MATHÉMATIQUES.

a. — Optique et acoustique. 1895-1913.
b. — Gnomonique et horlogerie. 1914-1930.
c. — Mélanges. 1931-1948.

VII. — HISTOIRE NATURELLE

a. — Histoire et dictionnaires. 1949-1958.
b. — Traités élémentaires. 1959-1965.
c. — Ouvrages généraux de naturalistes anciens et modernes. 1966-1987.
d. — Histoire naturelle de divers pays. 1988-1991.

§. I. — GÉOLOGIE ET MINÉRALOGIE.

e. — Géologie, traités généraux et systèmes. 1992-2040.
f. — Minéralogie. 2041-2061.
g. — Métallurgie. 2062-2064.
h. — Traités spéciaux. 2065-2079.
i. — Mélanges. 2080-2081.

§. II. — BOTANIQUE.

k. — Dictionnaires. 2082-2086.
l. — Traités élémentaires. 2087-2093.
m. — Physique, physiologie et géographie végétales. 2094-2095.
n. — Systèmes de botanique. 2096-2101.
o. — Histoire générale des plantes. 2102-2129.
p. — Flores et jardins botaniques. 2130-2143.
q. — Traités spéciaux. 2144-2153.

§. III. — ZOOLOGIE.

r. — Dictionnaires, histoire et traités généraux. 2154-2172.
s. — Anatomie comparée. 2173-2180.
t. — Anthropologie, systèmes divers. 2181-2198.
u. — Mammologie. 2199-2202.
v. — Ornithologie. 2203-2210.
x. — Erpétologie. 2211.
y. — Ichthyologie. 2212-2216.
z. — Entomologie. 2217-2223.
aa. — Crustacés. Mollusques. Zoolithes. Zoophytes. 2224-2228.
bb. — Paléontologie. 2229-2232.
cc. — Collections et cabinets. 2233-2235.
dd. — Mélanges d'histoire naturelle. 2236-2245.

VIII. — SCIENCES MÉDICALES

SECTION PREMIÈRE

SCIENCES MÉDICALES EN GÉNÉRAL

a. — Histoire de la médecine et sciences médicales en général. 2246-2262.
b. — Ecrits relatifs à l'étude et à l'enseignement des sciences médicales. 2263-2275.
c. — Dictionnaire de médecine. 2276-2297.
d. — Médecins anciens avec leurs interprètes, commentateurs et critiques. 2298-2358.
e. — Médecins modernes. 2359-2424.

f. — Mémoires des sociétés et mélanges. 2425-2445.
g. — Journaux et recueils périodiques. 2446-2471.
h. — Thèses soutenues devant les Facultés. 2472-2478.
i. — Systèmes et polémiques. 2479-2498.
k. — Traités abrégés et compendia. 2499-2505.
l. — Médecine populaire. 2506-2519.

SECTION DEUXIÈME

SCIENCES ANATOMIQUES ET PHYSIOLOGIQUES

ANATOMIE.

a. — Traités généraux. 2520-2566.
b. — Anatomie comparée. 2567-2568.
e. — Anatomie pathologique. 2569. 2578.
d. — Mélanges ; traités sur les embaumements. 2579-2580.

PHYSIOLOGIE.

a. — Traités généraux. 2581-2598.

ANATOMIE ET PHYSIOLOGIE SPÉCIALES,
OU PHÉNOMÈNES DE LA VIE ANIMALE.

a. — De la vie et des forces vitales. 2599-2602.
b. — De la tête et du cerveau. 2603.
c. — Des organes des sens. 2604.

d. — Histologie. 2605-2610.
e. — Ostéologie. 2611-2613.
f. — Du cœur et du sang. 2614-2616.
g. — Des vaisseaux lymphatiques et des glandes. 2617-2618.
h. — Des viscères. 2619.
i. — De la digestion. 2620.
k. — Des organes de la génération, et du fœtus. 2621-2632.
l. — De la virginité. 2633.
m. — Des monstres. 2634-2636.

PHYSIOLOGIE PHILOSOPHIQUE.

a. — De l'homme physique et moral. 2637-2638.
b. — Rapports du physique et du moral ; physiognomonie ; phrénologie. 2639-2645.

SECTION TROISIÈME

HYGIÈNE

Traités généraux. 2646-2678.

TRAITÉS SPÉCIAUX.

a. — Des agents extérieurs. 2679.

b. — Du régime alimentaire. 2680-2687.
c. — Hygiène des différents âges et de diverses professions. 2688-2706.

SECTION QUATRIÈME

PATHOLOGIE

Traités généraux et nosographie. 2707-2721.

ÉTIOLOGIE, OU CAUSES DES MALADIES.

a. — De l'air et de son influence. 2722-2724.

b. — Du climat. 2725-2729.
c. Séméiologie, ou signes des maladies. 2730-2741.

SECTION CINQUIÈME

PATHOLOGIE ET THÉRAPEUTIQUE

Traités généraux. 2742-2762.
Clinique et observations. 2763-2782.

TRAITÉS PARTICULIERS

I. — MALADIES GÉNÉRALES.

a. — Maladies chroniques. 2783-2785.
b. — Maladies épidémiques. 2786-2796.
c. — Des fièvres. 2797-2817.

II. — MALADIES LOCALES.

a. — Maladies des voies respiratoires. 2818-2821.
b. — Maladies des voies circulatoires. 2822-2827.
c. — Affections du système circulatoire et respiratoire. 2828-2830.
d. — Maladies du système lymphatique. 2831.
e. — Maladies des voies digestives et de leurs annexes, (foie, rate,etc) 2832-2838.
f. — Maladies des voies génito-urinaires. 2839-2844.
g. — Maladies du système nerveux. 2845-2860.
h. — Maladies de l'appareil locomoteur. 2861-2869.
i. — Maladies des organes des sens. 2870-2876.
k. — Maladies de la peau. 2877-2903.
l. — Maladies des transformations organiques et produits morbides accidentels. 2904-2905.
m. — Intoxication et empoisonnement. 2906-2911.

Maladies spéciales. 2912.

SECTION SIXIÈME

CHIRURGIE

a. — Dictionnaires. 2913.
b. — OEuvres des chirurgiens et traités généraux. 2914-2949.
c. — Instruments et appareils. 2950-2956.

MÉDECINE OPÉRATOIRE

a. — Traités généraux. 2957-2965.
b. — Traités spéciaux. 2966-2979.
c. — Mélanges et observations. 2980-2983.

OBSTÉTRIQUE, OU ART DES ACCOUCHEMENTS.

a. — Traités généraux. 2984-2993.
b. — Mélanges. 2994-2995.
c. — Accouchements difficiles et maladies des femmes en couche. 2996-2999.

SECTION SEPTIÈME

SCIENCES THÉRAPEUTIQUES ET PHARMACEUTIQUES

§. 1er — MOYENS THÉRAPEUTIQUES

MATIÈRE MÉDICALE.

a. — Traités géneraux. 3005-3035.
b. — Traités de pharmacie. 3036-3045.
c. — Pharmacopée et formulaires. 3046-3062.

d. — Agents impondérables. 3063.
e. — Médicaments tirés des différents règnes de la nature. 3064-3085.
f. — De l'eau et des eaux minérales et thermales. 3086-3104.
g. — Secrets de médecine et remèdes spécifiques. 3105-3117.

SECTION HUITIÈME

Médecine légale et police médicale. 3118-3131.

SECTION NEUVIÈME

Médecine vétérinaire. 3132-3142.

IX. — APPENDICE.

Mélanges et recueils relatifs aux sciences mathématiques, physiques et naturelles. 3143-3159.

X. — SCIENCES OCCULTES.

a. — Magie et cabale. — Traités généraux. — Histoire. 3160-3182.
b. — Démonologie, ou apparitions des esprits et des démons. 3183-3230.
c. — Divination. 3231-3240.
d. — Rhabdomancie. 3241-3247.
e. — Onéiromancie. 3248-3250.
f. — Chiromancie. 3251-3257.
g. — Physionomie. 3258-3266.
h. — Astrologie. 3267-3281.
i. — Prédictions. 3282-3289.
k. — Magie naturelle. Prestidigitation. 3290.

QUATRIÈME CLASSE

ARTS ET MÉTIERS

PREMIÈRE SECTION

ARTS ET MÉTIERS

Dictionnaires et généralités. 3291-3303.

I. — AGRICULTURE.

a. — Dictionnaires. 3304-3307.

b. — Histoire de l'agriculture. Statistique. 3308-3310.

c. — Traités généraux, anciens et modernes. 3311-3340.

d. — Traités particuliers. Cultures spéciales. 3341-3348.

e. — Conservation des grains. 3349-3350.

f. — Sylviculture et arboriculture. 3351-3353.

g. — Viticulture. 3354-3355.

h. — Zootechnie. 3356-3367.

i. — Horticulture. 3368-3394.

k. — Mélanges d'agriculture et d'économie rurale. 3395-3396.

II. — CHASSE. 3397-3402.

III. — PÊCHE. 3403-3409.

IV. — ECONOMIE DOMESTIQUE, ARTS ALIMENTAIRES.

a. — Généralités. 3410-3414.

b. — Art culinaire. 3415-3423.

c. — Boissons (bière, vin, cidre, etc.) 3424-3428.

d. — Sucre. 3429-3431.

e. — Confiserie. Distillerie. 3432-3435.

V. — ART DES CONSTRUCTIONS.

a. — Traités généraux. 3436.

b. — Charpenterie. 3437.

c. — Coupe des pierres et des bois. 3438-3439.

d. — Constructions diverses. 3440-3443.

e. — Matériaux. 3444-3447.

f. — Voies de communication. Routes. Chemins de fer. Canaux. 3448-3454.

VI. — ART MILITAIRE.

a. — Dictionnaires. Histoire. Généralités. 3455-3463.

b. — Art militaire chez les anciens. 3464-3477.

c. — Art militaire chez les modernes. 3478-3505.

d. — Organisation. Manœuvres des troupes. 3506-3518.

e. — Fortification. Attaque et défense des places. 3519-3550.

f. — Artillerie. Armes offensives et défensives. 3551-3570.

g. — Pyrotechnie. 3571-3574.

VII. — MARINE.

a. — Dictionnaires et histoire. 3575-3591.

b. — Navigation. 3592-3602.
c. — Constructions navales. 3603-3613.
d. — Hydrographie et cartes. 3614-3615.

VIII. — ARTS GYMNASTIQUES, JEUX DIVERS.

a. — Art gymnastique en général. 3616-3621.
b. — Equitation. 3622-3629.
c. — Jeux divers. 3630-3635.

IX. — ARTS PHYSICO-CHIMIQUES.

a. — Eclairage. 3636.
b. — Aérage. 3637.
c. — Blanchiment, teinture et impression. 3638.

d. — Céramique. Verrerie. 3639-3643.
e. — Galvanoplastie et photographie. 3644-3645.
f. — Fabrication de produits chimiques. 3646.
g. — Métallurgie. 3647-3649.
h. — Mélanges. 3650-3651.

X. — ARTS MÉCANIQUES.

a. — Filature et tissage. 3652.
b. — Arts divers. 3653-3657.

XI. — MÉLANGES.

a. — Recueils et descriptions de machines ; expositions. 3658-3660.

DEUXIÈME SECTION

BEAUX-ARTS

I. — ARTS INTELLECTUELS.
a. — Mnémotechnie. 3661-3662.
b. — Ecriture. 3663-3670.
c. — Télégraphie électrique. 3671.
d. — Stéganographie. 3672-3686.
e. — Typographie. 3687-3696.
f. — Photographie. 3697-3699.

II. — ARTS PLASTIQUES.

a. — Dictionnaires. 3700-3709.
b. — Histoire de l'art. 3710-3727.
c. — Généralités. Esthétique. 3728-3743.

§. I. — ART DU DESSIN.

a. — Traités généraux et cours. 3744-3755.
b. — Perspective. 3756-3763.

§. II. — PEINTURE.

a. — Histoire. 3764-3777.

b. — Traités généraux. 3778-3784.
c. — Traités spéciaux. 3785-3788.
d. — Iconologie. Emblèmes. Sujets de tableaux. 3789-3819.

§. III. — GRAVURE.

Traités et histoire. 3820-3830.

§. IV. — RECUEILS D'ESTAMPES.

a. — Décoration. 3831.
b. — Portraits. 3832-3840.
c. — Livres en images. 3841-3854.
d. — Recueils d'œuvres de divers maîtres. 3855-3889.

§. V. — SCULPTURE. 3890-3897.

§. VI. — GLYPTOGRAPHIE. 3898.

§. VII. — CISELURE ET NIELLE. 3899-3900.

§. VIII. — CÉRAMIQUE. 3901-3906.

§. IX. — PEINTURE SUR ÉMAIL. 3907-3917.

§. X. — TAPISSERIES, TOILES PEINTES. 3918-3930.

III. — ARCHITECTURE.

a. — Dictionnaires. Histoire. Considérations générales. 3931-3943.
b. — Traités théoriques et pratiques. 3944-3967.
c. — Des ordres d'architecture. 3968-3975.
d. — Recueils de modèles d'architecture. 3976-3982.
e. — Restitutions de monuments. 3983-3989.

IV. — ARCHÉOGRAPHIE.

a. — Monuments de divers pays. 3990-3995.
b. — Monuments d'Asie. 3996-3998.
c. — Monuments d'Afrique. 3999-4004.
d. — Monuments d'Amérique. 4005-4006.
e. — Monuments d'Europe. 4007-4058.

V. — GALERIES ET MUSÉES.

a. — Notices de collections publiques. 4059-4071.
b. — Notices de collections particulières. 4072-4077.
c. — Livrets descriptifs d'expositions. 4078-4086.
d. — Critiques et albums des salons. 4087-4090.

VI. — MUSIQUE.

a. — Dictionnaires — Histoire —Critique. 4091-4103.
b. — Traités généraux — Harmonie et composition. 4104-4116.
c. — Méthodes de musique et de chant. 4117-4119.
d. — Compositions musicales — Musique d'église. 4120.
e. — Musique de chambre. 4121-4122.
f. — Musique de théâtre — Partitions d'opéras. 4123-4134.
g. — Musique de danse, pour orchestre. 4135.
h. — Plain-chant. 4136-4141.

MÉLANGES

a. — Curiosités de la nature et de l'art. 4142-4148.
b. — Journaux et revues scientifiques. 4149-4152.

Table des noms des auteurs 193
Table des matières 223

www.ingramcontent.com/pod-product-compliance
Ingram Content Group UK Ltd.
Pitfield, Milton Keynes, MK11 3LW, UK
UKHW022332090726
13658UKWH00001B/239